逃避主义
ESCAPISM

〔美〕段义孚 著

周尚意 张春梅 译

Yi-Fu Tuan
ESCAPISM

© 1998 The Johns Hopkins University Press

All rights reserved. Published by arrangement with Johns Hopkins University Press, Baltimore, Maryland

中文版经作者授权，根据约翰斯·霍普金斯大学出版社 1998 年平装本译出。

人文主义地理学大师 段 义 孚
YI-FU TUAN

于美国威斯康星-麦迪逊大学地理系科学大楼（Science Hall）前（朱阿兴摄影）

Other Books by Yi-Fu Tuan

*

Pediments in Southeastern Arizona

*

The Hydrologic Cycle and the Wisdom of God

*

China

*

Man and Nature

*

*Topophilia: A Study of
Environmental Perception, Attitudes, and Values*

*

*Space and Place:
The Perspective of Experience*

*

Landscapes of Fear

*

*Segmented Worlds and Self:
Group Life and Individual Consciousness*

*

*Dominance and Affection:
The Making of Pets*

*

The Good Life

*

*Morality and Imagination:
Paradoxes of Progress*

*

*Passing Strange and Wonderful:
Aesthetics, Nature, and Culture*

*

*Cosmos and Hearth:
A Cosmopolite's Viewpoint*

逃避主义，或许是一把打开人类本质和文化之门的钥匙。

《逃避主义》重译序

《逃避主义》是人文主义地理学创始人之一段义孚先生的重要学术著作，也是商务印书馆出版的第二部段先生著作的汉译本。段先生于2022年8月10日辞世，这成为我和春梅，以及商务印书馆地理编辑室同人的一大遗憾。2021年启动重译此书时，我还与段先生通了数次电子邮件，交流《逃避主义》书中插图的文字介绍。段先生写给我的最后一封邮件是在2022年4月22日。他提到在近年完成了几部文稿：2019年完成了《一生结语》(Summing Up)，2020年完成了《我是谁：续集》(Who Am I? A Sequel)，2021年完成了《老叟日记》(Diary of a Very Old Man)①，2022年计划完成《思与忆》(Cogitations and Reminiscences)，以及《日复一日》(Day by Day)。在跨过90岁之后，段先生依然这样高产，令我深深敬佩。不曾想，而今我们竟天人永隔。

2003年第一次翻译《逃避主义》一书时，我刚从段先生就职的威斯康星-麦迪逊大学地理系访学归国不久，春梅那时刚成为我的硕士研究生。当时国内几乎没有人研究人文主义地理学，因此我们俩对书中的内容也没有深刻的理解，只是力求翻译精准。本次重译，我们修改了上一个译本中的多处瑕疵，力图做到"信、达、雅"。当然，

---

① 这是基于他留下来的45本日记整理的，时间可以上推到20世纪60年代。2017年我在段先生的书架上看到这些日记整齐地放在那里。

我们知道这个标准很难企及。在重译的同时，我们又获得了新的读后感。

逃避主义（escapism）一词在《剑桥词典》（*Cambridge Dictionary*）的定义是躲避不愉快或无聊生活的一种方式，指通过思考、阅读等活动，尤其是富有刺激的活动来达到躲避效果。《梅里厄姆-韦伯斯特词典》（*Merriam-Webster Dictionary*）定义的逃避主义，是人们习惯性地将注意力转移到纯粹的想象活动中，以摆脱现实或日常事务。在逃避主义者看来，在所有应对现实问题的备选方案中，逃避是最好的。段先生用《逃避主义》全文，给出了他自己的定义。段先生没有用一句话来概括逃避主义，这或许是人文主义地理学特有的表述方式，即力图用更多的事例来说明一个意思，而不是抽象地给出定义。通过阅读此书，读者能够体会到段先生描述的逃避主义含义：第一，逃避不再是消极的人生态度和做法，逃避的过程就伴随着积极的人类创造；第二，逃避不是单向地躲避、离开某个对象（事物或人），而是往复的过程，例如，人们既逃离寒冷（如到低纬度地区过冬），又奔向寒冷（如进行冰雪旅游、冰雪运动）；第三，对于逃避什么，为何逃避，以及逃避的路径，人们永远在思考之中，从未终止。在初版《逃避主义》汉译序中[①]，我们介绍了为何逃避、逃避的对象、逃避的途径，在重译序中我们提出了新的读后感，即无论是段先生在书中所说的，还是我们在译序中提及的，都是人们阶段性的思考结果，而非终极结果。

目前，中国地理学界采用人文主义地理学分析方法的学者不多，采用段先生定义的逃避主义分析视角的学者就更少。台湾学者有一篇

---

① 段义孚著，周尚意、张春梅译：《逃避主义》，石家庄：河北教育出版社，2005年，第1~8页；段义孚著，周尚意、张春梅译：《逃避主义》，台北：立绪文化，2006年，第1~8页。

《逃避主义》重译序

《逃避主义与开发新乐园的辩证：台中公园地景的型塑》[①]，这篇文章明确表示采用了段先生提出的逃避主义视角。我和成志芬曾合作过一篇文章，介绍"乡愁"的道德，虽然没有明文表示我们采用的是"逃避主义"视角，但本质上采用之[②]。我们写到，人们既有逃避家乡羁绊、奔向世界的向往；也有逃离红尘、退隐家乡的愿望。在空间的移动中，人们想象出另类空间的意义或价值，甚至用另类空间作为人们后续行动的蓝图。这样的人文主义地理学研究路径，与后现代地理学的路径异曲同工。它们均否定一蹴而就的研究结论，尤其是固定的空间因果关系。因此，经验主义的地理学者，通过统计方法、德尔菲打分方法获得的要素间定量关系，很可能就是一个时点的有限认知的状态。在下一个时点，正向的因果关系可能就变成了负向的因果关系。人文主义与后现代不同的是，它还强调分析的起点是"人"，当然这个人既是一个与多种细菌（甚至病毒）共生的有机体，也是被后人文主义者称为"超越人类"（more than human）的个体，还是一个"日参省乎己"的人。有了对人性的了解，我们即便没有数据，也可大致推断出人们内心的渴求，如自由、公正、和平等。

《逃避主义》作为一部学术著作，文字和内容引人入胜，它秉承了段先生一贯的文风。这种文风让许多中国大陆地理学者认为，这样的著作不像是地理学术著作。然而，这种文风恰恰是段先生所倡导的。他在晚年热衷于诗歌的表达形式，他认为诗歌的文字之精炼，意境之深远，是传递人性本质的最有效的方式。虽然数学公式或方程在解释世界道理时有独到之处，但是对于绝大多数人而言，更容易被小

[①] 李素馨、侯锦雄、许圣迪等："逃避主义与开发新乐园的辩证：台中公园地景的型塑"，《地理研究》，2012年第56期。

[②] 周尚意、成志芬："关于'乡愁'的空间道德和地方道德评价"，《人文地理》，2015年第6期（此论文被中国人民大学复印报刊资料《地理》2016年第3期全文转载）。

说、诗歌打动。在写这篇重译序时，我的两位硕士生刚完成他们的毕业论文开题报告。其中一位以平台骑手为调查对象，另一位以校园女性临时工为调查对象。他们将学术的热情投向这两个社会上的弱势群体，这令我欣慰。我对他们说，希望他们的论文能让自己、让读者反思人性，感受人世间的温暖，而非仅仅展现一套冰冷的数字和统计模型。也可以说，我鼓励他们逃避"数字"，创造感人的文字。当然我也建议他们逃向"数字"，用数字地图、统计表格展现社会现实。在模型优先、指标至上的地理学研究背景下，他们的这种逃避是艰难的，但却是有意义的。

最后，我和春梅衷心感谢商务印书馆的李平、李娟、苏娴三位朋友。同时也感谢河北教育出版社，当年他们极具学术眼光，出版了中国大陆第一部段义孚先生著作的汉译本。由于我们学识局限，译作中难免有误，敬请读者指正。

周尚意
壬寅年岁末于退思斋

译　者　序

　　1998年以前，段义孚（Yi-Fu Tuan）这个名字对于我来说还只是对应着一系列抽象的头衔——享誉学术界的人文主义地理学大师、美国艺术与科学院院士、英国科学院院士、美国地理学会授予的杰出贡献奖获得者等。1998年我去台湾参加一个学术会议，会议期间展出了一本段义孚先生的论文集，封面上印有先生的素描像。从那一刻起，我的脑海中才对先生有了一个具体的印象。

　　1999—2000年我在美国威斯康星-麦迪逊大学地理系做福布莱特学者。许多国际上知名的地理学大师都在这所大学的地理系里供职，段义孚先生就是其中之一。他和20世纪初叶全球著名的地理学家芬奇（Vernor C. Finch）、区域地理学派的代表人物哈特向（Richard Hartshorne）等人的照片一起陈列在地理系的楼道里和公共会议室中。初到麦迪逊时，由于我的邀请者是当时地理系主任奥斯特格林（Robert Ostergren）教授，所以我没能马上见到段先生。不曾想第一次见到段先生，竟是在楼道中的一次偶遇。由于在台湾记下了段先生的素描像，我一眼认出了这位既清癯又儒雅的老者。在后来的日子里，我与他进行过多次交谈，原本符号化的大师形象越来越具体、越来越清晰。他谦逊和蔼、平易近人，自然而然地，我也随着系里老师们的习惯，称他为"Yi-Fu"（义孚）。

　　这位学术大师的魅力不仅来自他儒雅的外表、谦逊的品格，更来自他敏捷的思维、广博的学识、深邃的洞察力。义孚经常将自己的随笔复印出来，投到系里各位同人的信箱中，这些随笔成为我研究人文主义地理学的入门读物。我到威斯康星-麦迪逊大学地理系的主要工作原本与人文主义地理学无直接的关系，但是我却逐渐被义孚的研究深深吸引。

  义孚是一位多产的学者，其代表作品有：《中国》(China)、《人与自然》(Man and Nature)、《恋地情结》(Topophilia: A Study of Environmental Perception, Attitudes, and Values)、《空间与地方》(Space and Place: The Perspective of Experience)、《恐惧的景观》(Landscapes of Fear)、《分隔的世界与自我》(Segmented Worlds and Self: Group Life and Individual Consciousness)、《美好的生活》(The Good Life)、《逃避主义》(Escapism)、《宇宙与炉台》(Cosmos and Hearth: A Cosmopolite's Viewpoint)等。南京师范大学网站中的"名师风采"曾提到，已故著名人文地理学家李旭旦先生在20世纪80年代初曾翻译过义孚的《人文主义地理学》。2005年南京师范大学的汤茂林教授将李旭旦先生的手译稿整理、补译，并发表出来。但是李先生在20世纪80年代出版的《人文地理学论丛》中尚未介绍。这是最早见于我国的段先生的作品。1998年台北"国立编译馆"出版了义孚的《经验透视中的空间与地方》，该书是被引证最多的义孚的著作之一。这是义孚的第一部被翻译为中文的著作（繁体字版）。2003年河北教育出版社的路殿维编审找到我，商议在大陆翻译、出版义孚的著作，恰好我手中有义孚签名的《逃避主义》一书，故推荐给他。这部著作的翻译与出版有望成为义孚的第一部被翻译为中文简体字版的著作。

  在义孚的作品中人们总能体会到他深深的中国情结。义孚1930年出生于天津，先后在南京、上海、昆明、重庆等城市居住过；十一岁时他随全家离开了当时的陪都重庆，去了澳大利亚，并在澳大利

译　者　序

亚、菲律宾就读中学；他在英国牛津大学获学士学位，在美国加州大学伯克利分校获得博士学位。1998年，他曾应邀在美国约翰斯·霍普金斯大学作"学术生涯"（Life of Learning）的演讲。"学术生涯"是该大学高级荣誉演讲的固定名称。该大学只邀请在研究领域做出重大贡献的学者，此前地理学界只有历史地理学家D. 梅宁（D. Meinig）受过邀请。义孚在演讲中回顾了自己的治学历程，还特意提到儿时在中国的生活赋予他长久的感受与记忆。在本书中，人们会发现义孚对中国文化，尤其是对古代先哲与文人的作品了然于胸。

选择《逃避主义》作为义孚第一部中文简体字版的译本，主要是出于学术上的考虑。首先，该书能够充分体现人文主义地理学的特点。人文主义兴起于中世纪的西方，经过数百年的发展，业已形成鲜明的人文主义传统。人文主义地理学兴起于20世纪70年代，当时的学术背景是，欧美学术界正如火如荼地开展人文主义与科学主义的讨论。人文主义地理学的标志性学术作品便是义孚的文章《人文主义地理学》，该文章发表在《美国地理联合会会刊》1976年6月号上。当时义孚是美国明尼苏达大学地理系教授。该文章被后续的地理学文献广泛引用，正是这篇代表性的文章使得义孚被学术界公认为人文主义地理学大师。人文主义地理学作为地理学的一个流派，其研究视角具有三个特点：第一个特点是"我向性"思维，即不将自己的研究视角投向无人的世界，而是将自然作为人类活动的大舞台，自然的意义是由人赋予的。第二个特点是诉诸情感的多样性。情感是主体的感受，它本身是主体性的，作为情感思维方法，其关注的重点不是对象本身的特点，而是对象给主体自身造成的种种感受。对于外在的地理环境（无论是自然的，还是人文的），人们在刻画它们时，其指标不再是统一的，因为人的性格、气质、意志、心境、人生态度、生活期望等方面的差异，使得每个人的情感世界也不相同。因此，针对同一个客观对象，在人文主义地理学研究方法指导下的每个研究结论都会有所不同。第三个特点是感悟性。尽管人文主义方法不排斥理性分析和推理计算，但在它那带有诗意般感性光辉的世界中，绝不能"滥用"科学的方法。《逃避主义》一书是理解人文主义地理学最好的学术读本之一。全书站在"我向"的角度来探讨人与自然的关系；字里行间渗透着义孚的个人情感、道德观和价值观；该书所选的图片、原始素材、生活事实等，都能体现出义孚对自然、对世界的超常感悟力。该书的文字已经被义孚锻造得炉火纯青。英文原文简练流畅，没有从句套从句的长句，读上去朗朗上口；遣词造句也颇有讲究，既强调用词准确，又强调词汇的美感，如用大写字母 N 打头的 Nature 和小写字母 n 打头的 nature 表示两个不同的概念。

《逃避主义》一书将人文地理学的两个研究主题——"迁移"与"人地关系"有机地融合进"逃避"当中。梳理全书，我们不难发现义孚深厚的人文主义地理学研究功力。该书的写作源自义孚的一个灵感。一次他应邀到加利福尼亚州参加一个有关主题公园的讨论会，是时他所居住的威斯康星州正值严冬时节，这个会议使他得以"逃避"居住地的风雪与严寒，并使他充分享受到加州宜人的温度。在参观迪士尼乐园时，他看到人们沉醉在自己所创造的魔幻世界和童话仙境中，以"逃避"现实中的种种烦恼。"逃避"一词遂成为试图打开"我—它"和"我—你"关系的一把钥匙。

人类逃避的对象之一是自然。严酷的自然环境、突发的自然灾害都会让人们产生逃避的念头。人类逃避的对象之二是文化。逃避喧闹的城市生活，逃避猛于虎的苛政，逃避严厉的宗教禁锢，这些统统属于逃避文化。人类逃避的对象之三是混沌。混沌的、不清晰的状态令人感到困惑与费解，人们总是试图寻找清晰与明朗。人们宁愿采纳抽象的模型，也不愿意接受无头绪的"现实"，因为清晰与

译　者　序

明朗会给人以"真实的存在"的感觉。人类逃避的对象之四是人类自身的动物性或兽性。人类对自身某些粗鲁的特征感到羞耻和厌恶，于是乎，人类做出种种努力，想要逃离这些本性。整容、遮羞等皆属于此类逃避。

人类之所以会产生逃避的想法，原因来自对自然的恐惧、对社会环境的无法承受、希望感受真实、对自身野蛮的动物性的反感。人类逃往的目的地也在发生着不断的变化。逃避暴风雨，逃回温暖的房屋中；逃避高楼林立的都市区，逃往美好的郊区植物园（一种介于原始自然和极端人造化世界之间的中间景观）；逃避现实的苦恼，逃往虚幻的童话世界。可能有的学者更愿意用"征服"这个词来代替"逃避"，但是，若是仔细地研究与对比各种状况，我们就会发现不是每种迁移都可以用征服来解释的。

人们逃避的途径主要有以下四个方面。第一，空间移动。比如说，人们可以从一个相对了解的却并不是太满意的地方，逃往一个想象中的或不十分了解的地方。第二，改造自然。人类许多生产活动导致的结果都是对于自然的改造。第三，根据想象建造出有特定意义的物质世界，用于满足某种精神诉求。人类建造的许多建筑与生产和生活有密切的关系，但是还有一些建筑是为了满足精神需求的，如神殿、庙宇等，借助这样的建筑，人们可以在心理上逃避对现实世界的不满。第四，创造精神世界。第三种方式可以帮助人们逃避对现实的不满，但这是暂时的、有限的，要想真正地实现逃避，人们更多地需要依靠精神创造。美丽的传说和动人的童话能指引人们"逃入"快乐和幸福的天界。"逃避"是一个看似贬义的词汇，然而正是由于人类内心与生俱来的逃避心理，推动了人类物质文化和精神文化的创造与进步。在逃避的过程中，人类需要借助各种文化手段（组织、语言、工具等），所以说，"逃避"的过程也是文化创造的过程。

逃避主义

义孚是从人的感觉、心理、社会文化、伦理和道德的角度来探讨和认识人、地理环境以及两者之间的关系。他的讨论从人出发，注重人性、人情，凡与人有关的一切问题都在他的关注之中。也许有人要问，上述内容已经超出了地理学的研究范畴了。的确，义孚在本书中的研究范围横跨了地理、景观、文学、历史以及宗教信仰等诸多领域。义孚的文字时常超过文学的极限，他的诠释将人们对现实环境的感受，和似乎与地理学不太相关的哲学、心理学、都市计划与景观设计学及人类学方面的见解联系在一起。追寻他的文字，就会发现人类在自我与文化中的定位以及人类与自然的真正关系，进而探索逃避究竟意味着什么。阅读这部作品不但可以教会我们如何去欣赏、记录、学习及吸收人类的一切成就，还可以让我们反思万事万物之间以及过去、现在与未来之间的联系性与对应性，反思生命的意义与过程，从而找到生命的真谛，创造美好的人生。《逃避主义》一书和义孚的其他著作一样，蕴涵并透射出他博大的人文主义情怀与绝妙精辟的思想见解，因此不单为广大的地理学者所关注，还为建筑学、社会学、心理学等学科的学者所关注。

也正是因为义孚的论述领域极广，因而翻译他的书需要多方面的素养及深厚的功力，以我和春梅的语言能力和知识积累，很难达到翻译的最佳境界——"信、达、雅"兼备。我曾为书中所引用的关汉卿戏剧中的台词翻阅了《关汉卿戏剧全集》，为孟轲的一句话反复读了八遍《孟子》。义孚在书中提到几十位享誉全世界的著名学者，为了求证书中所引用的他们的经典话语，我们也颇费了一番精力。注释中提到的一些出版社以及在致谢中提到的一些人名，由于在国内尚没有公认的中文译法，所以将英文原文保留。虽然我们勉力为之，但依然会留下不足之处，希望读者指正，也恳望义孚见谅。

最后，我们要感谢河北教育出版社的路殿维先生、姜红女士、符

译　者　序

向阳先生，他们在本译作的先期运作和后期审校过程中付出了大量的心血。他们对工作精益求精的精神，鼓励并感动着我们。我们还要感谢威斯康星-麦迪逊大学地理系的朱阿兴副教授，他是义孚的忘年之交，本书所采用的义孚照片正是他拍摄的。

周尚意

2004年2月

目　　录

导言　I

第一章　大地/自然与文化　1

半小时前，我在湖畔悠然漫步，大雨骤然而至，于是我惊慌地逃回家。我的房子就是我的避难所，这是我精心建造的温暖小世界，它可以为我遮风挡雨，庇护我，使我免受自然的威胁与打击。沿着这个思路想下去，我马上产生了疑问：从房子到宗教，其中存在着什么样的文化？这样的文化是不是也是一种逃避？

第二章　动物性/掩饰与超越　27

我的身体也是一种自然之物。我干预它，而且多数的干预出于有意识地要摆脱和遮盖我的动物本性。动物有食、色之性，或早或晚会死去；而我也要进餐、做爱，并希冀永生。文化使我能够超越自身的动物状态。

第三章　人/分离与冷漠　79

每个"我"都是特别的，譬如本书的作者——我。我们都希望自己是独特的。然而，从深层的意义上来讲，与众不同和独一无二令人难以忍受，因为这必将导致离群、无意义、孤独和脆弱。但是，若将自我融入群体当中，以此逃避孤独、脆弱和不断的变化，又会压制个人的需求。许多美好、悲伤和罪恶都源自对这种人际联系的需求。

第四章　地狱/想象的扭曲与限制　111

文化是想象的产物，并为想象所推动。我们人类因拥有文化而感到自豪。但想象力不断使我们误入幻想的歧途，既不现实，又充满奇异。它诱使我们首先描绘蓝图，然后常常就是实施罪恶，制造出地狱般的世界。

第五章　天堂/现实与美好　153

历史上人类想象力的高飞使得一些大胆的心灵不断与崇高的宇宙世界发生真实的碰撞。更恰当地说，人类的想象力永无止境，它不断发挥着巨大的作用，使这个世界更加迷人、更有魅力。正是人类丰富的想象力使得大地也变成了景观。一个世界，不管它多么有魅力，只要缺少了道德砝码，那么它终究是轻浮的。"做得好"意味着什么？"好"的含义为何？我们要用一生努力探索这些答案，更为重要的是，我们一定要尽力按照"好"的最高标准去行动，这是我们今生能够抵达天堂的捷径。

注释　206

致谢　241

索引　244

导　　言

　　谁不曾有过逃避的想法？但逃避何物，逃往何处？一旦我们来到一个美好的地方，那么，这个地方是否就是我们迁移的最后目的地？我们是否还会被另一个逃避的意愿吸引，再次迁徙到别处？甚至这次迁移的目的地可能就是我们最初离开的地方——我们的故乡，我们度过欢乐童年的地方。一个人受到压迫之时，或者是无法把握不确定的现实之时，肯定会非常迫切地希望迁往他处，我也曾如此。我是地理学家，而地理学家的任务就是研究人们迁移的原因和方式，以及人们如何不断地将一个地方改造成为更好的栖居地，但是我很少去探讨"逃避"或者"逃避主义"这样的问题，也就是说，我从来没有意识到这个概念有可能就是一把打开人类本质和文化之门的钥匙。

　　然而就在几年前，这种情况却有了意想不到的转变，契机是我接到了一个邀请，请我撰写一篇有关迪士尼乐园这一景观的论文。我最初想谢绝邀请，因为我不是主题公园方面的专家，而且我住在威斯康星州的麦迪逊。邀请电话是那年9月份打来的。打电话的人告诉我，翌年1月份，他们将邀请所有的作者到迪士尼乐园所在地——加利福尼亚州南部的城市阿纳海姆开会。突然间，"逃避"一词在我脑海里闪现出来：我可以逃脱威斯康星州冬日的禁锢，在加利福尼亚州这个安乐乡里恢复元气，于是我接受了邀请。现在，我很庆幸当时那样做了，因为我不仅享受到了旅行的美妙滋味，而且此行促使我思考了一系列问题，我尝试着找寻正确的答案，于是便有了这本书。

那次旅行令我非常愉悦，因为我不仅喜欢那里温暖的阳光，而且还惊讶地发现迪士尼乐园本身也非常好。我之所以"惊讶"，是因为但凡受过良好教育的人（当然也包括我自己）都被告知要远离主题公园，因为主题公园有一种神秘的力量（因此显得有些险恶），使得这个世界看上去很不现实，非常虚幻。出乎意料的感受促使我思考一系列问题。人们想当然地认为主题公园是为逃避者而建造的幻想乐园，仅仅适合于那些不谙世事的孩子。那么，我不禁要问：人类所创造的作品哪一件不是如此？是否存在一种欲望之梯，它的一端是极其华而不实的嬉戏，另一端则是极其严肃而现实的事物？

设想一下如果我们沿着这个梯子从上往下走，主题公园之后将会是什么，是购物中心？有人曾抨击购物中心，认为购物中心是没有头脑的消费者逃避现实的伊甸园。抑或是郊区？学术批评家总是毫不留情地斥责郊区，认为郊区是中产阶级乏味的运动场。他们更喜欢城市。但城市却是逃避主义者最理想的选择，因为一座城市之所以称得上是真正的城市，是它远离了自然以及四季更替。农场生活更接近于大自然，那么它是否就是最现实的？久居城市且十分怀旧的人们似乎会这么认为。但是，农场主们也试图创造自己的世界。在任何一个令人引以为傲的农庄住宅中，都会在墙上挂上美丽的图画，点上灯，让温暖的灯光驱走深夜的寒冷。采集狩猎者很少去改变他们所处的自然环境。虽然他们手头没有什么可以用来进行机械操作的工具，但是他们却拥有语言这个工具，借助语言，他们就可以像其他人一样构想出另一个世界，用来替代现实世界或作为补充，在他们承受现实压力的时候可以从中寻求慰藉与快乐。

如果将文化看作是逃避主义，那么又会引发一个问题：人类逃避何物？我是地理学家，所以我首先想到的是逃避自然，即从变化无常

导　言

且时刻威胁着人类的大自然环境中逃离出来。当今这个伟大时代之所以如此成功，原因就在于它将空前的可预测性和丰富性引入人类的生活。这应该能确保人们享受幸福、享受快乐，但事实并非如此，它并不能保障人类对安全感的深深需求。现代社会的红男绿女生活在种种人造环境中，这些人造环境处于欲望之梯的上端，此处的人们似乎在忍受着昆德拉（Milan Kundera）所说的"不能承受的生命之轻"。那里的生活似乎并不十分现实，而且非常可疑。尽管人们并不介意生活在甜美的梦中，但是他们可能会发觉，也许什么地方出了问题，因为一个人在活着的时候或是将要死去的时候应该保持一种清醒的意识。因此人们希望在欲望之梯上停一下，或者退下一两级。极端主义者甚至渴望下到梯子的最下端，去拥抱大地，沙砾粗糙的纹理令他们感到世界的现实性。折中主义者则企图寻求欲望之梯的中间位置，地理学家和环境专业的学生称这个位置为中间景观。

　　对地理学家而言，自然指的就是外部的自然环境。那么怎么看待身体？毫无疑问，身体是一个人的生理躯体。从这个角度看，身体也是一种自然。但是，对我而言，身体并不是外部的东西。身体就是我，因此不管在什么情况下，我都不想也不能逃避它。但是，想要逃避它也不是完全没有可能。病痛折磨我的时候，我常常渴望抛弃这个沉重的肉体，逃到别处。在有限的范围内，这样做是有可能的。我总是借助于想象的力量，这是我暂时离开身体最容易的方法。如果说外部的自然环境不能总满足我的需要或欲望，那么身体作为自然环境也是如此。我会去干预它，而且多数的干预是出于有意识地要摆脱和遮盖我的动物本性。动物有食、色之性，或早或晚会死去，而我也要进餐、做爱，并希冀永生。文化使得我能够战胜自身的动物状态。

　　本书的"我"是东（中国）西方文化的混血儿。我所具有的双重文化背景驱使我充满好奇地观察东西方文化的差异，特别是在历史的进程中，中国人和西方人如何努力脱离他们的自然本性，包括他们的动物本性。依我之见，与东方相比，西方在人为性方面更胜一筹。这是否意味着西方的精英比中国的精英文明程度更高，或是更有经验？换言之，这是否意味着他们处在欲望之梯的更高处，更加远离现实？

对任何一个人类的个体而言，"我"或许是一个信手拈来的词，人们可以自豪而广泛地运用这个词，每个人都可以。"我"可能代表一个群体中的某个个体，比如说"我是一个华裔美国人"中的"我"。群体可能是个体自豪感的源泉，个体为其所在的群体或群体的价值而倍感骄傲。但是，每个"我"都是特别的，譬如本书的作者——我。我不同于其他的任何个体。与众不同，有着好的一面，我为自己的独一无二而无比自豪。然而，从深层的意义上来讲，与众不同和独一无二令人难以忍受，因为这必将导致离群、无意义、孤独和脆弱。但是，若是将自我融入群体当中，又会压制个人的需求。当我与一位朋友讨论本书时，她十分赞同本书的主题。她说："人们的确希望逃避，并选择逃往外部，有时候甚至不惜一切代价也要这么做。但是，难道他们的内心不渴望处于更稳定的状态之中？难道他们不希望成为一个稳定群体的一员，并处在一个合适的位置上？"对此我持肯定的回答，人们当然希望稳定。文化的主要任务之一就是加强社会的秩序性和稳定性，所以人们才会制定出各项规章制度。物质环境本身就意味着稳定性，当一个人处在她所熟悉的地方，看着这个物质世界里她所拥有的一切是那么熟悉，那么她就会很容易感受到这种物质环境的稳定性。虽然逃避的方法多种多样，但是一个人若想逃避孤独、脆弱和自身不断的变化，那么最好的办法就是融入群体，融入这个群体中为数众多的固定小团体当中。

想象推动了文化的蓬勃发展，文化是想象的产物。人类因拥有文

导　言

化而欢喜、自豪。但想象力不断使我们误入幻想的歧途，既不现实，又充满奇异。它诱使我们首先描绘蓝图，然后常常就是实施罪恶，制造出地狱般的世界。想象所产生的结果好坏参半。人能从威胁人类的原始自然环境中逃到优雅的文化之中，这的确是一件好事。然而，如果仔细观察，就会发现在文化的优雅表面上覆盖着厚厚的泡沫，这层泡沫掩盖了严酷的经济现实和政治现实，而正是严酷的经济现实和政治现实支撑着这层泡沫，并使得这层泡沫有可能在人类生活中处于最重要的位置。掩盖、远离或逃避，使得我们轻而易举就忘记了人类绝大部分的创造性活动在其前期所具有巨大的破坏性，甚至是烹饪这种最基本的、最必需的活动，也会涉及很多的前期破坏。像"屠宰与烹饪"或者"内脏切除与烹饪"这样的名称不会用作烹饪书籍的书名。然而没有前者，烹调怎么可能进行？如果人类的作品不是食物，而是一座纪念碑、一个城市、一个帝国，那么会有前期的破坏，人力和畜力的开发，开发时的甘苦与死亡，它们拼凑在一起的图景更接近地狱，而不是天堂。即使我们仅仅把目光投向我们所建造的熠熠发光的人造世界，恕我直言，一个生活在其中的人一定会惊奇地感到生命如此之轻，如此不现实。

然而，我说到这里等于讲了一个很不完整且带有偏见的故事。如果说宇宙中生命和生命意识的出现是件好事，那么人类生命和想象的产生就是一件更好的事。历史上，人类想象力不断高飞，这不仅使一些大胆的心灵进入唯我主义的幻想、疯狂甚至罪恶的状态，而且使它们不断与外在的崇高宇宙世界发生真实的碰撞。这些碰撞对人类的道德意识产生了重大且深远的影响，比如说，使人类在伟大神圣的自然面前保持更加谦卑的态度。人类的想象力永无止境，它不断地发挥着巨大作用，使这个世界更加迷人、更有魅力。这样说一点儿也不过分。想象力使人们更加了解自然的重要性，自然在人们的眼里充满了魔幻与美好，因此，迄今为止很多事物还不能被人们认知，即使当时有所认知，随后也会被遗忘。我可以举一个非常显著的例子——景观。古代富有的罗马人非常偏爱宏伟的景观，今天的人们出于实际的需要也建造出各种景观，但在公元400—1400年，大多数欧洲人并不知道景观为何物。文艺复兴时期，人们的感悟力得到重生，景观再次散发出迷人的魅力。通过人们不断改造和修复的大地成为景观，在当今世界它们仍然存在。我不得不认为"景观"与我们人类的精神是一致的。一旦有人提出类似的观点，我们不仅会频频点头称是，也会在内心感觉更好、更健康、更有力量。

一个世界，不管它多么有魅力，只要缺少了道德砝码，它就是轻浮的。"做得好"意味着什么？"好"的含义为何？人类全部的奋斗史就隐藏在这些问题的背后。我们要用一生的努力探索这些答案，更为重要的是，我们一定要尽力按照"好"的最高标准去行动，这是我们今生能够抵达天堂的捷径。

我认为，逃避主义属于人类，且人类无法摆脱它。逃避本身并没有什么问题，有问题的是逃避的目的可能非常不现实。狂热的幻想有什么错？我认为，只要这种幻想只持续短暂的时间，仅仅是短暂的逃避，或是头脑中的一闪念，那么幻想就不会有错。但是，与外部的现实世界脱离过久的幻想就有可能使人坠入自欺欺人的苦境，就会产生一种阴险的企求；而当人把这种苦境通过赤裸裸的权力或者花言巧语转嫁给他人时，便是罪大恶极了。人类还可以向相反的方向逃避，逃避到现实和美好（天堂）中。在怀疑一切的现代人心目中，奔向天堂的逃避从表面上看是很好的，但其实这与奔向其他的目标一样，看似现实，其实非常不现实。对这些人而言，"天堂"简直就是错觉和幻想的同义词。如果说能有什么东西让人感到更现实一些，那就是生命的坎坷、残酷或苦境。我希望我能够反驳这种流行的悲观论。

导　言

　　我写这本书有两个主要目的：第一，提供一种不同寻常、富有成效的视角来认识自然和文化；第二，想说服读者，特别是那些读过太多悲观文献的读者，使他们认识到我们其实已经拥有了太多美好的事物，尽管这些美好的事物并不是很可靠。我们不妨这样想：即使不存在真正的天堂，即使上苍只是偶尔才会眷顾我们一下，我们也应该少一点绝望，多一点希望和光明。

段义孚

第一章　大地/自然与文化

半小时前,我在湖畔悠然漫步,大雨骤然而至,于是我惊慌地逃回家。我的房子就是我的避难所,这是我精心建造的温暖小世界,它可以为我遮风挡雨,庇护我,使我免受自然的威胁与打击。沿着这个思路想下去,我马上产生了疑问:从房子到宗教,其中存在着什么样的文化?这样的文化是不是也是一种逃避?

在我们当下的社会中,甚至可以说在所有的社会中,"逃避主义"这个词多多少少带有一些贬义的意味。逃避,意味着人们在现实的世界面前是如此苍白无力。我们将逃避主义文学视为逃避现实的创作,也常常将超市、游乐场、主题公园,甚至风景如画的郊区视为逃避现实的目的地。简而言之,它们对于人类生活而言无足轻重,不足挂齿[1]。

质疑逃避主义的原因很多,最显而易见的莫过于下面的事实:只有当动物认清了它所生存的环境的现实面目后,才能在这个环境中生存下来。白日做梦、痴心妄想无济于事。闭上双眼,严酷的现实并不会从眼前消失。但是,据我所知,在所有生灵中只有人类在残酷的现实面前选择了退却。人类会闭上自己的双眼,想出自然界可能给人造成的种种威胁,却不敢睁大双眼,抖擞精神去直面这些威胁。只有人类在现实面前会做白日梦,妄图靠幻想、靠逃避解决问题。因此也就自然而然地产生了只有人类才可能拥有的文化。这个文化指的不仅仅是后天习得的习惯，制造与使用的工具，还包括人类全部的思想与信仰、习惯与风俗、技能与人工制品。人类倾向于利用这样或那样的手段来逃避自然，文化更多地与这种倾向联系在一起。至今为止对于人类的定义仍然争论不休，我在这里再补充一点：人是一种天生就讨厌接受现实的动物。人不仅屈从于环境、适应于环境，这是所有动物的共性，而且，人还会按照事先所设想的方案去改造自然。也就是说，人类在改造自然之前会做出一些不可思议的举动，也就是说人类仿佛"看到了"即将发生的事物，而这些事物实际上在当时并不存在，这就是想象，而想象是人类文化的基石。

现实性与现实

"现实性"与"现实"究竟意味着什么呢？尽管哲学家们对此众说纷纭，难以达成共识，但是寻常百姓却能在日常生活中自如地运用这些词儿，以及它们的反义词"幻想""不现实"等字眼。如果我们仔细地观察老百姓的谈话，我们便可以从中发现，随着环境的改变，"现实"一词的含义也在改变，有时这种变化相当明显。"现实"一词的基本含义来自于动物的生活方式。现实，意味着动物生活在现实的世界中，竭尽所能去应对外界的压力以及自身的本性，摆脱令其烦恼的幻想和渴望。人类若是接近自然，控制想象，抛弃过于沉重的文化包袱，是可以实现这种生存状态的。自然本身是现实的。当凛冽的寒风在耳旁呼啸而过，当不期而至的阵雨从天而降，当人们的身体由于接触到常春藤而引发了皮疹时，对人类而言，这些情景下自然的世界毫无疑问就现实地存在于我们身边。由此，又引申出现实的另一层含义：现实指的就是自然的影响力。它不仅仅指自然本身，还意味着无论是在自然界还是在人类社会中，自然作用于个体或群体，让人类偶尔或者长期处在自然的压力之下。从这个意义上说，现实性是人类难以驾驭的，它无视特定个体或特定群体的需求与愿望。在现实性面前，人类本性的软弱一览无余，人类只得屈服并适应于环境的压力，并从人类创造的地方模式或秩序中寻求安慰，而人类早就熟习了这种模式或秩序。"地方模式或秩序"又道出了现实的另外一层含义：现实是一个彻底人文化的小世界。现实远离冲击或影响，它为人们所熟悉，是可以预测和培育的，是囊括一切的。家就是一个典型的例子。人属于家，这种附属关系的形成与人类在文化中习得的大量思维习惯与行为习惯紧密相关。这些习惯很快就自然而然地融入人类的日常生活中，因而它们像是原本就存在似的，是一个人的本质。一个人离开家或熟悉的地方，即使是自愿的或短时间的离开，也让人感觉那其实是一种逃避。逗留在虚幻的世界中，少了些压力，少了些束缚，因而也少了些现实。

上述的讨论是否把所有关于现实的定义都概括进去了？答案是否定的。为求尽善尽美，至少还需要补充一层意思，但这层意思与上述关于现实的含义正好相反，这会令人感到些许不安。在这层含义里，日常生活充满了纷繁琐碎的细节，缺乏确定性与完整性，那种状态就像处于毫无头绪的梦中，发生的一幕幕都是那么扭曲和变形，没完没了，而这应该是不现实的。现实，应该意味着叙述清晰的事件、清楚的图像、精确限定的建筑空间、神圣的宗教仪式。所有这些都能使自我价值得到提升，活力四射的感觉充溢全部身心。

地球

地球是我们人类生存的家园。我们向往到月球或到更遥远的星球去旅行，这些愿望一直萦绕在人们的心头，挥之不去。或许有朝一日，这些愿望真的能够实现。然而，毕竟这些愿望被人们赋予了一层幻想的光环。现实的生活是在地球上，我们生长在这里，这里是我们的根。地理学家在研究地球时，将它视为人类的栖息地或人类的家园。有趣的是，他们的研究表明，地球并非人类理想的家园。因此，在各种文化中常常会看到这样的梦想——梦想飞入云霄，梦想在某个其他地方建立一个完美的天堂。谈到地球，大多数人想到的不是整个地球，而是其中的一部分，即人们居住的地方。倘若人们在某一个地方居住了一段时间，无论这个地方在何处，他们都会将之视为家园。然而，情况又不总是如此，如果总是这样的话，就不会产生传说，也不会发生所谓的人类故事。正如德国哲学家黑格尔（Georg Wilhelm Friedrich Hegel）认为的那样，人类将会像其他动物那样"融入自然界"。正是人类长久以来自强不息的行动才有了人类故事的发生。过去如此，今后还将继续如此。出于种种原因，人类对其所生存的地方从来不会感到满意，故而常常迁徙，以寻找更加满意的居所；若不迁徙，人类就要改造现有的生存空间。迁徙到别处和改造当地的环境构成了人文地理学研究的两大主题。它们既揭示出人类对现状的不满足，也揭示出人类逃避现实的愿望。地理学家的许多论述都是关于这两大主题的，但是他们在绝大多数论述中并没有将"逃避""逃避主义"作为指导性的概念进行探讨。那么，现在引入这两个概念，我们将会有何收获？毫无疑问，这两个概念会促使我们重新审视自然，重新审视文化，进而重新审视我们到底是谁，我们最终的期望到底是什么。这是继"现实与想象""现实性与幻想"等传统人文地理学的核心学术思想之后的重要概念。

迁徙

很显然，迁徙是一种逃避。当家园的环境开始恶化时，动物便

第一章　大地/自然与文化

要迁徙到别处。很早以前人类就已经这样做了。现在看来，由于人类学会了某些特定的重要文化符号（最重要的就当属语言这个文化符号了），所以人类能在迁徙中以复杂的方式应对环境的挑战。有时迁移的路程会很长，为了克服长途跋涉之苦，我们的祖先要具备强有力的组织能力，而这种组织能力在很大程度上是通过语言得以实施和加强的。不仅如此，他们还要掌握新的技术手段，如航海技术。我猜测，人类的祖先思维活跃，能力超强，既能够预见哪里会有"更丰美的草场"，还能够设计出到达目的地的最佳方案[2]。一万两千年前，也就是冰河时代末期，人类的足迹遍及除冰川和高山之外的所有自然环境，从热带到两极地区都有人类活动的痕迹。

人类故事的大部分可以叙述为迁徙活动。人们通过短距离迁徙，去寻找更好的狩猎场地，寻找更富饶的土地，寻找更好的赚钱机会，或是寻求更好的文化。短距离迁徙很可能是周期性的，环境变了，迁徙的路线也会随之发生改变。常年以来，人类已经习惯于进行这样的迂回迁徙。与此相反，长途迁徙很可能是单向性的且是永久性的。这种迁徙如同恢宏的史诗一般，伟大而壮观。人们怀着对未来幸福生活的憧憬与渴望而迁徙到别处，但结果往往是迁徙后的生活比原来还要艰难。在开始冒险般的迁徙之前，人们必须对所要到达的目的地有足够多的了解。那么，他们会了解什么？他们在多大程度上相信别处确实存在着一个更美好的地方，在这个美好的地方没有他们现在所面临的严酷现实呢？是否故土的现实性真的束缚并压抑了人们，让人们再也无法忍受，并由此产生了对未来的热望与幻想？是否由于这些幻想单纯而富于活力，所以这些幻想看起来已不再是梦想，已经显得比人们熟悉的世界还要"现实"？欧洲人涌向新大陆就是这样一首伟大的现代史诗。美国人声称自己的国家是移民之国，而不愿意被称作"逃避者的家园"，但是许多人正是为了逃避旧大陆难以忍受的惨境，满怀着对新大陆的希望才移民到此的[3]。

自然和社会

人类要想从不安分的状态中释放并摆脱出来，不仅可以通过地理迁移来实现，还可以通过改造自身所在的地理环境来实现。人类试图改变或逃避的环境既可以是社会环境、政治环境，也可以是经济环境；既可以是逐渐恶化的城市，也可以是破败的乡村。当然，还可以是自然环境。在讲述人类故事的时候，我们通常始于历史上的某一时刻。但是，如果追溯到足够久远的年代，我们就有必要将自然（人类尚未染指的自然）作为故事发生的背景。地球上首先出现的是沼泽、森林、灌木丛、沙漠，然后出现了什么？然后就有了人类，就有了人类故事的上演。

世界各地的人们，即使当时没有感受到，但最终也会感受到自然既是家园，也是坟墓；既是伊甸园，也是竞技场；既如母亲般亲切，也像魔鬼般可怕；有时会对人类作出回应，有时又冷酷无情。从古至今，人类对自然抱有可以理解的矛盾态度。文化就体现了这一点，文化弥补了自然界的不足，但是恐怕又会矫枉过正。自然界的主要不足在于它的不可依赖性和残暴性。人类改造自然，创造出比自然界更加稳定的人造世界，并以此作为与自然相联系的纽带。人们耳熟能详的人类改造自然的故事，可以被理解为是人类为逃避自然的威胁所作的种种努力。人类有很多改造自然的故事。早期的先驱们必须与自然作勇敢的搏斗，以此争得一个并不太稳固的生存立足点，因此人类改造自然的故事大多充满了艰辛与困苦[4]。

对于人类居住者而言，自然环境本身看起来既富饶又稳定。热带森林可以满足采集狩猎者全年的适当需求，年复一年，从不改变。然而，一旦人类开始改造森林，就算只是开辟一小块土地来种植作物、建造村庄，森林也会变成一股凶恶的力量，无情地肆虐着那块空间，直到将其夷为平地[5]。世界各地的农民都有过这方面痛苦的感受，只是程度或许不及湿润的热带地区的农民而已。因此，农民通常用多疑的目光审视大自然。当然，他们明白是大自然满足了他们的各种需求，他们也因此对大自然心存感激。至今在世界各地还存在着人们为了表达对自然的崇敬之情而设计的仪式与传说故事。但是人类也从其痛苦的经历中感受到了大自然的吝啬，大自然对人类的工作和生活总是极为冷漠。

从自然界中开辟出一块空间并不能确保人类从此就高枕无忧了，恰恰相反，它会使人类自身更加脆弱。那么，人类应该怎么办？在大自然面前，人类自身的力量实在是太渺小了，所以人类采取的最基本的方法是将人类世界与大自然紧紧地捆绑在一起，使大自然不得不对社会的压力与影响作出相应的反应，就像人类会对大自然的变化作出相应的反应一样，虽然这两种反应都很艰难。如果这个方法没有奏效，人类就会举行一些仪式来安抚大自然。如果这样做还起不了什么作用，人类就会祈求更高的权威——上帝或是其在地球上的人类化身。人类使尽浑身解数想要控制大自然，但是成效甚微。也许在前来考察的生态学家眼中，某个地方的某些事物是稳定的，这是因为他所关注的是很长一段时期中人与大自然的相互作用。而这些事物在当地居民看来却充满了不确定性，他们要日复一日、年复一年地与自然界进行斗争，以求生存。

阿兹特克人与中国人

现在，假设我们进入一个比狩猎社会更高级一些的社会中，结果又会如何？和那些与外界隔绝、没有什么工具可用的村民相比，生活在更高级一些的社会里的人们拥有一些较为先进的技术手段和组织方式，他们可以借助这些技术手段和组织方式开辟范围更广的永久性撂荒地，在上面种植作物、修建纪念碑、创建城市。人类对自然界施加外力，众多的人类创造物展现出一幅不可思议的海市蜃楼般的景象，这些难道不会让人类感受到自身伟大的能力与世界的永恒不变？

答案并非总是肯定的。墨西哥的阿兹特克人就是一个典型的例子。尽管他们已经在非常广的领域达到了高水平的物质成就，但他们仍然感觉到不安全。可怕的火山喷发、天气的反复无常、洪水的无情泛滥，以及湖堤决口等自然现象的不确定性给人类带来的影响，远比人类创造物提供的保护强大得多、可怕得多。此外，在阿兹特克文明中，庙宇、神坛这些建筑物本身更加验证了阿兹特克人恐惧与焦虑的心理，而不是他们的自信，因为这些建筑物是用于祭祀的，而祭祀的最终目的是企求上苍赐给人类一个持续而稳定的大自然环境，而这正显示了人类的渺小与软弱[6]。

12 　　我们再来看看更具备自信心的中国文明。中国人借助物理干预和制度方法（如设立公共谷仓）来规范大自然。在这些方面，阿兹特克文明与中国文明有共同之处。然而，中国文明与阿兹特克文明又有所不同。中国人不顾大量相反的证据，在几千年的时间里成功地维系着与天和谐的宏大模型。这一点使得中国人称得上是逃避主义者。但是，如果没有这种努力，没有他们那种与自然和谐共处的执着梦想，他们或许早就丧失了乐观与坚韧的生活态度。正是这种乐观与坚韧的心理优势帮助中国人创立了不朽的文明[7]。对于中国的建筑专家们来说，沼泽、森林、山脉这些自然障碍都可以克服，它们是不会永远存在下去的。对于中国哲学家来说，无须关注或接受那些反复无常或偶然发生的事件。其实，任何一种文化的哲人都会持有相同的观点。

反复无常或偶然发生的事件只是令人迷惑的个别现实，它们能够激励一个人去寻找更加全面的世界观。

中国人沉着的性格源自许多方面。真真实实矗立在大地上的建筑成就和工程成就无疑增强了中国人的自信心。自汉唐到宋代持续很长时间的太平盛世在人们脑海中留下了深刻的印象，这又更加增强了中国人的自信心。在中国人的心目中，大自然是井然有序的，这种认知倾向更加促进了中国人性格中的沉着与镇定。以现代宗教教育论者的观点来看，中国人之所以感到安心，很大程度上是因为他们认为宇宙是永恒的，宇宙对于人类的祷告会作出相应的回应。中国人也遭遇过自然灾害，甚至比阿兹特克人遭受的更具有毁灭性，更加频繁。当灾难突然降临，而用常规手段无法解决的时候，统治者就要采取相应的措施。因为在统治者看来，灾害的出现是由于人类自身道德品格的败坏而遭到天谴。为了重建秩序，统治者要祭天，统治者会代表自己也代表其子民向上苍赎罪，统治者作为人类的代表，作为上天与人间的唯一调解人，要身先士卒，祭祀上天，重塑自然界与人类的和谐关系。因此，统治者被称为天子，而不是地子[8]。无疑，中国的上层文化也像其他所有的上层文化一样，存在着对上天的依附，为的就是逃离大地的束缚。

前现代的欧洲与现代早期的欧洲

在现代西方人看来，逃避自然之无常与凶恶是非常奇怪的想法。他们只有在遭遇狂风骤雨或者暴风雪的时候才选择逃避。在他们看来，人类社会比自然界更加凶险莫测。他们对历史是如此健忘！在关于中世纪至18世纪生活状况的历史文献中有许多关于恶劣天气之威力的记录。如果我们将注意力更多地集中在黎民百姓身上，而不是集中在高高在上的统治阶级和他们所唱的政治高调上，那么可以得出这样一个结论：气候的反复无常是导致欧洲灾害频仍的直接原因。洪涝与干旱、霜冻与酷热不仅造成作物歉收，还常常给人们带来饥馑，至少是地区性的饥馑。

从关于现代早期欧洲的记载中可以看出，即使是在欧洲最富庶的地区，人们也常常遭受饥馑，并因此而丧命。1597年纽卡斯尔（Newcastle）的一位市民描述道，那年尽管这个港口城市从海外进口了不少粮食，但是"由于缺乏食物，饿殍遍地"。在法国，人们并没有从太阳王那里祈求到自然界的稳定，相反，丰年灾年的更替倒更像是一种普遍规律。1661—1662年，法国大部分地区年景不好，气候恶劣，收成不佳，饥馑随之而来。乞讨者从农村涌向城镇，城镇居民组织民兵驱赶他们。1663年则风调雨顺，粮食丰收，这种繁荣持续了十年。然而，从1674年开始，时运又一次"脱节"。1674年夏季降水过多，收成减少。随后几年的情况更糟：1681年农业再次歉收，1684年局部地区再次受灾。1679—1684年，法国大部地区因自然灾害而造成的死亡人数不断增加；而1684—1689年则又是好年景，谷物丰收，粮价便宜，人们衣食无忧。之后，1693—1694年连续两年降水过多，气候偏冷。多数法国人受到不同程度的影响。贫困的百姓用猫和被丢弃在垃圾堆中的剥了皮的死马充饥，有些人则活活被饿死[9]。

前现代的欧洲以及现代早期的欧洲，自然和社会的不稳定性给穷人造成了沉重的压力，这一点不足为奇。但是，人们很难想象这种不确定性是如何影响那些殷实人家和权贵们的[10]。现实生活中充满着如此之多的不确定性，人们完全有理由选择逃避，逃避到幻想出来的完美世界中。伪装是文艺复兴时期王子们最擅长应用的一种手段，他们精心创作了大量的假面。他们用这些假面将自己扮作男神或女神，统治着富饶宁静的田园般的天堂。如果说平民靠着头顶上方的屋顶来

第一章　大地/自然与文化

逃避自然界的凶恶，那么文艺复兴时期统治者们所依靠的就远远不只是屋顶了。遵照统治者的命令，艺术家们用艺术的手法在屋顶上描绘出天堂的替代品——宫殿，甚至可能是一个华丽的舞台。那上面有悠悠的浮云飘过，有腾空飞翔的四轮马车，还有肥美的草场以及丰饶的田野[11]。

这种艺术的实质是什么？莎士比亚（William Shakespeare）在描写普洛斯比罗（Prospero）①的魔法时，点明了其实质。文艺复兴时期有位王子名叫普洛斯比罗，他还是一位魔法师。这里所说的魔法师并不是我们现在所理解的那种演员，而是指学识渊博的人。他们中的一些人能揭示表象之下事物发展的本质规律，因此能够创造出奇幻来。普洛斯比罗拥有这种魔法，他像达·芬奇（Leonardo da Vinci）那样是个天才，独享这种魔法，并将此魔法发挥到了极致。当然，我绝对不会把达·芬奇看作是魔法师。在达·芬奇之后很久才出现了牛顿（Isaac Newton），事实上他才称得上是真正的魔法师。然而，在达·芬奇这位文艺复兴时期的风云人物与牛顿这样的伟大天才之间存在着显著的差别。达·芬奇通过艺术、技术、科技、技能来获取知识，而这些知识对于创造文艺复兴时期王子们所渴望的天堂替代品来说是必不可少的。牛顿则很少去关注这些被世俗利益所困扰的现象。他不会关心达·芬奇热衷的那些学科，如解剖学、地质学；他也不会想到要用艺术家或建筑师的方法在地球上建造一个天堂的替代品。他将目光直接对准天堂本身，他在学术上的杰出贡献也是用抽象的数学来实现的。

---

① 普洛斯比罗是莎士比亚戏剧《暴风雨》（*The Tempest*）中的男主角。他是米兰公爵，一次出海时被其兄安东尼奥篡夺权位。他与小女儿在躲避迫害时落入海中，漂流到一处海岛，幸免于难。他在岛上学会了魔法，保护了女儿并控制了其他敌人。他有一支魔法杖。——译者注

物理学对生物学：天堂对地球

众所周知，当代最杰出的数学哲学家怀特海（Alfred North Whitehead）列出了17世纪的12位世纪天才。这12位天才分别是：培根（Francis Bacon）、哈维（William Harvey）、开普勒（Johannes Kepler）、伽利略（Galileo Galilei）、笛卡尔（Rene Descartes）、帕斯卡（Blaise Pascal）、惠更斯（Christiaan Huyghens）、波义耳（Robert Boyle）、牛顿（Isaac Newton）、洛克（John Locke）、斯宾诺莎（Baruch de Spinoza）和莱布尼茨（Gottfried Wilhelm Leibniz）。在这12位天才中，英国人占了多数。怀特海在其中只列出了一位生物学家——哈维。他虽对此感到十分抱歉，但也丝毫不留情面[12]。17世纪的天才们在天体力学与物理学领域崭露锋芒，但是在生物学和有机科学领域却表现平平。而人类属于有机界，并且依赖于有机界。尽管人类已经跨入现代化的门槛，在某些地区，甚至是欧洲的发达地区，人类的无助（即前面我提及的饥馑）依然存在。另一方面，天体的本质却以前所未有的精确度展现在人类面前。在地球上，无论是自然现象还是人类现象，似乎还处于一片混沌状态中；与此相反，宇宙却呈现出完美的秩序。宇宙的井然有序赋予17世纪的自然哲学家们极大的自信心，就像它一贯赋予教皇自信心一样。在古代，统治者们认为，可以把人们所认识到的宇宙规律运用到人世间。在欧洲刚步入现代历史进程时，自然哲学家们有理由希冀，那些揭开宇宙之谜的精确方法同样会在人世间创造出奇迹。虽然在长达两个世纪的时间里，这些方法在新科学里建立起完美的理论体系，但并未能应用于实际，也就不能满足人们的实际生活需要。18世纪农业的发展不仅与人类的实践活动息息相关（如作物轮作），还得益于知识被更系统地运用到实际生产劳动中，而那些知识

第一章 大地/自然与文化

是在几百年的试验与失败中积累下来的。当时农业的发展还与土地使用权、所有权的变更有密切的关系。但这些发展却与抽象、机械的天体科学关系不大。

基于这种观察，有人不禁要问："那么，你想要什么？人们应该密切关注土地与人类生活之间纷繁复杂且相互依赖的关系，关注发生在我们脚下和眼前的事情，而不是仅仅关注科学家的实验室，或那些只适用于天体世界和物理学中的分析和概念模型。只有这样，才能解决农业所面临的挑战。换句话说，为了更好地生活，人们必须脚踏实地，而不是逃避。"

这种感性的回答存在着自身的问题。据我们所知，逃避主义被认为走的是一条迂回曲折的道路，它会产生一种空前的控制力，并作用在有机体上，而不只是形成对宇宙天体的预测能力。这一道路分为两支：一支继承了西方的科学精神与敬业精神，这种继承是在普通化学和土壤化学研究领域中实现的，土壤化学的研究成果直接导致有机肥料的产生，这使得作物获得了令人瞩目的高产；另一支也继承了这两种精神，但是这种继承是在遗传学以及科学培育动植物新品种的研究过程中实现的。培育动植物新品种越来越富有创造性，这种创造性在绿色革命时期达到了高潮，随后有了遗传工程学的诞生。与此同时，人类意识对理论分析的偏好又创造出动力和灵活性不断增强的农业机械，也许还发展出先进的农业组织策略与营销策略。拥有了这些伟大的发现与发明，一个国家就会兴旺发达。20世纪后半叶，对于大多数人而言，致富不再是一个梦想，而这个梦想恰恰是人类的先辈一直苦苦追求的。在发达地区，许多人已经进入富足的小康社会。他们已经习惯于在超市里那些眼花缭乱的果蔬以及品种繁多的肉食品中挑选适合自己口味的东西，并认为理应如此。但是，另一个疑问是：这种充足的供应是否真实？是否能够一直持续下去？这难道不是普洛斯比罗将魔法杖一挥而制造出来的幻觉？即使西方社会的经济曲线呈指数上升的态势，但并不能消除人们对技术的隐约担忧：迟早人类会为自己藐视自然力量或自然之神明而付出代价。

逃向自然

我已经对"逃避自然"作了简洁而全面的解释。虽说超市里琳琅满目的农产品等着顾客来挑选，但这种依赖于农田的收成是不确定的，而"逃避自然"使人类从这种不确定的状态中摆脱出来。逃避自然之所以成为可能，是好几种力量共同作用的结果。这些力量分别是人类劳动合作的力量、技术的力量，以及隐藏在这两种力量之下的想象与思维的力量。然而，这几种力量共同作用并创造出来的现实并不一定会让人类满意，相反，现实会令人们更加沮丧、更加忙碌。人们便开始再次逃避，这次却是"逃向自然"。

逃向自然，或者说回归自然，是一个值得深思的命题。在这里我提到这一命题，是为了与人类"逃避自然"作对照，虽说人们并没有就"回归自然"达成共识，但是关于这种情感有几点需要大家予以关注。其中一点就是这种情感的古老与悠久。在古代苏美尔人造城之初，他们就热切地盼望着能重返纯朴的自然。这种盼望从《吉尔伽美什史诗》(*The Epic of Gilgamesh*) 中可以窥豹一斑。这首史诗讲述了这样一则故事：自然人恩基都（Enkidu）一步步受到引诱，投入美妙的人类文明怀抱之中。但是，他临终之前唯一的遗憾是再也没有机会去享受与瞪羚一起快乐腾跃的自由生活了[13]。

我想强调的第二点是：那些久居城市的人们会普遍地对自然怀有亲切的向往，正如我们从那些记录详尽的欧洲历史和东亚历史中了解到的那样，不仅仅是那些城市里的居民有逃向自然的情感。钢筋水泥

第一章 大地/自然与文化

筑就而成的城市的不自然性并不是产生这种情感的根本原因。我们来看一下生活在热带非洲卡塞河（Kasai）流域勒勒人（Lele）[①]的生活吧。虽然他们没有建造什么城市，但是他们明白向往自然是何种心情。他们在卡塞河畔的稀树大草原上创建了一些人文景观，但是他们也想逃离这些人文景观。人文景观包括社会关系、房屋、农地等，为了使所有这些保持井然有序的状态，他们必须时刻保持警觉，因而也加重了他们的负担。为了寻求解脱，勒勒人定期返回河流对岸那隐秘、凉爽、富饶的热带雨林中，把稀树大草原上刺眼的阳光、难耐的酷暑抛在脑后，不再去想那些永无止境的劳苦工作，以及他们所必须承担的责任。在他们的眼中，热带雨林才是一切美好的源泉，是上帝赐予的珍贵礼物[14]。

我还要指出的第三点是：人类回归自然所采取的规模相差很大。规模最小的就是为我们所熟悉的日常活动，如周末到森林去露营，这种活动持续时间较短；稍长一点儿的是在乡间生活一段时间；而另一个极端则是欧洲人经过长途跋涉，迁移到美洲，并永远定居下来。当时，旧大陆好比城市，而新大陆则相当于大自然。事实上，新大陆的定居者中有许多来自于欧洲的乡镇，而非欧洲的大城市。然而，他们逃离了呆板、拥挤的现实世界，选择了新大陆那更为广阔的空间，以及更为简单的生活方式[15]。

最后一点是：无论是哪种规模的回归自然运动，几乎都不会造成原来家园人口锐减，或是被遗弃，即便是横渡大西洋这样大规模的迁徙也没有造成这种后果。原来的家园，即那些主要城市和大都市，仍然吸引着成千上万的人们去那里定居，它们与大自然的距离也在一点儿一点儿地扩大。

最后这一点提醒我们，"逃向自然"是依赖于"逃**避**自然"的，

---

① 勒勒人，也称为巴什勒勒人，英文名为Bashilele或Usilele，是与刚果民主共和国库巴人密切相关的班图族。——译者注

逃避自然是第一位的，这是不容置疑的。正是先有了人口压力和社会束缚的与日俱增，才有了人们逃避愿望的产生。我已经指出，压力是文化自身发展的必然结果，文化就是我们逃避自然的愿望以及实现这种愿望的能力。之所以说"逃避自然"是第一位的，还有另外一个原因，即人们逃往的自然必定已经被人文化了，且被赋予了人类的价值观，因为这种自然是人类愿望的目标所在，而不是一个人们被迫或不乐意进入的模糊"外部"世界。所以，可以这样说，我们希望逃向的地方已经不再是自然，而是"自然"这一迷人的概念，这一概念是人们经验与历史（或文化）的产物。尽管这听起来似乎有些自相矛盾，但是，"逃向自然"的确是一项文化事业，是一种被掩饰起来的"逃避自然"。

自然与文化

自然是从文化上来定义的，截至目前这一观点被环境理论学家广为接受[16]。如何从文化上来定义自然？自然如何被人为地构建？这样来定义自然是不是西方世界文化傲慢的最新集中体现？这倒未必，因为合情合理地伴随着这一观点的还有另外一种观点，是由维特根斯坦（Ludwig Josef Johann Wittgenstein）提出的。他所提出的自然是广义的自然（Nature），以大写字母N打头，他认为那些已被定义的或是可被定义的，或是涉及语言和图像范畴的事物或许只是这个广义自然中的一小部分[17]。我在本章所使用的自然，是狭义的自然（nature），以小写字母n打头。我采用关于自然的狭义定义意味着什么？哪种文化在影响着我？是地理学术界所特有的文化在影响着我。我所使用的自然之定义是传统地理学家所持有的定义：自然是指地球表层以及地表以上的大气层中未被人类所影响，或者虽然被影响，但是影响程度很小的那部分。因此，距今年代越是久远，地球上自然所占的比重就越大。关于自然，还有另外一种定义：自然是除去人类以及人类创造物之外剩下的那部分，或是经过一段时间后可以自行复原的那部分。

在当今世界，以上关于自然的观点十分流行，这在一定程度上要感谢环境保护主义运动的蓬勃发展。这些定义看起来并不武断，是对一般类型的人类经验的确切反映，而不是某些特定人群在特定时间的一种虚拟的假想。但是，真的如此吗？我认为是。自然与文化的区别，远不只是学术界的创造，在所有的文明社会中（"文明"本身就是一个关于自我意识的不断自我认识的过程，而在这一过程中要假定一个对立物，这个对立物可以是原始的、粗糙的，也可以是天然的、天赐的），人们均认识到二者的差异，只不过认识的表现形式不同罢了。更普遍的情况是，自然与文化的区别就在我们面前（即便从字面上看不出来，至少也可以从其潜在的意思中感觉出来）。无论何时，无论何地人类总是尽其所能建造出一个属于自己的物质世界，即便这个人造的物质世界充其量只是一片粗放的撂荒地，上面只有稀稀落落的几块田地和几所粗陋的茅舍。我前面提到了非洲的勒勒人，他们欣赏与女性、与社会和文化无关的纯粹自然，这种欣赏在现代美国男性看来就是浪漫（其中带有性别歧视）。巴布亚新几内亚基米人的居住地与非洲勒勒人相距数千里，他们的物质工具也很简单。他们所说的两极"kore/dusa"基本上等同于我们所说的"自然/文化"，dusa指的是"文化的和社会的"，而kore指的是"原始的"，是拥有多种生命形式（植物、动物）的热带雨林，因为热带雨林是自己生长的，因此是"天然的"[18]。

狩猎者的情况又是如何？他们靠自然为生，但是并没有从自然界中划分出一块永久的文化空间。"自然/文化"不大可能成为他们所使用的词汇，也就是说当他们与各种各样的自然要素进行密切而长期的交往时，他们不需要用到这样的词汇。但是，丝毫不用怀疑，他们置身于这些自然要素之中，感觉就如同在自己家里一样随意自在，所以当这些自然要素被外来者称为原始的或自然的，他们很不以为然。更准确一点儿说，他们生活在一个文化的世界中，里面充满了他们自己的命名、传说故事、仪式和个人的体验。这个熟悉的世界有确定的界限。采集狩猎者清楚地知道这个世界止于何处——在悬崖边或是河边[19]。超出这个界限之外的世界是一个他们未知的世界，尽管其他民族了解这个未知世界。这个未知世界对于他们来说太难界定了，远远超出了他们的语言和经验的感知能力。

当前的人类学思想想弄清楚"自然/文化"这种二分法到底是18世纪欧洲人的发明，还是普遍适用于人类经验的划分法[20]。这种二分法在西方已不被推崇，原因之一是人们认为它太绝对、太抽象，原因之二是它几乎总是导致等级的建立，而在这个等级中，无论妇女被界定为自然还是文化，出于某种原因，妇女都被列在最底层。有人或许会提出一个语言学上的难题，来质疑二分法这个过时的论点：欧洲语言术语与非欧洲语言术语，它们在意义上要存在多大程度的一致性或重叠性才能让持非欧洲语言的人们真正地理解欧洲语言术语的意思呢？现在，我再提供一个理由来证明"自然/文化"这种二分法的提法已经过时了。二者之中的一个已经明显起着主导的作用。在当今这个时代，文化似乎胜过了自然。人类的足迹遍布全球，无所不至。广义的自然还包括地球熔融状的内核与遥远的星体，这些是我们人类还没有触及的。但是，人类已经开始探索它们了，也就是说它们是人类思想/文化的建构之物，过去如此，现在依然如此。现代人的生活中文化无处不在，这与采集狩猎者惊人地相似，我前面已经指出，采集狩猎者几乎完全生活在一个没有任何自然概念的文化世界当中，彼此分离且平等，但行动时却相互制约。但是，仍然存在着广义

第一章　大地/自然与文化

的自然（Nature），就像采集狩猎者的未知世界一样，这个自然是人类的思想、语言和图像所不能触及的。无论是我们触摸到的还是我们改造过的，无论是我们看到的还是我们想到的，通通被记录在"文化"中，而在"自然"中则什么内容也没有。从这个意义上讲，文化无处不在。然而，现代社会的男女毫无成就之感，反而有一种被遗弃的感觉。现实只是一个看上去光怪陆离、稀奇古怪、没有丝毫现实感的世界（"世界"world一词来源于wer，wer是"男人"的意思），即使这个世界正在发挥着作用，并且非常和谐地运转着（实际情况远非如此）。我们用自己的眼睛观察着这个世界的每一处地方，这些地方都被贴上了自己的印迹，披上了个人的色彩，这种情况令人感到很不安。说真的，这也是疯狂的征兆。为了使我们的感觉更加真实、理性与稳定，我们需要借助自然的力量。"（风）吹打着我的身体……这种感觉让我感到自己的存在"（莎士比亚《如你所愿》2.1.8，II）；我们甚至有可能不断地借助自然来逃避人类思想的影响。

但是这还是不能纠正人们对"自然/文化""现实/幻想"之意义的曲解。现实就意味着影响，这种影响是自然的，不能被同化。但是，正如我前面所说的那样，现实的对立面看上去更加现实。现实是文化层面的。文化层面的事物看上去并不像是人造的，它们更具有精神性或神圣性，因而胜过自然。所以，宇宙之城要比荒野更现实一些；宏伟的诗篇要比朦胧的感觉更现实一些；宗教仪式要比日常生活更现实一些。宇宙之城、诗篇和宗教仪式都含有某种精神的因素，而正是这种精神因素提升了人们对现实的感受，并且让这种感受更加神圣、更加清晰。我对自然和文化的阐述有着一定明确的启示，因而比起我在自然和文化方面遭遇的令人烦恼的经历要来得更加现实一些。当我经过深思熟虑而后文思泉涌之时，我感到我已经逃向现实。

逃向现实，逃向清晰

在本章开篇部分，我就指出逃避主义具有一定的消极意味，因为从一般的观点来看，人们逃避的是现实，逃向的是幻想。人们会这样说："我厌倦了眼前的飞雪和泥沼，厌倦了工作中的激烈竞争，我想到夏威夷去，去享受那里美丽的海滩与宜人的风光。"夏威夷在人们的心目中是天堂的象征，因而它也就变得不具现实性了。人们还可以做其他的事情来代替去夏威夷，例如，读一本好书；看一场电影；去逛逛有品位且装修精美的购物中心；到迪士尼乐园去疯狂一把；在纯朴的乡村过上几天清静的日子，度过一段美好的时光；到曼哈顿或是巴黎的一流宾馆过一个浪漫的周末。在其他社会或在其他年代，人们可能逃到说书人的故事世界、集体盛宴、乡村舞会或宗教仪式中[21]。人们逃向的是一种文化，这种文化既不是人们的日常生活，也不是密集的且未发展完善的环境，以及处事方式。这种文化展现出足够的清晰度，这种清晰度代表着一种高品质，而这种高品质一般来源于简化的过程。我认为，清晰几乎总是能让人满心欢喜。然而，人们对简单却抱有相当矛盾的态度。例如，如果人们在某地或某事的经历很简单，那么马上就会厌倦之，并将之视为一种不再有任何意义的肤浅的幻象而抛到九霄云外，即使当时不这样做，当他们回首此地此景时也会这样做。人们时不时地逃向这种简单，虽然这种行为可以理解，但是值得怀疑。但如果人们的经历并不简单，且让他们感觉到清晰，那么人们就一定会将这种经历视为现实。已故的法国总统密特朗（François Mitterrand）曾经认为，逃向一本好书就是逃向现实。参加一次神圣的宗教仪式就相当于参与了一个严肃而现实的事件，这也意味着逃离了生活中的陈腐与混沌的状态，逃向一种更加澄清的生活，

第一章 大地/自然与文化

并且为生活披上了一种神秘的色彩[22]。

　　人们普遍认为清晰的事物更具有现实性。为了阐明这一观点，我们将两种表面上看起来毫无共性的经验世界——学术界与大自然联系起来，并细加考察。社会上普遍认为学术界是象牙塔，这里的潜台词是说学术界的生活不怎么现实。对此，学者们却持有不同的观点。他们认为，如果他们想要逃离"现实生活"的某些纠缠，只有进行学术研究。学术研究使得他们更好地与现实相处，而且正是得益于这种与现实的相处之道，他们的研究获得了很大回报。如何与现实相处？简而言之就是通过简化的过程，通过简化可以使事物具备更高的清晰性，并让人产生一种能够把握研究对象的准美学感受。现在再回到大自然的话题。置身于大自然的怀抱，可以被视为逃向幻想，远离社会生活的挫折与打击。然而，热爱自然的人却持有不同的观点。对于他们来说，逃向自然就是逃向现实。他们的理由是现实的就是自然的，这种自然性不受人类活动所扰乱或掩盖。但这个理由并不适用于学术界。简单性是学术界与大自然的共性，这或许是二者之间唯一的共同点。与学术活动所属的大社会相比，学术活动本身显然要简单得多。至于大自然，从某种意义上说，它也是简单的，甚至可以说更为简单。这里继而又产生出一个新问题：自然比什么更为简单？不管答案是什么，有一点是可以确定的：生活在城市中的居民（越来越多的人正逐渐转为城市居民）对动植物、土壤、岩石等知之甚少，即使他们居住在都市周围的郊外住宅区，或者在乡村另一处住所，他们对这些事物也还是了解不多。这当中要除去那些为数极少的受过正规和系统教育的自然科学家。这些科学家对于自然的描绘具有极强的选择性和高度的概括性。事实上，由于普通居民既缺乏常识，又缺乏经验，他们对自然的描绘要比对社会的描绘更加简单，这也就导致了他们对于自然的描写更加清晰、更加全面，因而也更加现实。

理想与现实的中介——中间景观

人类在不同时代与不同地方创造出各种各样的"中间景观",它们处于人造大都市与大自然这两个端点之间,人们将中间景观称作人类栖息地的典范。这些中间景观都是文化的产物,但它们既不花哨,也不目空一切。这种景观使得人类不必进行远距离的迁徙就可以逃避自然界的原始与荒蛮[23]。与大自然和大都市这两个端点相比,中间景观看起来更加现实,更富有生活的气息,而且更像是生活的本来面目。而一目了然与模糊不清之间的截然对立使大自然和大都市显得都不现实。如果将自然视为美好的景象,将城市视为几何形状的街道与摩天大楼,那么自然与城市在我们眼里就会变得一目了然;但是一旦自然与城市充斥着一大堆毫无头绪的杂七杂八的事物,那么它们就显得很不成熟。然而,从历史的角度看,中间景观作为人类理想的栖息地也存在许多问题。问题之一是中间景观并不是唯一的,其数目众多且种类庞杂。有许多种景观可以称为中间景观,譬如农田、郊区、花园城市、花园、示范镇,以及强调美好生活的主题公园。它们远离大自然和大都市,具有不同的价值。问题之二是无论哪种类型的中间景观都被证明是很不稳定的,都有可能转化为自然,或者更为糟糕的是,不管它有多努力地想保持自己原有的状态,它都将一步步地转化为城市中的人造物,这是很常见的。那么,中间景观也就失去了其原有的意义和价值。

让我们从经济学的角度来观察各种各样的中间景观。到目前为止,最重要的中间景观应该是农业用地。直到进入20世纪,农民仍然占据全世界人口的绝大多数。这些以土地为生的人们植根于他们所生存的村庄,在村庄附近的土地上(这个有限的空间内)日出而作,

第一章 大地/自然与文化

日落而息，年复一年，直到将自己永远埋在这里。因此，与其他人相比，他们最不适合用"逃避者"这个称呼。事实上，农民的生活方式使得他们与大自然是如此完美地融合在一起，以至于在那些来访的城市游客的眼中，这些农民本身就是自然，是自然景色中不可或缺的一部分。人们对农民生活有一种普遍的感知，即他们认为农民的生活"不随时间而变化"，具有永恒不变的属性。这种感知更加强化了农民与自然和谐相处的这样一个论点。农村的文化显然具有保守的特性。在农村，无论是当地人还是外来者，对他们而言，农村文化的过往由一系列的目标组成，这些目标要么被反复实现，要么由于力量的匮乏而被放弃。于是，人们对于农村文化的过程没有了觉知。但是，与其他人一样，只要具备了足够的能力，农民就会利用其所掌握的技术手段来改善自身的生活。文化是一点儿一点儿地积聚并发展起来的，这种进步是渐进的，因而通常不为人们所注意。当然，18世纪的西欧是个例外，它是世界上经济实力强大、政治情况复杂的地区。在当时的西欧，科学知识（广义上来说是指所有有用的知识体系）的应用使得农业在接下来的两百年中取得了一个又一个的成功，并产生了广泛的影响，人们的心理也因此惶恐不安起来。"不能承受的生命之轻"的心理慢慢潜入人们生活的各个领域，一直以来，人们在生活领域之中感受更多的是束缚，而不是自由，现在仍然有很多人有这般感受。人们希望重新获得"生命之重"的感觉，就是那种以自然需求为条件、允许极小甚或不存在幻想空间的感觉。对家族经营式农场这种传统生活方式的怀旧，在某种程度上反映了这一愿望。

花园是大自然与大都市之间的又一种中间景观。尽管花园一词能使人一下子联想到自然，但是花园本身显然是人造的事物。在中国，人们一般都说"建造"一座花园。但是在欧洲，人们却说"种植"花园。这种用词方面的差别表明，中国人更易于承认花园的人造物属性。对中国精英而言，人工技巧意味着文明。欧洲人受堕落前的伊甸园故事和浪漫主义的自然观念熏陶，在他们眼中，人工技巧具有负面含义。在欧洲，人们在房屋四周种植植物的最初目的是获得食物、药材等，以满足日常生活的需要。在中世纪早期，欧洲人将有用的东西与美丽的东西自然地结合到花园中，于是就产生了园艺这门艺术。然而，权贵们所营造的花园却逐渐向着审美学与建筑学的方向发展。从16世纪开始，首先在文艺复兴时期的意大利，然后在巴洛克时期的法国，人们建造花园是为了展示无上的权力，展示高超的技艺。技术的飞速发展，使得人们有能力修建出不断变换喷水方式的喷泉，制造出肢体能自如活动的动物偶像，再加上一提到花园，很容易让人们产生出剧院一般的魔幻感觉，所有这些为人们营造出一个虚幻的世界，与它最初建立的意愿相去甚远。最初建立花园的意愿与土壤和人们的生计是息息相关的[24]。

20世纪游乐园的典范是迪士尼主题公园，它是美国人的发明创造。凭借现代的高科技，迪士尼乐园能够制造出奇幻的世界，而且比以前任何一个时代营造幻境的水平要高出很多。迪士尼乐园的独特性还体现在它不再关注当下，而是钟情于神秘莫测的往昔和光辉灿烂的未来。乐园中还设计了梦幻之园，那里的人物来自美丽的童话和迪士尼自己独特而丰富的想象。还有什么比迪士尼乐园更符合逃避主义？在中间景观的谱系中，由村庄和田野构成的乡村与迪士尼乐园分处两端。乡村与自然最为接近，而迪士尼乐园与自然之间有相当远的一段距离，但是它还是没有转化为城市[25]。被精心设计和管理的迪士尼乐园时常遭到大众的批评与指责，人们认为它是在鼓励孩子们形成不负责任、没有约束的生活态度。这里，我所提出的问题是：从根本的意义上来说，文化是不是一种逃避的机制？若是把文化视为逃避或逃避主义，那么就等于认同那些有过逃避经历的人们所共有的一种心理倾向，即人们在遭遇不公平的对待时或被限制得太多时，就不愿意接受现状。当然，他们所做的各种逃避的努力（无论是纯精神上的，还是已付诸实践的）有可能会以失败而告终，但不管结果如何，对于他们本人，或旁人，或自然来说都可能是一场灾难。丰富的想象会将人类带入一个两难境地，一方面它可能让人类逃向更好的生活，另一方面它也可能是谎言和骗局、自我的白日梦、疯狂、无法形容的残忍、暴力、破坏，总而言之就是邪恶。

第二章　动物性/掩饰与超越

我的身体也是一种自然之物。我干预它，而且多数的干预出于有意识地要摆脱和遮盖我的动物本性。动物有食、色之性，或早或晚会死去；而我也要进餐、做爱，并希冀永生。文化使我能够超越自身的动物状态。

在前面的论述中，我已经拓展了"逃避"一词的外延，这样逃避既是指人类为逃避恶劣的环境而进行的直接的地理迁移，也是指人类采取一定的措施去改变或掩饰一个令人不满的环境，这个环境既可能是灌木丛林，也可能是一座城市，还可能是其他任何地方。任何自然的或人造的地点都能被人类向着好的方向改造。一直以来，人们都是这样做的。但是，如果人们意欲逃避的"地方"是人类自身的躯体，那么逃避又将意味着什么？人类能否采取一些手段来逃离肉体的限制？这正是科幻小说的关注点。我们常常在想象中这样做，譬如做白日梦，或是完全沉浸在一个人或一件事上，此时我们就会忘记肉体的存在，也就是说此时我们已经逃离了生理躯体的限制。如果人类不能直接从令人不满的躯体中逃脱出来，那么，人类能否重塑自己的躯体？答案是肯定的，可以通过外科整形手术达成目的。娱乐界的一些人就是通过这种极端的方式来改变自己的容貌和形体[1]。人体内部某些失去功能的器官或组织也可以通过手术来修复，即使不能，还可以用其他人的正常器官或组织来替换。但是，这些都仅仅是小范围的改变而已。

从日常的社会层面来看，令人不满的不是上面所提到的人的躯体，而是在时间跨度的衡量下身体日益表现出来的种种缺陷。再深入一点儿讲，令人不满的是身体本身，因为人的身体从本质上讲也是一种**动物的**躯体，它分泌着令人讨厌的气味、汗液，存在着或好或坏的情绪，在生理方面有着这样那样的需求。无论这个躯体本身是多么的清秀标致，其本质仍然是令人窘迫的动物体。人类怀有一种愿望，意欲达到所谓的"人类"或是"精神"的崇高境界，而躯体的本质却每时每刻都在暗示我们这一愿望是多么的遥不可及，因为人类不能摆脱躯体腥臊恶臭的气味[2]。可笑的是，正是由于我们意识到自己是动物而使我们成为了绝无仅有的人类，因为这种意识是其他动物所不具备的。人类有此自知之明，结果却又是令人如此难堪。上帝赋予人类一种能力，可以在肉体以外创造另一个美好的精神世界，那么当我们回过头来看作为肉体的自己，是那么的粗俗卑劣，这个结果难道不会让人类羞辱难当吗？那么是什么原因导致这样的结果？人类极其维护自尊，易将其注意力放在别的男女身体的动物性上。甚至可以这么说，道德提升得越高，就越能将我们的关注点转向文化世界。这两种注意力的转移使我联想到第三种注意力的转移。我本人，当然还有其他人，会因为自己的动物性而感到羞愧不安，会试图将自身的这种动物性掩饰起来，逃到文化创造物所构建的世界中，这个世界可以让我们确信自己已经远离了动物本性。

掩饰或逃避动物本性的发展历程反映了人类艺术与技术从粗陋到精细的全面进步。但是这种进步不是直线上升的，它在人类意识与情感的作用下迂回曲折地螺旋式上升。在某些点上，人类所热望的价值

第二章 动物性/掩饰与超越

标准会在不自觉的情况之下转向它的对立面。比如说，人类本来想要达到人的状态（文化状态），却事与愿违地更加偏向动物状态。更为复杂一些的情况是，人们渴望的是更加自然，更像动物一样，或许这种愿望本身就是一项文化成就。"更少意味着更多"，即便将掩饰人类本质的掩饰物一层层剥去，人类也不会因此变得简单，相反却会变得更加复杂，更加扑朔迷离。应该牢记一点：人们常说，人类是拥有文化的动物，也就是说人类有愿望也有能力来逃避或掩饰现实状况。改善境况的愿望，并拥有可以实现这一愿望的多种文化技能，这已经深深地与人性结为一体。并不能说这样做是对人性的背离，事实上这也的确不是什么反常的愿望或行为。然而，在许多社会，这种行为在过去和现在也常被认为是背离人性的。他们认为不仅"掩饰"与"逃避"是奇怪而矛盾的字眼，就连"超越"一词也带有狂妄自大的负面意义。超越动物性是全人类共同的任务，我们当中有一些人显得更加雄心勃勃，或他们在这方面做得更加成功。我将在下文中就人类动物性的三个主要方面来探究人类如何超越自身的动物性。这三个方面是：食物与进食，性与繁衍，垂死与死亡。

食物与进食

进食对于人类来说既是非常必要的，也是非常愉悦的事，但是一旦我们停下来思考自己正在做什么，一种不自在的感觉就会油然而生。这种不自在的感觉是否普遍存在于人类当中？在适当的情况下人类这种隐藏的敏感性会暴露出来？何为适当的情况？或许，最普遍的情况就是当我们注视着他人进餐或他人注视着我们进餐的时候，人类这种隐藏的敏感性就会暴露出来。在人数众多的公众场合下进餐，是一件美妙的事情。进餐过程通常伴随着一系列的餐桌礼仪，但是进餐本身并不具有公开性。人们认为进餐是动物性的行为，因而也是非常私密性的行为。人们为进餐创造相对独立的空间，以免进餐时受到他人的注意与打扰，从而确保进餐的私密性。而动物园里的动物就不存在这样的私密性。事实上，人们认为动物并不存在什么隐私。在动物园中最受欢迎的节目就是巨型食肉动物的进食过程。人们在观看一头雄狮撕扯一块血淋淋的生肉的时候，既会为雄狮的勇猛而心生敬畏，也会为自己的优越而感到骄傲。在人们看来，此时的狮子不再是威武的森林之王，而不过是人类饲养的动物罢了。它的食物不是自己捕获的，而是人类施予的。狮子的进食被打上了耻辱的烙印，而人们却观看得津津有味。

用于观看的民族志文献

在当今严肃的道德氛围中，阅读前人创作的民族志会使我们受益良多，我们会因此而产生一种愧疚的"观看"的愉悦感。我们在阅读的同时，也在"观看"着他者及其生活习性。20世纪20年代，一位人类学家以优越的口吻（这在他所处的年代是很自然的）向我们叙述了代澳米德群岛（Diomede Island）上的爱斯基摩人的生活：

> 这些爱斯基摩人蹲在已被掩埋很久的海象尸体周围。海象肉就摆放在地上，四周随处可见狗屎与人粪。腐烂的生肉令人很容易联想到发酵的陈年奶酪……（白令海峡地区的）爱斯基摩人把大量的鱼头掩埋在地里，让其腐烂，直到鱼刺变得和鱼肉一样软一样黏。他们将这些臭气熏天的东西混在一起，揉成糊状，然后吃到肚子里。还有一些证据表明爱斯基摩人的饮食不卫生：他们像吃牡蛎一样生吞

第二章 动物性/掩饰与超越

各种鱼类与鸟类的内脏；将鱼头对准自己张开的大口，从而将整个活鱼生吞下去；他们制造皮革用的黏合剂就是从海象身上刮下来的黏液与人尿的混合物……生食那些寄生在驯鹿身上的令人作呕的肥胖的蛆虫，这些驯鹿的内脏因驻留在尸体内的时间过长而全部腐烂了；他们像吃浆果一样大口大口地嚼着鹿粪或是那些从鹿肠子中取出的残渣。[3]

爱斯基摩人在进食的时候愿意被别人观看吗？我想答案是否定的，因为他们也会因此感到难堪。从这段文字中，我们可以看出，这位人类学家本人带着一定程度的快感在观看爱斯基摩人进食的全过程。那么，我们这些读者在阅读时又会有怎样的感受呢？

人类学家科林·特恩布尔（Colin Turnbull）对生活在刚果热带雨林地区的姆布蒂俾格米人（Mbuti Pygmies）①也进行过类似的描述。我们在拜读这位人类学家的大作时可以感受到作者心里那种纯真的快乐，因为他在书中描述了一个生活在美好家园的纯朴民族，直到最近这个民族好像依旧生活在没有遭受污染的伊甸园中。与爱斯基摩人居住的北极地区刚好相反，他们生活在南半球，这里气候温和宜人，一切都像天堂一般美好纯洁，因此也造就了人们纯净的生活方式，人们没有丝毫的邪念。而在另一位作者的相关描述中我们却看到了令人震惊的一幕。书中记述，每当要进行大规模狩猎活动时，就不可避免地引来一场血雨腥风，这场血雨腥风玷污了这个纯洁的伊甸园。看到这

---

① 姆布蒂人，也称班布蒂人（Bambuti）。是萨伊伊图里（Ituri）森林的俾格米人（Pygmy）。他们是非洲俾格米人中最矮，也许也是最著名的一支。俾格米人是在非洲中部热带森林地区生活的民族，被称为非洲的"袖珍民族"，成年人平均身高1.30米至1.40米。"俾格米人"这一名称源于古希腊人对非洲中部矮人的称谓。——译者注

里，浮现在我脑海中的画面令人不安，一方面是技术和勇气的混合，另一方面是独特的人类力量，即使是一个被认为是"原始的"群体，也能对自然造成（暂时的）破坏。俾格米人只要将手中的矛向前用力掷出，就完全可以射杀一头大象，这的确足以表现他们令人敬佩的勇气与打猎技巧。但是，这样的局面再往下发展就不是那么乐观了。绝对不应该发生在伊甸园中的景象开始出现了。酷热的天气使得大象的尸体很快腐烂，它的腹部开始膨胀起来。狩猎者爬上大象的尸体，跳起了胜利的舞蹈，他挥刀刺向大象膨胀的腹部，大象体内臭气熏天的液体与气体立刻喷射而出。其他的俾格米人纷纷叫喊着，挥刀涌向大象的尸体。几天之后，森林中的这一块地方就变成了血迹斑斑的荒野，兽皮、兽骨以及大象的内脏被丢得到处都是。俾格米人要持续好几个星期来举行庆祝活动。他们一边大口吃肉，一边载歌载舞，情欲高涨[4]。

最近，一位英国旅行作家在其著作中回味无穷地记述了发生在旧时中国广东的一次盛宴，盛宴上人们暴饮暴食。作为读者，我们在欣赏其富有魅力的文辞时，也同时分享到作者在描述时的满足感与优越感。在他的笔下展现出这样一个场面：十二个人——有小贩，也有商人——在装饰华丽的餐馆中围坐一桌。他们的食欲之强让人不堪忍受。

> 每上一道菜人们都贪得无厌地睁大眼睛盯着，高声地叫嚷着。他们打着令人作呕的饱嗝，嘴巴啪啪作响，举止相当粗野。骨头块儿疾风骤雨般地向四处飞溅，在人们毫无克制的叫喊声中，面条被一扫而光。人们急不可耐地把饭碗举到早已张开的大嘴边，筷子闪电般地飞速拨转，嘴里鼓鼓囊囊的，满是食物。[5]

第二章 动物性/掩饰与超越

肉食的地位

有一些著作记述了世界各地以及先前的饮食习俗，阅读这些著作可以使我们了解在收成丰歉之年交替运行的历史时期，人类是如何生存的，当然少数富饶的地区和繁华的城市不在其中。直到今天我们用上了现代化的食品生产技术和分配方式，我们的生活才有了一定的保障并得以稳定下来。在过去很难得的丰足之年，人们将所有能吃的东西都吃了个遍，而且食量大得惊人。古人的食品真可以说是包罗万象，这一点让我们现代人非常惊讶。然而，仔细想一想，我们其实不该感到吃惊。要知道，人类之所以能够在恶劣的环境中成功地生存下来，之所以能够成为地球上的"统治者"，很重要的一个原因就是人类几乎可以食用和消化所有的东西。在大多数社会中还存在一定的饮食禁忌，有的甚至还对饮食作了严格的规范。制定这些规范的目的在于使其社会成员与其他群体的社会成员区别开来，从而使其社会成员拥有更多的优越感（少一些动物性，多一些神性）。但是在讲述人类想要超越动物性的种种企图之前，我必须郑重说明，在我的文章中存在一个很明显的矛盾之处——如果说狼吞虎咽是动物性的表现，如果说吃肉是食肉动物野蛮动物性的彻头彻尾的表现，那么，为什么在过去的西方世界中，当权者公然地大吃大喝却没有一丝一毫的羞耻感？为什么除了西方之外，在其他地区，消费肉食还会成为崇高地位的象征？

让我们来看看古罗马、中世纪的欧洲及其后代们。罗马文明在很多方面拥有令人羡慕的成就，但在饮食风俗方面，其粗野却是人尽皆知的。古罗马人懒散地倚在桌边，抱怨饭菜不可口。他们几乎不用什么餐具，而是直接将手伸向浸透了汤汁的肉；他们将食物去皮，以便从器皿中捞起来就吃，剩下的碎末就做成多汁的、滑溜溜的菜肴，用勺子舀着吃[6]。从中世纪到文艺复兴时期，欧洲的饮食方式几乎没有多大的改进。即使预计到未来几年有可能发生饥荒，当权者们依然大吃大喝，毫无节制。直至18世纪，人类的进食方式才开始变得高雅。电影中英皇亨利八世用戴满珠宝的双手拿着羊腿细嚼慢咽的情节就充分表现了这一点。这才是享用盛宴的真正王者！我们这些当代观众或许认为自己会比亨利八世更加高雅一些，但是，在那些亲身侍候亨利八世用餐的侍臣与仆从的眼中，我们不会高雅到哪里去，他们对亨利八世怀有深深的崇拜与敬畏之情。

人的声望来自拥有大量精美的食物，但真正体现地位的却是拥有肉食的数量。17世纪中叶，英国曾举办过一次名为"第十二夜"的盛宴，这次宴会为**每一位**来宾准备了七八磅重的牛羊肉，供客人饱餐一顿[7]。肉食在西方的饮食中占据着至高无上的地位，这种地位一直持续到20世纪80年代。由于日益明显的健康原因，肉食渐渐丧失了以前的显赫地位，但是仍然在餐桌上占有一席之地。正如一位女主人所说，她在招待客人之时，首先会上香喷喷的烤牛肉，然后再上蔬菜，这就像是在一出戏中首先出场的是主角，这会引来观众的啧啧赞叹，之后才会是配角的亮相[8]。为什么西方人那么爱吃肉？他们对肉的偏爱绝对不是唯一的原因。或许，人们在盛宴中享用的肉食本身也是原因所在。历史上不同时期、不同文化的人们都偏爱吃肉。是什么令他们满怀憧憬地嗅着空气中弥漫的烤肉的香味，而不是白菜味儿？质地是一个重要的原因。想象一下，当刚刚嚼过的肉还留在齿间，后吃进嘴里的肉又被牙齿磨成一团碎泥，它们像浆糊一样黏在口腔里。佛教主张素食，但即使在这种崇高的宗教文化中，人们也尽量将菜肴做成类似动物蛋白的质地和味道。毫无疑问，动物蛋白有着较高的营养价值，而且这会使人们的身体更加强壮，更加结实。

除了上面阐述的内因之外，特定的外因也在发挥着作用，这使狩猎充满魅力。最近，一项针对狩猎群体以及以从事农牧业为主要经济活动的群体展开的调查与研究表明，是肉食品而不是蔬菜，构成了人们餐桌上的美味佳肴。这项调查还显示出明显的性别差异。妇女们要抚养婴幼儿，因此她们被局限在住所附近一定的范围中采集植物，捕捉小动物。在耕田种地的生产活动中，妇女们所承担的主要职责是种植好农田里特定的谷物、蔬菜。从某些方面看来，妇女在大部分食物生产中有很大的贡献，但是她们获取食物的方式却是千篇一律，几乎没有什么变化。与此相反，男人们从事的却是更刺激、更具冒险性的狩猎活动。狩猎活动要求男人们外出，进入知之甚少的更广袤、更神秘的自然世界中。外面的世界危机四伏，这就要求人与人之间密切配合，紧密团结，这样才能达成人们狩猎的目的。与妇女们在田地中的劳作不同，狩猎活动的屠杀场面宏伟壮观，高潮迭起。狩猎完毕回到村庄后，男人们还会绘声绘色地将狩猎的过程讲述一番，这样会赢得更高的威望、增加更大的魅力。从另一个角度来看，狩猎活动也是对一成不变的生活的逃避，而且这个过程令人酣畅淋漓。不单原始社会中的男人们这样认为，现代社会的男人们也这样认为。人们还认为，野味要比家畜的肉香，就好像是野生动物在大自然中自由自在地奔跑，使其有了家畜所不具备也不可能具备的肉质[9]。

掩饰与礼仪

食物意味着生命，是能量与力量所在。如果一个人在养活自己之外，还有能力养活一些无力自养或不幸之人，那么他就会愈发感到骄傲与自豪。这一点众所周知。人们都很清楚食物的重要性。但是，从另一个角度来看，人们一面用食物来填饱肚子，而另一面却将这些东西转化为粪便等排出体外，这是不折不扣的动物行为。粗鲁的进食方式或许不会引起公愤，但是有一些人还是养成了彬彬有礼的用餐礼仪，这些礼仪已经与他们自身融合在一起，成为他们习以为常的行为举止。然而，如果我们仔细观察彬彬有礼的进食行为，我们还是会看出其潜在的粗鲁性，正是因为如此，所以没有一种文化对进食行为大加赞扬。

掩饰策略中最常见的一种就是把吃饭变成一种社交礼仪。人们在咀嚼食物时可以假装自己正在倾听对方的谈话或是吹笛者的演奏，或是欣赏文奴大声朗诵的美妙诗篇。古代循规蹈矩的罗马人就是这样掩饰自己粗鲁的进食。下面这个例子距离我们这个时代更近一些。约翰逊博士（Dr. Samuel Johnson）因进食之粗俗而臭名昭著。一次，在宴会上他要了一些剩下的龙虾酱，然后将这又厚又黏的酱倒在葡萄干布丁上，这一举动令在座者震惊不已。如果说在座者还能接受他，那只能归因于他的智慧，事实上他还是很受欢迎的，他可以凭自己的三寸不烂之舌来弥补自己粗鲁的举止[10]。

但是，如果人们真的要把吃饭变成一项社会事务或社交礼仪，就必须对进餐方式做一些改良，使其变得文雅。在欧洲，从中世纪后期起，雄心勃勃的侍臣及上流社会就开始朝着这个方向努力。他们发明并使用了新式餐具，使进餐者与食物之间保持一定的距离，尤其是餐叉（一种金属叉）的使用使人们放弃了直接用手进食这种不体面的用餐方式。此外，人们还对一些餐具做了改进。例如，16世纪时，人们将小刀的尖端弄弯，使其看起来不再像是一件凶器。吃饭时姿态较为文雅的人不再将吃剩的骨头直接吐到地上，在进食时也闭上了嘴巴，默默无声地咀嚼食物。

此外，食物源于动物这一点也得到了很好的掩饰。从1700年开始，在欧洲，尤其是在欧洲大陆，肉食不再是餐桌上唯一的食物。伊丽莎白时代的英国甚至掀起了食用蔬菜的热潮[11]。长期以来，英国

第二章　动物性/掩饰与超越

园艺师们一直认为草本植物更具有药用价值与保健价值，但是直到16世纪，他们才充分认识到草本植物的价值所在，因而提倡人们更多地食用这些植物。人类在摆脱食肉动物本性上有了初步的进展。人们追求的不再是饱腹，而是讲究如何才能吃上佳肴。烹饪技艺不断得到提高，并日益发展成为一门学问、一门艺术。这样的做法成功地掩饰了食物的原料来源，人们不再注意食物的来源是动物。语言也被用来作为掩饰的手段。我们吃的东西到底是什么？如果用语言来描述，则不再是牛、猪或鹿，而是牛肉、猪肉或鹿肉。还有一些干脆用外来语来形容（想一想我们在豪华餐厅的菜单上所看到的食物名称，很多是用不知所云的外来语来标明的，这些词汇很好地掩饰了食物本来的面目）。说到植物，我们绝对不会形容采摘下来的水果与切碎的蔬菜是受损的或是死了的。我们会用"新鲜"与"陈腐"等字眼来评价，有时还会用"腐烂"与"恶臭"来形容，但是绝对不会用"活着的"或是"死了的"等字眼来描述。

不同的社会对于进餐时所表现的动物性本质有程度不等的敏感性。从历史角度看，中华民族这个杰出的民族对此一直保持较高的敏感性。中华民族从早期的朝代开始，就已经致力于掩饰食品消费方面的粗俗举止。其中最具代表性的传统做法就是将肉与蔬菜切碎，然后混在一起，这样就掩饰了食物的材料来源。但是，从意识形态来讲，与其说中国厨师是在掩饰什么，倒不如说是他们是在努力开创新的口味或新的菜肴，努力将烹饪提升为一门艺术，事实上它已经超越了艺术，因为在古代中国，艺术也是一种宇宙世界观或是一种宗教礼仪。因而，食物与进食本身在烹饪过程中得到了提升，提升到了一个无比尊贵的境界。

再来谈谈健康方面的话题，中国人一般都认为食物的种类、数量与健康密切相关，食物也可以作为药材来滋补身体。从根本上讲，健康是宇宙和谐的结果。从古代开始，中国人就认为食物能起到调节人体各个系统的作用。食物之所以被认为有这样的作用，是因为中国人认为食物有阴、阳两种性质，而阴与阳是宇宙的两种基本属性。早在周代，人们就认为疾病乃是体内阴阳失去平衡所致，可以通过食用某种食物使阴阳重新获得平衡[12]。食物与饮食是祭祀仪式中必不可少的一部分。儒家经典《礼记》的成书年代可以上溯到公元前5世纪①，它详细地记述了在不同的场合应该选用什么样的食物。这是一部全面论述一系列恭敬态度与举止的礼仪著作，而其中所论述的行为举止的意义已经远远超过了纯粹的社交礼仪的意义[13]。

食物早已被中国人纳入养生、伦理与宗教的范畴内。最理想的食物应该是新鲜的，散发出天然的芳香味。正如男人、女人应该是自然的、不矫饰的，食物也应该是新鲜而自然的，不必非要用汤汁来掩饰原来的天然味道。再进一步讨论，中国人认为正是人类光明磊落、正直诚实的品质促进了社会的发展与进步。与此类似，正是食品新鲜的品质促进了人体内各器官或系统发挥正常的功能，从而促进人体的健康[14]。古代中国还有一个观念就是"中庸之道"，要适可而止。在久负盛名的粤菜餐厅中，暴饮暴食的行为是要避免的，同样也要杜绝食不厌精的倾向。非得将肉切碎并采用一定的方式烹调后才能享用吗？虽然孔子本人极力推崇"中庸之道"，但是在这个问题上，他有时做得有点儿过头了[15]。难道必须用极其精致的瓷器来盛茶，并一小口一小口地抿吗？如果一个人不能区分雨水和从钟乳石上滴落下来的水，是一件很丢脸的事吗？事实或许如此。但是真正有品味的人知道如何避免过分的食不厌精与脍不厌细，做到适可而止。13世纪伟大的剧作家关汉卿在其剧作《刘夫人庆赏五侯宴》中，以狂放的笔风写

---

① 历史上关于《礼记》的成书年代有多种说法，段义孚先生选择了春秋时期的说法，即《礼记》中孔子门徒作品问世的时期。——译者注

道:"秋收已罢,赛社迎神。开筵在葫芦篷下,酒酿在瓦钵磁盆。茄子连皮咽,稍瓜带子吞。"[16]

性别差异

既想尽情享受肉食的美味,又想保持高雅的姿态,方法之一就是大言不惭地宣称自己为"百兽之王"。野生动物本身具有的强大力量,足以博得其他动物的尊重与顺从。这一点我已经讨论了,但在性别方面我还需作进一步的阐述。在西方,人们会毫不犹豫地承认甚至炫耀自己与食肉动物之间的亲缘关系。在《伊利亚特》(*Iliad*)中,荷马(Homer)曾屡次将英雄比喻成野兽——一种食生肉的动物。日耳曼人认为,在古代,印欧人种有模仿英雄行为的习惯,因而也食用生肉[17]。中世纪基督教徒的理想是战胜人的食欲与罪恶的本性。可是,令人奇怪的是,男女之间的苦行方式却不相同。和尚极力戒色,只有在忏悔的时候才会承认自己曾屈服于美色的诱惑。阿奎那①(Thomas Aquinas)无疑是节制了情欲,但他却公开享用美食,而且吃得是脑满肠肥、大腹便便。相反,女性宗教信徒不但要保持处女之身,还要节制饮食。肥胖的修道院女院长形象不能被人们接受,但是肥胖的修道院男院长却无伤大雅。在欧洲的世俗社会及其海外后裔中,这种性别上的差异同样存在。与娘娘腔的侍臣们相比,伊丽莎白一世算得上是个举足轻重的人物,但是令人难以置信的是她也抱着羊腿啃,其父亨利八世也喜欢这么做。在美国的边境小镇上,妇女代表着优雅与文化,而男人和男孩则代表着自然。男性表现他们不受限制的天性的方式之一就是吃饭时狼吞虎咽。在

---

① 十三世纪欧洲哲学和神学两门杰出学科中最伟大的人物。作为哲学家,他是现代思想的奠基人。——译者注

维多利亚时代的英国，只要男性可以区分鱼刀和黄油刀就可以尽情地用餐；而妇女则要远离生理上的渴望——吃得要少，举止要文雅、检点。把食物放入口中，就足以显示一个人的动物性，更何况进食还有可能使人放屁，而放屁这种让人厌恶的行为将人的动物性暴露无遗[18]。甚至于在当今这个现代社会，男性仍认为表现男子汉气概的方式之一就是抛开一切繁文缛节的约束。美国喜剧电影《动物屋》(*Animal House*)中男主角们臭名昭著的行径，只被认为是兄弟间的情谊而已。

43　　对此，我当然要持有保留性的看法。男性尽情表现的是旺盛的自然状态，但这绝不是说它总是悦人心意的。因此，在16世纪后期到18世纪的欧洲，有身份的或是社会上德高望重的男性也会为自己风度翩翩的举止而自豪。在外表装扮方面，男士丝毫不逊于女士：喷香水，戴礼帽，穿上高跟鞋扭来扭去。狩猎文化与尚武精神（二者常常交织并融合在一起）使性别上的差异进一步扩大。这种现象始于近现代的欧洲。事实正如我们所见，这种现象也发生在当代。中世纪的日本也是如此，男性不但古板、沉默，而且粗鲁，而女性则像瓷器一样精致、优雅。众所周知，中国是一个例外。古代中国虽是一个帝国，但缺少武士阶层。处于其社会等级顶端的是学士和官员，毛笔是他们手中锐利的武器。尚武之人必须还是一个富有智慧的战略家，要有雄才大略，这样方能赢得社会的尊重。"白面书生"这个称谓在中国或许是一种褒奖，但在西方却含有贬义[19]。

　　逃避主义的态度人皆有之，这是我的论点。那么我是基于什么形成这个论点？我的答案是：在狩猎社会或由尚武精神统治的国度里，无论是男性还是女性都有逃避的行为，只不过逃避的手段与方式不同罢了。男性喜欢吹嘘自己的动物本性，而不是选择将这种本性掩饰起来。他们选择"像一头高贵的野兽一样行事"，这其实是"返回自然"

的一种变形。返回自然出于人们逃避的需要,人们要逃避对不满社会的无能为力,逃避没有男人气概的矫揉造作。

节制的威望

体现威望通常有两种方式,一种是充分显示自己像动物一样强大而有力,另一种则正好相反,是表现得非常有教养或非常高尚。后一种人尽可能远离自己的动物性,他们进食很少,很多人通过绝食来体现自己的崇高与伟大,或者使自己看起来比别人更高尚、更超脱,在历史上这样的例子屡见不鲜。绝食与远离动物本性的行为并不是上层文化中为虚伪地粉饰自己而拥有的特权。这种行为举止在卢旺达的农民和牧民中也广泛存在。卢旺达是中非的一个国家,1994年卢旺达的两个种族之间爆发了血腥的种族灭绝大屠杀,直到此时世界才把目光投向这个国家[20]。正如玛奎(Jacques Maquet)所说的那样,这两个宗教团体之间一直以来就存在着根深蒂固的仇恨,其根源之一就在于种族主义者所谓的"劣等"与"优等"的称呼。"劣等"意味着像动物一样生活,被深深地限制在土地上,而"优等"则意味着有能力骑在其他民族的头上作威作福[21]。

卢旺达人口的大部分为胡图族(Hutu)农民,还有少数的图西族(Tutsi)牧场主和特瓦族(Twa)狩猎者。胡图族农民通过唱歌、跳舞、扮小丑等方式来取悦于人,并获得一定的经济报酬。在19世纪末期到20世纪早期,卢旺达社会出现了严重的等级分化。土著居民中原先就有的种族旧习与种族歧视是导致这种分化的根本原因。这种种族旧习与种族歧视在该国欧洲殖民者的有意挑唆下进一步得到激化。殖民者们怂恿图西族人以贵族身份自居,因为他们身材高大而纤细，而胡图族人不但矮小敦实，而且头发碎卷、鼻子扁平宽大、嘴唇厚实。受压迫的胡图族人对自己也持有同样的看法。可以半开玩笑地说，无论是图西族人还是胡图族人，他们都认为特瓦族人与猴子的血缘关系近于与人类的血缘关系。

  饮食方面的差异进一步扩大了卢旺达各族群之间的差异。图西族人的饮食以奶制品为主，偏好汤汁类而不是固体食物。一顿饭通常包括：烤制的甜香蕉片，用高粱粉做的面包，还有大量牛奶。他们很少吃肉，如果吃的话，也尽可能将肉剁成碎块并且煮熟。与之相比，胡图族人在饮食方面很不讲究，他们吃得比图西族人多。他们喜欢吃一种用蚕豆、豌豆与玉米做成的粥。他们大量食用甜薯，而图西族人对甜薯却不屑一顾。特瓦族人不管什么时候都喜欢尽可能多地进食，因为他们的食物供应很不稳定。他们的食物一般来源于狩猎得来的猎物，或是歌舞表演中别人慷慨的施舍。这三个民族之间的饮食差异大致如此。事实上这些饮食差异与他们所谓的优等、劣等的思想观念是密切相关的。图西族人的行为表明相对于饮食，尊严对于他们而言更重要。他们认为必须私下进食。他们会为朋友提供啤酒或是牛奶，但是却从不邀请朋友从头至尾吃完一顿饭。一些年长的图西族人以仅为朋友提供流体食物而感到骄傲。如果图西族人出游少于三天，他们会滴米不沾。作为游牧民族，他们表现得好像并不依赖于胡图族人所生产的粮食。少吃一些，并且吃得与众不同，是他们提高自身品位，使自己比其他同类优越的一种方式。图西族人中流行着一种说法，据说他们来自另一个世界，虽然也是人类，但是与贪吃的胡图族人和特瓦族人不是一路人。

  在理想世界中，人们也需要营养，但食物的来源并不是肉类。亚当和夏娃在堕落之前也是素食主义者。在道教的极乐世界中，人们甚至不食用植物，当他们疲劳与饥饿的时候，只需饮用河水就可以恢复

第二章 动物性/掩饰与超越

精力。距今较近的一部关于世外桃源的著作写于唐朝，书中描述了具有孩童一般活力的人们，他们以鱼类为生，不吃四足的哺乳动物，因为上苍不容许他们食用四足的哺乳动物。"他们爬上树枝，纵身跳入水中去捕捉各种各样的鱼类。"[22] 奥林匹斯山诸神均为素食主义者，他们优雅地享用专供神明享用的美味佳肴与琼浆玉液。人类为什么不能与诸神保持一致？在古希腊那段神奇而灿烂的黄金岁月中，自然为人们提供了充足的食物，所以他们不用杀生就可以求得生存，他们也不必在进食时狼吞虎咽。他们轻轻松松就实践了希腊至高无上的道德规范——节制。杀生是一种暴力行为，是对节制与和平的极端侵犯。这段黄金年代之后是田园社会与农耕社会。虽然人们认为田园社会比农耕社会更温良，但它引发了人们对物质无节制的占有欲，这种占有欲导致人类产生了好争斗的观念。在农业社会中这种欲望极度膨胀起来，并成为战争的导火线。人们驯养牲畜，屠戮动物，食用肉食，这些都助长了人类天性中的暴力成分。

　　古希腊社会中盛行斋戒，原因有很多，其中一个原因是古希腊人认为，动物与人一样也拥有"灵魂"，动物曾一度与人共用一种语言。人类与动物的这种准平等关系使得食肉成为一种很不道德的行为。古希腊的这种信念引发了一场令人难堪的争议。为了消除这场争议，古希腊人又认为并不是所有的动物都具有灵魂。他们宣称，与动物相比，人类拥有更高的智慧，可以与天庭的上帝沟通，这就更进一步地拉开了人类与动物之间的距离。然而，为了能实现与上帝的沟通，人类必须首先摆脱自身动物本性的束缚。希腊人认为动植物之间、人兽之间、肉体与灵魂之间的距离会随着时间的进程而加大。这一观点在古希腊哲人毕达哥拉斯（Pythagoras）那里得到很好地体现。他逝世后，其信徒的著作进一步宣扬了这一观点。精神高于肉体的观点在古希腊哲学家柏拉图（Plato）那里发展到极致。柏拉图的观点曾在西方的世俗社会、宗教界思想领域中占据绝对的统治地位，这种情形一直延续到当今我们这个反等级制的平民时代。柏拉图积极地向哲学家们倡导素食主义，并不是因为他对动物有友爱之情，而是因为他厌恶人们"像是未被驯服的野兽"一样，摆脱不了暴饮暴食的饮食方式[23]。

在中世纪，基督教定期斋戒的缘由众多：为了健康、赎罪、抚慰，甚至是作为一种祈求丰产的准魔法手段。其根源基于一种现象——在自然界当中歉收之年跟随着丰收之年。可以断言，禁欲的基督教徒也会设法约束自己的肉体，使其天使般高贵的精神闪烁出更加纯洁的光芒。经院学者"列举了《旧约》中大卫、以斯帖、犹滴①等人的范例。这些人通过斋戒来净化灵魂，侍奉上帝"。此外，包括毕达哥拉斯在内的古典学者也引用了此类例子。对于斋戒，亚历山大大帝时期的克莱门（Clement of Alexandria）②（约215年逝世）发表了如下看法："斋戒使肮脏的灵魂得以净化，使肉体与灵魂变得清澈明亮，从而能更好地接受神的旨意。"而修道士尼罗斯（Nilus）作了更为简洁明白、朴实无华的陈述，他认为斋戒可以助人祈祷，而饱食终日会让人精神困倦。7世纪，塞维利亚的伊西多尔（Isidore of Seville）概括并归纳出许多基督教的传统，他认为斋戒"是通往天堂的必经之路，是未来的形式。斋戒之士可与神结为一体，从此摆脱尘世的束缚与烦恼，进入纯洁而高尚的精神境界"[24]。

饮食及其精神性

尽管我已在上面对斋戒的精神性作了一些阐述，但是人们还是会

---

① 也译作朱迪斯。——译者注
② 基督教神学家、哲学家，也译作革利免、克雷芒等。——译者注

第二章 动物性/掩饰与超越

问：饮食对灵魂的超度究竟有没有益处？基督教徒们尤其必须面对这一问题，因为基督教中最神圣的仪式就是行圣餐礼。耶稣与其门徒的最后晚餐虽然强调了共同进餐的意义，但是依然存在着与其积极意义相抵触的地方。一方面，最后的晚餐戏剧性地反映了共同进餐能够增进人们之间的关系，另一方面，在共同晚餐的过程中却发生着背叛的行为。背叛的行为并不总是与圣餐相随，而且更为重要的是，如果没有背叛，就没有人类最终的解放。善源于恶是基督教所信奉的信条之一。但是，由于非宗教的原因，最后的晚餐还是引发了人们的另一种共鸣，那就是，人类经常打着增进友谊的幌子来共同进餐，其实却是为背叛创造机会。

最后的晚餐还有另外一层含义，如果能正确地理解这层含义，那么在基督教的西方世界吃肉观念将发生革命性和根本性的改变。何以如此？看一下在最后的晚餐上都发生了些什么？在座的人吃的是面包，喝的是酒，毫无疑问这些都是用植物做成的食物，但问题的关键并不在于是否是素食主义。吃肉还是不吃肉是个让人犹豫不决的问题，《福音书》并没有通过最后的晚餐这则故事使人们作出最终的决定，恰恰相反，耶稣对其门徒所说的话令人震惊不已。他说晚餐上的面包与酒是用他自己的肉与血做成的。因此，进餐又回到可恶的动物本性上来了。可以断言，对基督教吹毛求疵的批评家会指责基督教信徒们吃人肉的倾向。最后的晚餐所要反映的内容其实与这种血腥的动物性刚好相反。当时的进餐及以后为纪念它而举行的进餐仪式其实是完全精神化的，它基本上不再是人们日常生活中所指的动植物的消费行为。这样的进餐已经升华为一种神圣的仪式，在这一仪式中需要有一个人（如耶稣）无偿地付出（"甚至是生命"），别人接受这份付出的礼物，接受者必须明白，作为回报，说不定有一天他自己也会把自己的血肉之躯奉献出来作为别人的食物。

先破后立

在伊甸园或是天堂里,进食不是必须的行为,因为严格地说,以植物为食也是一种暴力。然而在地球上,杀食另一种有机体毕竟是动物获取能量、维持体力的唯一方式。在文化领域中也是一样,通常是破先于立。在建立某物之前必须先将另一物"破坏"。讲故事则是一个特别的例外,因为讲故事时几乎不需要先破坏什么就可以进行。而做其他精美的艺术品(从编织到雕塑)时,必须先对原材料进行一定程度的破坏。我们参观专业工艺者的工作间,它看上去更像是一个屠宰场,只不过其中没有被撕扯成碎片的动物内脏。那里的一块块大理石、石头、木头、弯曲的金属以及锉屑大多是没有生命的[25]。一般而言,即使是精湛的工艺品与高超的艺术品也需要先进行一定程度的破坏才能建成。乡村、小镇、城市是更大型的文化产品,人类在构建它们的同时,必然伴随着破坏。这种破坏所涉及的范围之广、程度之深令人无法想象。此外,这种破坏还会使人产生道德已败坏的感觉。一些人(包括当今的生物学家)希望回到以前那种较为简单、较为纯朴的生活方式。但是,人类到底应该返回到多么久远的年代?怎样简单的生活方式才是最纯洁的?这种极端的两难境地困扰着人们,而且不要忘记了一个事实:人体也是靠吃动植物建构起来的。

人类在饮食中所反映出来的动物性被文化掩饰得如此之好,以至于我们这些凡夫俗子对此已不再作任何反思。人非得吃饭么?若被问及这个问题,我们会恼怒地答道:"人当然要吃饭,我们毕竟是处于食物链上的动物。"我们不但喜欢吃,还喜欢看他人进食。设想一下,有哪一位厨师不因客人的狼吞虎咽而感到快乐和骄傲?作为母亲,最大的满足就是看着孩子们津津有味地吃着自己精心烹调的食物。我们一旦将披挂在身上的文化掩饰一层层剥掉，去思索进食这种残酷而又最本质的暴力形式的道德寓意时，我们很难再为自己犯下的罪恶开脱。当进退两难的境地触及我们日常生活的核心部分时，我们将无从逃避。

性与繁衍

和动物一样，人既要吃饭，也要做爱。但是，对人类而言，吃饭与做爱是完全不同的两回事。人在进餐时若能发挥无限的想象力，就会使这一餐显得更加丰盛，因为借着想象的力量会引发更高层次上的感官享受，但是这种享受很少触及灵魂。布鲁姆（Allan Bloom）认为："暴饮暴食不是最坏的恶习，它只不过是最令人鄙视的一种恶习罢了，因为暴饮暴食是思想狭隘的表现。人们可以幻想一顿丰盛的晚餐，但是，如果说一个人的想象力仅限于此的话，那实在是不值一提，因为无论是从道德层面上讲，还是从审美层面上说，这种想象力都是极其有限的。"相反，"性，从本质上讲，并不比饮食高尚多少……它既可以使灵魂自在地翱翔，也可以制造出可怕的悲剧"[26]。

要想让生命得以延续，饮食与性行为都是必不可少的。二者都要使用到暴力。只不过在饮食过程中，需要将动植物分解、咀嚼，而在性交过程中发生的粗鲁撕咬，则更像是一种嬉戏玩耍，这种近似疯狂的爱，不会给自己或者对方带来丝毫的伤害，相反却会给缠绵的双方带来无尽的快感与享受。在进食过程中，随着食物一点儿一点儿地消耗，食欲也逐渐减退，最终消失殆尽；与此相反，极其亢奋的性交之后，双方虽筋疲力尽，却融为一体。这也暗示在性交的过程中双方都付出了努力，释放了活力，满怀着成就感，因为一个新的生命有可能在此时此刻诞生。独自用餐或与他人共同进餐，都是自我补充能量、自娱自乐的过程，这就是饮食的意义所在。而性交则必须由两人共同来完成，即使是手淫时也必须在头脑中假想出一个特定的对象。这些能否解释性交是有精神维度的，而饮食没有呢？不雅的进食仅仅被当作一种粗俗的举止，而除了与爱人在私下性交之外的一切性交，都被公认为是不道德的猥亵行为。

偷窥与猥亵

从本质上讲，性是极为私密的行为。当动物进行最隐秘的性活动时，历史人类学家却可以毫不犹豫地以科学的名义闯入，并观察、记录下它们的性活动。在前文中，我曾提到在动物园中最受游人欢迎的节目是喂食。当游人看着狮子使劲地咀嚼生肉，毫无保留地展现狮子强有力的动物性时，会感到非常兴奋。现在我想补充一点，猴子笼也很受欢迎。它们似乎对青少年有一种特别的吸引力，除了婴儿，没有人会说自己完全不为之所吸引。猴子是人类的灵长类表亲。它们在很多方面和我们很相似，但它们对彼此无意识的性探索却与人类完全不同。

在观察非洲黑猩猩求偶期的活动时，研究者们是否真的能保持冷静与公正的科学态度？对于自身所存在的强烈的性交欲望和因此而产生的生理表现，人类会不由自主地感到难为情，而灵长类动物却不仅不以为然，反而表现得相当夸张。非洲的雌性黑猩猩非常陶醉于发情高潮期向雄性炫耀自己的生殖器，以此来取悦雄性；与之相比，人类在发情期却表现得很有节制，很有道德感。在有关动物性行为的一般性专著中，对于性交总是轻描淡写、一笔带过，只有在色情作品中才会对性行为做露骨的描述。读者在阅读有关专家对动物性行为的描写时，能否保持一颗平常心？试读下面这段描述，对于这样的场景，你会做何感想？"雄性黑猩猩在与雌性交配时，通常要检查一下雌性的

第二章 动物性/掩饰与超越

生殖部位。它们会弯下腰来靠近雌性,用鼻子闻闻雌性的下半身,或是用食指直接戳戳雌性的外阴部位,再用鼻子闻闻最里面的部位……反复这样做两三次。"这样戳戳点点检查雌性生殖器的行为完全无视雌性的尊严,如若这样的行为发生在人类身上,就会被视为一种猥亵。这让我想到一个不甚礼貌的问题,用双筒望远镜观察动物活动的动物行为学家,或者用心中之眼阅读动物活动的读者,能完全逃脱人们的谴责吗?科学是否就是个幌子?[27]

雌性黑猩猩积极地公开展现自己的性器官,雄性黑猩猩也是如此。它们用各种各样的方式努力吸引异性,使对方注意到自己成熟而发达的生殖力。它们或昂首阔步,或摇摆树枝,而最直接的方式就是展露勃起的阴茎,而平时其阴茎是软绵绵的,被包皮裹着,在下腹及大腿之间的白色皮肤之中,很不显眼。与黑猩猩这种毫无克制、引人注目的性行为相比,人类在各种行为规范和道德约束下,其性行为是极为克制的。事实上,在性交过程中人类几乎不能像黑猩猩那样肌肤紧密而彻底地贴在一起。在做爱时,男性只是匍匐在女性身上,将阴茎插入女性的阴道中。与插入这一动作相比,抚摸则更接近于男性用手抓住女性以保持自己匍匐姿态的动作。或许黑猩猩在性交时会极度亢奋(灵长目动物学家对此并不能十分肯定),它们在兴奋中肯定会气喘吁吁,甚至会高声尖叫,但它们绝不会表现出"极妙的精神疯狂"——激情过后汗流浃背,筋疲力尽,自我陶醉,将世界置之度外[28]。其实,性行为看起来只是一项必要的功能,是一种日常行为,而且必然伴随着一定的快感,这种行为只是顺应了繁衍以使物种延续的目的而已。因此,最终我们可以得出这样一个结论:动物在性行为的过程中,尽管在生理上会做出一些夸张的表现,但是其中并没有什么神秘性可言。这一点,对于那些好色的偷窥者来说,是很扫兴的,对于那些想在动物行为学家的专著中寻找刺激的读者来说也是如此。

阅读也是一种偷窥，人们透过印刷出来的文字在脑海中想象出画面。作者用语言来描述，当他在描述进食和性的时候，遇到的是不同的挑战。作者可以不偏不倚地描述进食，但是在描述性的时候却做不到这一点。一些很普通的字眼，如"手""鼻子""肩膀"等表示的是身体的某些部位，不带任何的感情色彩，但是对于身体的其他部位却不可能做到这样直白的描述。英国作家刘易斯（C. S. Lewis）将中产阶级用到的性词汇划分为四大类："幼儿用语、古语、平民用语以及科学用语"。人们无论是使用婴儿的语言，还是引用重要的演讲，借用下流的语言，或运用专业的术语，都很难做到平铺直叙。一些普通的字眼，由于长期以来一直被人们用来表示"侮辱、嘲笑、打诨"等相关的意思，所以早已打上了"淫秽"的烙印。在贫民区、兵营或是男子学校中说这样的话显得更有男子汉气概[29]。这样的字眼已经超越了它们本身所要表达的人体结构学上的意思，而更具有挑衅的意味。使用这些字眼冒范了人的尊严，将人贬低为一种简单而低等的器官。人们在这类字眼的侵犯下（常常是不自觉地）产生一种被奴役的感觉。对于沉湎于性爱中的男女双方，无论其性行为方式是亲昵温和的，还是粗暴激烈的，都不能将其视为猥亵的行为。猥亵是距离作用的结果，一张图片或一个词都有可能让其使用者变成下流的好色之徒。这个人若要摆脱可能给人们造成的好色印象，就要愤怒地说："看看这些呻吟着的汗渍渍的动物小丑们！"

像"猥亵"和"色情文学"这样的词语会遭到人们的唾弃，这是源于清教徒式的西方价值观，但在其他时期或其他文化中却不一定适用。我怀疑事实是否果真如此。任何一个社会在某种程度上都会建立一套文明的行为规范，这种行为规范超越了淫秽、无耻、动物性与丑恶。现代学者则走入了另一个极端，他们倾向于将任何对性的非难都看成是维多利亚时代的假正经，无论艺术中展现的性多么过分，他们都认为是健康而坦率的。对此，我本人持怀疑的态度。他们的这种态度其实是对以往那种禁不住考验的、过分的道德说教的矫枉过正。道德准则也许是一种策略，当坦率或许会造成伤害的时候要避免坦率。美国著名作家霍桑（Nathaniel Hawthorne）再三指出："真实些吧！""如果你不是在向世界展示你最坏的表现，那么就自由地向世界展示吧，但通过你的展现可以推断出你最坏的一面。"[30]我认为他的道德已经沦丧。真诚地看待和对待他人，这其实是一种苛求。大多数人会在闲谈中漠然地说出一些话，而这些话正好暴露了他们的动物本质和性本质。问题的关键在于我们在不迷失人性的前提下到底能走多远。丧失人性，并不意味也不能意味着回到了先前的纯真的动物本性状态；相反，人性的丧失导致的最终结果是：人会堕落到既不是人也不是动物的畸形世界中，这个世界所刺激的是自私的快感，更为邪恶的是它似乎在向全世界宣告人的真实本质：渺小而怪异。人到底是什么？根据日本十七、十八世纪流行的印刷品来推断，若是揭开男人身上所披着的高尚的文化外衣，其实他们就是一种好色的野兽，其阴茎泛着血肠般令人作呕的猩红色彩，掩盖在半撩起的华丽的丝质和服之下。

性与多产

从史前时代开始，生殖器就象征着多产。中国的祖先牌位，长期以来象征着名门望族的血统，起初它是不是一种生殖器崇拜[31]？换言之，虔诚是人类的一种崇高情怀，人类一开始是不是只想借助这种对祖先生殖力量的崇拜来达到传宗接代的目的？虽然这一点在中国文化中还不是十分清晰，但是在印度文化中，男性生殖器像的意义与普遍性却毋庸置疑。同样，那些陈列在古希腊剧院等公共场所的硕大阴茎雕像，虽说并不很普遍，却令人瞠目。大地女神同样代表着旺盛的生育力——伟大的"土地之后"德墨忒尔（Demeter）①，不需要人性化的男性作其配偶就可以生育。男性和女性在生育力上表现出巨大的差别。女性的整个身体都表现出旺盛的生育力量，对于男性而言，生育力量却只集中在阴囊、阴茎上。这一点就解释了为什么天神乌拉诺斯（Uranus）那断下来的生殖器能够自行与大海结合，产下爱与美之神——阿芙洛狄忒（Aphrodite）[32]。与女人相比，男人一向更加拥护色情文学、艺术与偷窥行为。或许原因就在于两性在性兴奋上所表现的重要差异，即女性会将性兴奋扩散到全身，而男性则将性兴奋集中在生殖器这一个地方。男性似乎可以将自身与生殖器分别对待，甚至会受生殖器的控制。或许可以认为生殖器本身就具有强烈的意愿。生殖器崇拜曾一度遍布于世界各地。阴茎之所以为社会所接受，甚至为社会所崇拜，是因为它在生育中具有神奇的象征地位。随着生殖器崇拜的褪却，微微肿大的阴茎迟早会丧失以往神圣的地位，最终走向暗淡的结局。就像残垣上粗俗的图画、粗劣的涂鸦，它们极力想吸引人们的注意，从受到挫折的、孤独的个体那里哭求关注和解脱。悲惨结局。

除非将多产运用于动植物，否则多产本身就会笼罩上一层扑朔迷离的色彩。繁殖也是如此。在人类社会中，"繁殖"一词受到人们的质疑，原因就在于这个词的含意极其庞杂，是不和谐的混合体，里面既有动物本性的冲动，又牵扯到技术上可引导和可操作的意识力。即使在最上流的社会中，如果人们让一对青年男女结婚，他们就会厚颜无耻地调动所有的社会力量、社会技巧使这对新婚男女进行交配。他们很少坦率地说他们究竟在做什么，他们更不会坦言这样做仅仅是为了实现某种物质上或政治上的共同利益。为了满足别人的某种利益而

---

① 古希腊神话中的农业女神。——译者注

进行性交，这是最令人羞耻的事情。奴隶在田地里辛勤劳作的情形已经够糟糕的了，但更糟糕的情形却发生在生产奴隶的农场里。农场主不仅对奴隶进行身体上的摧残，而且对其精神进行惨无人道的凌辱，这必将导致社会最终的堕落。例如，穆斯林于19世纪在苏丹达尔富尔（Dar Fur）地区建立了一个生产奴隶的农场，专门用来养殖黑奴，并像牛羊一般，将奴隶卖掉大发横财[33]。

上帝对人类说："要生养众多，遍满大地"（"神照着自己的形象造人，乃是他照着他的形象造男造女"）（《圣经·旧约全书·创世记》1.27-28）。不仅仅是由犹太－基督教传统演化而来的社会重视生育，几乎在所有的社会中，生育都极受重视。天主教时常宣称，生育是性交最崇高的理由，甚至是唯一的理由。但事实并非一直如此。在不同时期，性交的另一些价值也会得到更加显著的体现。据《圣经》记载，上帝希望亚当有一个伴侣。这种伴侣关系的特征就是一位男子可以离开自己的父母，"与妻子结合，二人成为一体"（《圣经·旧约全书·创世记》2.24），这里强调的是伴侣关系，而不是生育机能。英国国教徒一直以来被教导"夫妻身、心、灵的结合是上帝为了愉悦夫妻双方特意而为"，这里首先提到的是双方的愉悦，之后是互相帮助，最后才是"上帝的愿望"——生小孩。在神圣的婚礼中，夫妻双方对于肉体的欲望转化为一种爱，"铭记于心，就像是肩上的斗篷，头顶上的王冠"，这是一幅多么庄严而神圣的图画！但是，比这更庄严、更神圣的是高尚而伟大的思想，把男人与女人的婚姻视作一种象征，象征着"正如基督爱教会，为教会舍己"（《圣经·新约全书·以弗所书》5.25，28-30）。

独特的人类：色情与爱情

对性的贪得无厌、残忍和不同寻常的暴力为人类所独有。各种奇妙的、富有激情的性与爱的方式也为人类所独有。它们之所以为人类所独有，是因为人类的想象力在其中发挥着无比重要的作用，它引导、调节、加强人类的动物性倾向和冲动，无论这种作用的结果是好还是坏。当想象力发挥作用的时候，让我们注意一下性行为与进食行为有何不同。无论是动物或是人类，进食就是进食，只不过人类品尝食物所用的时间更久一些，同时还要讲究餐桌礼仪，以此来证明自己与动物有所区别。但是在性行为方面却不是如此。人类不仅对生理的冲动作出积极的反应，而且还会对身体里跳动的某种兴奋的情绪作出积极的反应，更为糟糕的是，这种兴奋的情绪可能更具破坏性，且更邪恶。我们来想想性交中触觉是如何被激活的。抚摩对人的作用比对其他动物的作用都大，包括与人类拥有同一祖先的黑猩猩。造成这种差异的一个显著原因就在于人有一双既强有力却又无比柔软、敏感的手，而人体被一层敏感的皮肤所包裹，皮肤对爱抚有很强的敏感性，且非常期待着爱人的抚摩[34]。抚摩的超级感受就从双手抚弄蓬松的发丝开始，往下到坚实的胸部，再到柔软的腋窝，大腿的肌肉，膝盖骨。就这样，爱抚记录下了爱人从干冷的鼻尖到湿热的腹股沟的全部信息。

每一次爱抚都会强化自己的快感与欲望，同时也会引发爱人的快感与欲望。当看到爱人也同时产生了快感就会更加提升自己的快感，尤其是当阴茎插入阴道之时，双方结合为和谐的一体，这种快感就达到了前所未有的灿烂辉煌的高度。从某种角度来说，抚摩已经让手不再是手，而是转变为一种性器官。人类，也只有人类才会顺应这种性行为方式。使人完全投入自我的正是将阴茎插入阴道的动作，而不是性高潮。这正是人类性交的最奇妙所在。根据梅（Rollo May）①的说

---

① 美国存在主义心理学家。——译者注

第二章 动物性／掩饰与超越

法，性爱双方都会有这种体验，他们充分发挥着想象的威力，回想并品味当时那无比美妙的感受。热恋中的人们都渴望能进入对方的体内，或是渴望对方进入自己的体内，这种渴望使他们的身心都激动得颤抖起来，并让他们的情绪达到了燃烧的顶峰，随后而来的性高潮也不会让这种颤抖消失，因为正是在恋人最亲密的接触中，他们的感官反应才是"最原始、最独特、最真实的"[35]。

爱抚的同时也是被爱抚，在这一相互接触的过程中，个体更加沉浸在自我的美妙感受中，她仿佛感觉到自己拥抱了整个世界，并且成为了这个世界。就像触摸到花瓣的丝般光滑柔软，石头的粗糙厚重，温暖幸福的感觉从心底汩汩而出，流遍全身，令人回味无穷。如果说投入自然的怀抱就会享受到这种极大的幸福，那么，投入爱人的怀抱所产生的幸福感就会更加强烈。英国作家莱辛（Doris Lessing）小说中的一位人物曾经说道："有一股暖流从他的肩膀传递到我的手心。此时此刻，我生命中的全部欢乐都荡漾在我的心间，我真的好幸福，好幸福。我坐在房间里，观赏着投射在地板上的阳光——宁静而欣喜，一切都是那么自然与和谐。虽说插在花瓶里的仅仅是一朵小花，但其舒展的花瓣却拥有着足以推动宇宙的伟大力量。"[36]

在性爱的过程中，人的脸又扮演着什么样的角色呢？在此之前，我尽量不去讨论人的脸，因为我希望从动物本身，从肌肤相亲开始讨论。那么，人的脸又有什么用途？就我们目前所知，脸是人身上最擅于表达感情的部位。这一点在世界各地的艺术作品与文学作品都得到了充分的证实与肯定[37]。脸能对一个人的整体状态作出反应，身体是否疲惫、思想是否崇高、灵魂是否深刻都会在脸上有所体现。一张美好的脸就足以赢得真爱。这里用"爱"这个词，看来是最恰当不过的了；要是描述身体的其他部位，就不敢肯定"爱"这个词是否适用。手能否适用于爱？也许会，因为人的手既独特也擅于表达感情。

那么胳膊、肩膀、双脚能否适用于爱？当人们对这些部位产生无法抑制的兴趣时，"恋物癖"或是"贪婪"这样的词就会浮现在人们的脑海中。将爱人的头像做成图画挂在壁炉之上是很常见的；但是，要是你将爱人身体的其他部位做成装饰品挂起来，就很令人匪夷所思了！不言而喻，将生殖器用相机拍下来以供私下里玩赏，或是为了勾起自己的性欲，则是一种很放荡无耻的行为。

由于脸部具备身体其他部位所不具备的力量，所以它更有可能反映出一个人的整体状态。从某种角度看，脸十分脆弱，尤其是眼睛。眼睛被誉为"心灵之窗"，但是人的双眼完全暴露在外面，极易受到伤害。但是从另一个角度来讲，脸，尤其是眼睛，却指挥着人的整个世界。注视着一个人的脸，其实意指注视着这个人，而不是他的脸。想象一下，当你睡着或是处于无意识的状态时，身体的其他部位，甚至是整个身体是多么不真实。性器官可以发挥出无比的威力，同时也极易被攻击。性器官表现出来的力量是原始的、没有掩饰的，但令人奇怪的是，这恰恰也是其脆弱性的根源。爱人的出现会让阴茎不由自主地勃起。脸会欺骗，也会掩饰，而阴茎不会，这时阴茎就显得是那么纯真无邪[38]。

人都会坠入爱河。"坠入"表明了人在意识上的不由自主、不知不觉。"一见钟情"更是如此。爱情具有伟大的力量，无比曼妙与神奇，凡此种种都表明"坠入"一词使用得合情合理；但是一旦人们意识到爱情的复杂性，这种说法就难免显得有些夸张。正如美国当代性爱大师辛格（Irving Singer）提到的那样，坠入爱河与其说属于本能的范畴，倒不如说属于概念的范畴，与其说是本能的偏好或是受荷尔蒙的驱使，倒不如说它是在当时社会和艺术影响下而形成的某种倾向[39]。当然，这种倾向需要被激活，或者说它是一种可以膨胀的热望。一旦这种倾向被激活（一次有感觉的约会说不定就能激活它），凄凉的情绪就会走出忧郁，这一时刻标志着新生活的开始，过去的一切都成为历史，一去不复返了[40]。有情人对过去生活的种种怨恨都会在这个时刻全部释怀，并惊奇地发现他（或她）非常容易就原谅了曾经伤害过他（或她）的人。在有情人还没有完全沉浸于此时此刻，还没有完全沉浸于对未来美好生活的憧憬中时，他们就已经不再对过去耿耿于怀，过去的种种已经撒满了明媚的阳光，热恋中的人儿会手牵着手漫步在对过去美好的回忆中。

情人眼里出西施，这话一点儿不假。在爱人的眼中，恋人不但漂亮、善良，就连他（或她）的缺点和弱点也都变成了优点，让人欣赏。所罗门（Solomon）在《雅歌》（Song of Songs）（6.8-9）中唱道："纵然有六十王后，八十妃嫔，无数童女，但我只爱她一个。"以前人们一直以为，只有在现代西方才存在浪漫的爱情，其实并非如此。在任何时期、任何地方，无论是在中国、印度、墨西哥，还是在肯尼亚，人们都会坠入爱河，都会将自己的爱人理想化[41]。但是，与其他地方相比，现代西方人在坠入爱河的过程中更能发挥丰富且积极的想象力，因为在爱人的心目中，是对方迷人的个性深深地吸引着自己，这种个性不是勇气之类的美德，也不是蓝眼睛之类的外表，而是爱人那种与众不同的感知方式与生活方式。一个男人确实会认为自己"拥有"了爱人的蓝眼睛，却不能肯定自己是否已经拥有了爱人的一切经历——而只有这些经历才是爱人的真实世界。他只能以特邀嘉宾的身份进入这个世界并与爱人分享，却不能占有它[42]。

神圣的欢娱与世俗的欢娱

恋爱之中的双方都会不由自主地产生两种感觉，在自觉脆弱的同时又感到自己无比强大，与爱人的分分合合，使其情绪忽高忽低。高涨时的情绪发自内心深处，令人十分欢悦，是对客观存在的种种美好所怀有的感恩之情。这种感情与人们朝觐神时所激发的情感如出一辙。对于大多数人而言，在性交过程中潮涨潮落般的情绪起伏之后，会出现令人狂喜的高峰，这是双方身心结合的结果。很自然地，世界文学和艺术，特别是印度、中国以及西方文学认为异性的结合是得体的、恰当的。性交是没有掩饰的，身心没有被割裂开来，而是融化为完整的一体。由于身心没有被割裂开来，所以身体也会与情感产生共鸣。在西方世界，所罗门在《雅歌》中提出了一种为人所熟知的早期模式，使人们了解了性爱语言如何唤起男女双方神圣结合的激情与曼妙。西方神秘家与西方诗人屡次引用这个模式，尤其是西班牙圣衣会神父圣十字若望（St. John of the Cross）。他在作品《灵颂》（*Spiritual Canticle*）中所塑造的意象足以令著名的近代诗人奥登（W. H. Auden）震惊不已[43]。雕刻艺术中有男神与女神奢侈逸乐的场面，还有赤裸裸的性爱场面：成群的女孩追逐着象征丰收和幸福的神——克利须那神（Krishna）。这些内容丰富、雕刻精美的画面就装饰在印度教庙宇的外墙上[44]。古典时期到17世纪，西方的雕塑作品与绘画作品也几乎是这种自然风格一统天下。裸体这一艺术形式一再被作为精神崇高与完美的象征。中世纪，雕塑家们认为用异教徒（非基督教徒）涅瑞伊得斯（Nereids）来代表通往天堂的神圣灵魂没有什么不妥。宗教狂热时期，尤其是16世纪，神圣的欢娱和世俗的欢娱之间界限十分明确。圣徒勇敢而毫无掩饰，非常幸福地将目光对准天堂。米开朗基罗（Michelangelo）的作品《复活的耶稣》（珍藏于温莎公爵府邸）展示了全裸的耶稣，羞处完全暴露在外面。艺术史学家克拉克（Kenneth Clark）认为这可能就是"艺术世界中处于欢娱中的最完美的裸体"[45]。

第二章 动物性/掩饰与超越

超越

人们在欣赏优美的人体画时，能否真正做到只是欣赏而不会激起任何的性欲？英国著名诗人霍普金斯（Gerard Manley Hopkins）认为裸体耶稣会强烈地引诱人们幻想性爱[46]。人们可能认为这位生活在维多利亚时代的神父霍普金斯被压抑了，因为他拥有超凡的想象力，即使是最单纯的事物也能激发他无比丰富的想象。但我忍不住问，就像书籍中的语句是作者的思想之窗一样，受性控制的人体能否成为人的精神之窗？在精神世界里象征是抽象的（如圆和十字、光明与黑暗、垂直与水平），或是取自非人类的自然（如山脉与森林、狮子与羚羊），在这种情况下，这些象征最没有可能使想象偏离预期的轨道。除了婴儿的裸体外，人的裸体却不属于上述情况。虽然人的裸体也属于自然，但是自成一类。

在西方文明或其他文明中存在着一种根深蒂固的传统，这种传统对人类的身体持有很深的怀疑态度。这种传统认为，身体既是放纵与色欲、无知与幻想之源，也是疾病、痛苦、堕落与死亡之源。正如我在上文提到的那样，古希腊人没有这样的偏见。对于他们而言，体态完美的人体（特别是人的裸体）是美好的象征，也是唯一的象征（从审美角度看），人不由自主地被这美好的人体吸引。但是，在希腊思想中仍然存在着道德上的约束。柏拉图更加强调这种思想。这种思想警告人们不要停留在对人体的美学欣赏上，因为这有可能导致思想的束缚甚至于堕落。一个人必须将注意力从关注个人的美好转变为关注全人类的美好，从关注所有美好的形式转变为关注所有美好的行为，最终转变为关注绝对美好的真与善本身。这就是著名的"第俄提玛之梯"（Diotima's ladder）①。发展是向上的，从具体的、物质的到一般的、抽象的，从腐朽、变化到永恒的完美，从想象到现实［柏拉图《会饮篇》（*Symposium*）②211-212］。这种阶梯也是逃避的方式，每向上前进一步就意味着越靠近真实。

希腊人给予人体充分的尊敬，甚至于基督教思想中有一个重要的信条，说人体是"灵魂的圣殿"，这一个信条反映了对人体相当程度的尊敬。然而，却是另外一条基督教信条统治着基督教界，这个信条对人的身体及其色欲持有一种否定态度，即使不能说这种态度含有彻底否定的意思，至少也含有很强的不置可否性。保罗（Paul）就因为第二个信条而常遭非议。他受到非议的原因不在于他认为婚姻中男女双方的性结合是错误的，而在于他认为天国近在眼前，这种男女结合的意义并不大。忠实于自己的配偶或是后代，这种做法在一定的范围内值得推崇，但是另一种更崇高的呼声将人们的注意力转移开来，这就是禁欲。禁欲是上帝赐予的礼物，它让像保罗一样的神职人员将自己的全部心血奉献给神的事业。保罗知道像他们这样的人为数极少，大多数信徒并不禁欲，他们甚至认为"与其欲火攻心，倒不如嫁娶为妙"［《哥林多前书》（*Corinthians*）Ⅰ 7.9］。显然，保罗认为婚姻生活并不是最好的。虽然，他对人类自身所有的脆弱性日益感到失望，但是在为神献身的道路上，他还是走得更远一些。他开始用贬义词如"兽肉"代替"身体"，认为"兽肉"是"灵魂"的对立面[47]。保罗态度的改变对基督教徒的道德教育产生了重要的影响。如果说保罗的改变是不经意的，那么保罗之后，有影响、有威望的三位杰出的新教领导人——安布罗斯（Ambrose）、奥古斯丁（Augustine）和杰罗姆（Jerome），则是在经过一番深思熟虑之后才作出这样的决断。他们无

---

① 也译作狄奥提玛之梯，指从身体之欲不断上升到美善。——译者注
② 也译作《飨宴篇》。——译者注

第二章 动物性/掩饰与超越

一例外地将性与罪恶紧密地联系在一起,将罪恶与堕落、死亡紧密地联系在一起,与此同时他们也将纯洁与英雄般的品质、永恒的生命联系在一起[48]。

垂死与死亡

归根到底,人也是一种动物,注定是要死去的。这个人尽皆知的事实,却引发了很多的疑问:哪种动物会称呼自己是动物?又有哪种动物会谈论死亡之类的话题?动物是否知道自己有朝一日会死去?这种对死亡的清醒意识是否意味着人可以从肉体的腐朽中获得永生?我已经指出,进食与性行为将我们的道德置于一个进退两难的窘迫境地,因为我们有能力跳出我们自身,观察和反思我们的庐山真面目。但是,对于垂死与死亡我们也会反思吗?答案并不很确定。反思会将进食与性行为变成一个难题;同样,反思也会将垂死与死亡变成一个难题,摆在我们面前等待被解答,但是这两者之间存在着惊人的差异。讨论一下被人观看这种情形。在进餐的时候我们是不愿意被人观看的,性爱的时候更是如此。但是垂死之时情景又会如何?想象一下你即将死去,那么的无力与无助,就如同婴儿一样须臾也不能离开别人的照顾,这时的你一直被人观看与照料着,你是否愿意如此?我需要感觉到我的人生价值在不断地得到提升而不是遭到贬抑。与放纵下流地观看性行为截然相反,观看死亡——守候在垂死者或是已逝者的身边——是优良的传统,是文化上的成就。事实上,对垂死者或已逝者不管不顾会遭到公众的谴责。

虽然同是生命活动,进食与性行为同垂死与死亡之间存在着根本的区别。与进食和性行为相比,垂死通常是渐进的、不可逆转的。它是如此之渐进,以至于我们都没有意识到这一过程正在发生,我们没有将其视为生命中必须承受的一种经历,直到生命临近结束的关键阶段,当痛苦磨去了我们生命的所有光辉,噬咬我们的肉体和灵魂时,我们才明明白白地意识到我们正在经历垂死的过程。说到死亡,它本身并不是一种个人经历——并不是人人都可以"经受"的。伍尔芙(Virginia Woolf)①认为死亡是"我根本不会去描述的人生经历",而在飞蛾到底如何死亡这个问题上,她曾作过非常专业化的描述[49]。不管怎样,人类拥有的想象力使其能够细细琢磨死亡,因而死亡这一生命终点具备某种神秘的魔力,它在人的一生中神出鬼没地显现,并丰富了人生。

死亡的阴影

设想一下死亡神出鬼没地纠缠生命的几种方式。在这里,我用"神出鬼没地纠缠生命"这样的描述,而不用"丰富人生",是想暗示死亡所具有的否定意味。而我正是要从这个否定意味入手讨论死亡。在人的一生中,时常会在头脑中出现死亡这个概念,其出现的频率与范围取决于下列几个因素:个性、反思的习惯、个体在其成长过程中所浸淫的文化等,事实上文化(群体价值)或许是其中最重要的因素。然而,我不想着手讨论个体或群体对死亡所持有的不同态度,我想通过一定的人类所共有的经历与倾向来揭示死亡的哲学根源。

如前所述,人们无法直接弄清楚死亡究竟意味着什么。正如古希腊哲学家伊壁鸠鲁(Epicurus)说的那样,"当我活着的时候,死亡就不存在;当死亡来临时,我已不存在。"[50]我们经常看到死亡降临

---

① 英国作家。——译者注

第二章 动物性/掩饰与超越

到别人的身上。它会不期而至,今天发生在他的身上,说不定明天就会发生在我的身上,或者发生在我所至爱的人的身上。生命的光辉令人敬仰,但是却不能持久。况且,生命的光辉是否真的值得人敬仰?我珍视自己的生命,珍视感官上愉快的享受,但是要想获得这些享受就必然要伤害其他生物。如果我明知道死亡正一步一步地走向我,而我又不想用自杀的方式来结束生命,那我就会减少进食,从而最大限度地减少对其他生物的伤害与杀戮。这是经过一系列观察和生活经验而获得的常识,其中并没有什么深奥的哲理。食物能够维持生命,还能让人产生无穷的回味,但这与死亡也有着千丝万缕的联系。在前文中我已谈到进食会将人类置于道德上的两难境地,在此不再赘述。那性又如何?性是仅次于进食的人的动物本性的第二大强烈需求。性使生命得以延续,而且还不会给诞生的新生命蒙上一层阴影。然而,生命与死亡是分不开的。它们交织在一起,紧密相连。在人类社会中,生命的诞生与损耗的产生是相等的,无论是从现实角度还是从思想角度分析都是如此。性行为本身——精液的射出必然会使人有所失去,性交之后悲伤的景象,预示着个体必死的命运,即使此时他们是在孕育下一代。

生命的成长过程中充满了被动——即使得到了更多的东西,也会失去更多[51]。在生命螺旋式上升的进程中,人们或许只感受到不断的收获,面前的世界越来越广阔,我们的生命与经历越来越丰富,成长的道路充满着力量和奇妙,似乎从未错失什么。而在生命弧线下降的阶段,人们失去得越来越多,直到有一天人们不能再忽视这种失去。世界萎缩了,换句话说,人、物、地方在眼前纷纷撤退、离开,只剩下一个人,孤零零的。死亡,是最终的孤独与彻底的被抛弃,但是在它真正来临之前的很长一段时间内,死亡的阴影其实就已经向我们笼罩过来。死亡的侵袭既可能是轻微的,也可能是猛烈的,这取决于一个人的个性与当时的文化氛围。我举一个中国的例子。在我看来，由于中国社会既没有必胜主义的宗教信仰，也没有朴素的斯多葛主义哲学①，所以，当中国人面临死亡时，他们的态度会从严肃坠向沮丧，这就是我以中国为例的原因所在。东晋著名田园诗人陶渊明在一首以挽歌形式所作的诗中就抓住了中国人这种失意的心理。**挽歌**是人们扑在灵车上哭送死者到墓地的过程中所唱的哀悼的歌谣。尽管人们会因为随后举办的葬礼盛宴而得到一定的补偿，但人们仍不愿意将自己置于哀悼者的地位，这已经够让人压抑的了，可是诗人还是从亡者的视角写道：

> 亲戚或余悲，
> 他人亦已歌。
> 死去何所道，
> 托体同山阿。[52]

成长的过程中必然会发生一些损失，人们不会因此而感到遗憾。全世界的人们都会庆祝童年时代的过去和成年期的到来。说实在的，生命的任何一个阶段都会伴随着痛苦与疾病，打不起精神的情况也会时有发生。即使是处于繁盛的青年时代，人们也有可能会经历生命中沉痛的打击，提前品尝到死亡的滋味。但是这些事实都不会让人觉得恐怖。生命的再生力量很强大——在生命的任何时候都充满着希望。有可靠的证据表明：人康复了，生命的力量再次复苏，不再感觉到那种钻心的疼痛，而过去这些疼痛就像是在炎热的仲夏时

---

① 怀有必胜主义的宗教信仰的信徒认为，自己具有统治能力，这既是自身优越的标志，也是上帝"思想"的证明。斯多葛主义哲学认为通往幸福的路径是欣赏我们所拥有的，而不是我们未来想要的。——译者注

第二章 动物性/掩饰与超越

节突然刮来一场数九的寒风一样让人痛苦不堪。人们往往错误地认为痛苦是死亡的征兆。与死亡不同的是,痛苦持续的时间会很长,而且它的变化形式也与死亡有所不同。此外,痛苦毕竟也是一种生活,甚至可以说它是生活的一种强有力的表现形式,痛苦没法阻止人们做白日梦,事实上,它积极地鼓励人们做白日梦。观看头脑中快速闪现的一幅幅图画,其实也是一种逃避,但是如果它能帮助人们缓解暂时的痛苦,那又何乐而不为呢?当然,做白日梦也会让人沉溺其中,不能自拔。人们会通过做白日梦成为幻想世界的常客,而不仅仅是偶然的过客。幻想世界中有很多欺骗人的承诺,其中最诱人的莫过于消灭了死亡这一定数,使死亡看起来只不过是遭遇痛苦而已。

爱尔兰裔美国作家默多克(Iris Murdoch)指出,比起疾病与痛苦,意外事故可以更好地提醒人们想到死亡[53]。意外事故可以充分表现出与死亡相似的完全被动性。从定义上讲,意外事故就是指意料之外发生的事情;从统计学上讲,意外事故是无法逃避的。意外降临之时,尽管局面有可能会向好的方向发展,但更常见的情况是局势不断地恶化——突然衰败,最终结果极有可能是死亡。众所周知,氏族社会就把死亡与意外混为一谈,认为死亡是一种意外,而不是生命的必然规律[54]。死亡本不应该发生,但是它就是发生了,即使人们极不情愿,但也许就在一刹那间发生了。在吃过腐烂食物的数分钟之内,人或许就会发病,像一条病狗一样;更令人悲痛的是,人有可能就此死去,像餐厅的垃圾一样等待着被清除出这个世界。死亡拥有绝对的权力,意外事故可以最准确地预示这种权力,这是一种宿命,一种想象力无法掩饰的宿命。当然,大多数意外事故微不足道,但即便是这些微不足道的意外事故(即便是偶然遇到的)也会无情地重创我们平静的生活。

死亡的礼物

随着死亡的到来，还会有礼物奉上。你对此观点感到很惊讶吧。死亡能够给人抚慰，能够给生命增添别样的滋味，它是培育美德的温床。若人们将死亡视为迈入天堂的入口，那么死亡就有慰藉的作用。基督教与伊斯兰教将死亡视为逃避各种职责与事务的路径，这一点众所周知。死亡**意味着**到达终点，因而具有慰藉的作用。著名的阿根廷作家博尔赫斯（Jorge Luis Borges）曾经说，他年老体弱的母亲每天早上起床之后都要哭泣，因为与她最美好的愿望相反，她还活着；逃避再一次困扰着她[55]。当一位八十多岁的老人被问到长寿的原因时，他回答说："哎，运气实在太糟了！我还活着！"大卫是一个失去免疫力的小男孩，必须在消毒的房间里度过他的一生。在他十二岁即将死去的那一刻，他说："我身上接着很多管子，我还被做过很多试验，但是都起不了什么作用。我已经疲倦了。为什么不把这些管子拔掉，为什么不让我回家？"[56]哲学家胡克（Sidney Hook）曾这样描述死亡的作用：

> 死亡使我们确信没有永远的罪恶和痛苦。人类一直都在忍受着各种各样的丑行和不公正待遇，身体饱受残害，思想饱受折磨。无数的人经过种种痛苦的折磨后，最终选择以墓为床，或是在黑暗中沉默。死亡也许是一种有益的解脱，而不是令人悲伤的苦恼。只有死亡才能将地球洗刷得干干净净，除此之外别无他法。有许多允诺告诉人们，人的来生完美无瑕。这种安慰人心的允诺，效果微乎其微，绝大多数人都不能活着看到新的一天里太阳从东方冉冉升起。[57]

第二章 动物性/掩饰与超越

死亡的绝对性提升了生命的意义。如果没有死亡，不仅生命中发生的是"接踵而至的糟糕事情"，就连死后的生活也会如此，那是一个接着一个的"该死的美好事情"。著名的哲学家波普尔（Karl Popper）这样写道："我不期望生命永恒，相反，生命永恒对我来说绝对是一件可怕的事。我认为，那些想象力丰富到足以应付无穷世界的人是会赞同我的观点的。"他认为"死亡赋予人生价值，在某种程度上讲这种价值无限大。而人类肩负着一项紧迫而极有魅力的任务：用我们的生命为他人成就某些事情，成为他人在知识与艺术世界的协作者。这项事业或多或少体现了生命的价值所在。"[58]英国作家波伊斯（John Cowper Powys）是一位特立独行的威尔士英文作家，他也持有相似的观点，但他表述的方式有些不同，他更强调快乐是人间最美好的情感，而且对此深信不疑。对于波伊斯来说，华兹华斯（Wordsworth）①所言"生命本身就是快乐"是不变的真理，其前提是我们必须对死亡的存在保持清醒的意识。快乐？"我可以坦言，人类所有的快乐都是基于对死亡的思考。"[59]

至于美德，如果没有死亡的威胁与考验，它又有什么意义？戈加蒂（Oliver St. John Gogarty）这样写道：

若无恐惧
何来英勇？
汝爱为何，
徒增阻挠？[60]

英勇与爱是两种积极向上的美德，但是如果人们能够敏锐地意

---

① 也译作华兹毕斯，英国诗人。——译者注

识到自身所存在的局限性,那么至少还能塑造出一种值得赞美的消极品质,那就是对世界的壮丽和周遭环境持一定的冷漠态度。年迈时的马格里奇(Malcolm Muggeridge)①这样写道:"现在死亡的阴影笼罩在每一个人的头上。我像是在海上航行快要接近终点的一个人。当我刚上船之时,我就急迫地寻找带有舷窗的船舱,为自己是否能够被邀请坐上船长请客的首席而担心,因为接受邀请坐在首席的客人将会被视为最有魅力也是最重要的人。但是在我即将登岸之时,这些都变得毫无意义。"[61]对于生命的旅途而言,死亡的阴影一直存在,而不只是接近死亡之时才会出现,任何时候我们都有可能接到离船上岸的通知。接受这个现实可以让我们用更好的方式度过在生命这条航船上的时光:观赏夜晚群星闪耀的星空,结识有趣的同行乘客,拜读伟大的著作,而不是关心是否能够得到虚妄的物质享受和政治声望。

超越死亡:虚无、阴暗与腐败

神秘主义者也许会说人死后要坠入万丈深渊,那里黑暗、虚无,而黑暗、虚无正是万能的上帝。这一论点无法得到证实,而且在结尾之处扯上上帝,让这话听起来更像是安慰人的鬼话。我们唯一**能够**确定的是著名思想家巴特(Karl Barth)的主张——"人因消极而被否定"[62]。被否定意味着被彻底地毁灭。虚无,是人类最大的恐惧,人类是否要用其聪明才智将其掩饰起来? 1778年4月15日,苏厄德(Miss Seward)与约翰逊博士(Dr. Samuel Johnson)之间进行了一场严肃的对话。当时约翰逊博士已是六十九岁的高龄。

---

① 英国著名记者和社会批判家。——译者注

第二章 动物性/掩饰与超越

> 苏厄德："害怕死亡，无疑是荒唐的，这种害怕源于对毁灭的恐惧，而毁灭只不过是一场无梦而甜美的觉而已。"
>
> 约翰逊："死亡既不美妙，也不是睡觉；它什么也不是。只要是存在，就比虚无强得多。俗话说：'好死不如赖活着。'"[63]

虚无等待着每一个人。当我接近这个在劫难逃的定数之时，虚无可以偿还我们一生所有的奋斗和付出，而我们奋斗与付出的目标这时已显得苍白而没有意义。爱尔兰诗人叶芝（William Butler Yeats）曾这样表述过，我们为它们作了长期的准备，或接受了长期的教育，而它们却终结于虚无。我认为，这就像约翰·韦斯莱（John Wesley）在给其哥哥查尔斯·韦斯莱（Charles Wesley）的一封信（1776年）中坦言的那样："如果说我有一种恐惧，并不是害怕坠入地狱，而是害怕坠入无边的虚无。"[64]地狱至少表明我生前所做的事情最终有个了结，生命中的每一个时刻可能都是至关重要的、有意义的。但是如果既没有天堂也没有地狱，如果死后没有栖息之地能让我以快乐或悲伤的心情审视我生前所作所为所带来的最终结果，那我该怎么办？任何事情——比方说坐上了船长的首席，或是欣赏繁星闪耀的夜空——或多或少都可能是走向伟大的虚无之前颇有成就的享受？

人类的思想不能真正地面对"虚无"这个命题，因此，即使人们将死后的局面设想得十分消极，他们还是不能将死后的世界想象为虚无，而是将其想象为某种东西——生命的投影。他们将地下的世界想象得越是凄凉，就越是欣赏地上世界无比的幸福。苏美尔人就是一个很好的例证。他们珍视的东西是什么？"财富与所有物，丰厚的收成，贮存富足的谷物，满栏的牲畜……在平原上成功地狩猎，在海上安稳地打鱼。"[65]总之，他们就是要用丰厚的物质财富来对抗超越死亡中蕴含着的匮乏。古希伯来人将冥府想象为阴暗之所，所以他们更加用情地珍惜今生生活的恩赐。通常人们愿意得到充足的物质享受。对于非哲学家者而言，"美好"就是有益于生活、可以触摸到的东西，在大多数社会中，其弦外之音是指"富足"，它起初是指自然资源的丰富，之后是指制造品的充足。在特定的文化中会有一些明显的例外，英雄文化就是这样一个例子。古希腊的战士当然欣赏美好的事物，并且为之奋斗，但是他们更加珍视荣誉，为了荣誉他们可以冒死拼搏。但是，他们同样认为冥府的境遇是非常凄凉的，为了逃避这种凄凉，即使是他们视作生命的荣誉也会被他们抛到脑后。瞧瞧，就连这些最勇敢的人也会害怕死后生活的凄凉，并因此而蒙羞！霍默（Winslow Homer）在一幅名画中将死亡比喻成在巨穴中拍打翅膀并惊声尖叫的蝙蝠。据说阿喀琉斯（Achilles）①的灵魂宁愿在世上做穷苦的农奴也不愿做冥府的统治者[66]。即使是农奴也可以晒晒太阳，可以用泉水解渴，可以吃上一口面包。如果一个人所拥有的远远超过这些，比方说他还有一份收入不菲的工作，一个美满的家庭，一个可爱的孩子，就像我们大多数人所拥有的一样，情况又会如何？在这种情况下，一旦发生损失，无疑将会是巨大的。这使得我们很容易理解为什么小说家卡里（Joyce Cary）在其健康状况逐步恶化时，他的精神也同时垮掉了。

> 他的孙子卢修斯，在他的请求之下，站在卧室敞开的门旁边，以便能让他听清楚钢琴的伴奏，唱起了《小伯利

---

① 也译作阿基里斯、阿基琉斯、阿奇里斯。他是《荷马史诗·伊利亚特》中参加特洛伊战争的一个半神英雄。——译者注

恒之歌》(*O little Town of Bethlehem*)。当卢修斯唱完后，乔伊斯已是泪流满面。是生活的无情，是正在消逝的智慧，最终打败了他。[67]

紧随死亡之后的是让人无法忍受的尸体的腐败。其实，早在死亡之前腐败就已经开始发生了。奥地利精神病学家弗洛伊德（Freud）患喉癌时发出的难闻气味，就连他最忠诚的狗也厌恶得躲开他。在死亡来临之前，他本人及他的亲人就已经嗅到了死亡的气味。人类的整个文明进程都可以被视为一种努力，人类在努力地埋葬死亡这个事实和各种死亡的预兆。人类努力把视觉与嗅觉所能见到和感受到的污浊物清理干净，例如，处理动物及人类的尸体，照顾病人（这并不总是一件让人高兴的任务），清除各种各样腐烂的气味。而无论是那些从塞满腐烂有机质的沼泽中散发出来的瘴气，还是那些从城市墓地中散发出来的气味，还有那些从污秽的、拥挤不堪的贫民窟中散发出来的气味，都一度被人们认为是死亡的气息。"清洁与神圣为伴。"这是韦斯莱（John Wesley）引用的古老谚语，因为他认为洁净、没有气味的身体是不朽的标志。

永生

人们通常认为，古人希望通过身体和精神的复活来逃脱死亡的威胁，从而享受天堂的美好，然而事实却并非如此。人种志学与历史学的证据都表明，绝大多数人都生活得很卑贱，他们不断遭受生活的侮辱、伤害与沉重的打击，他们生活在可怕的贫穷中，四周的环境污浊不堪，以致他们并不幻想有朝一日能生活在光辉灿烂的天堂之中[68]。如果一个人在这样恶劣的环境中还要能成功地生存下去，那么他必须有坚强的个体意识，相信自己此生正在从事一项极有价值、极其英勇的伟大事业。在准平等主义社会中，伟大的狩猎者，比如说伊格鲁利克（Iglulik）①人，他们的理想是死后能生活在月亮之上[69]。这通常可以理解，因为狩猎者都是极其英勇的个人主义者；在他们搜寻猎物的过程中，经常要一个人面对危险、采取行动，偶尔也会与同伴一起合作。而农民更倾向于集体活动，他们的生活方式注定他们很少有单独活动的可能[70]。或许正是因为这一点，个体的永生并不是他们世界观的一部分。如果一个人有伟大的英雄功绩，那么，该个体必然会产生永生的希冀。在阶级社会中，起初只有上层统治者和上层武士才傲气十足地祈求死后能够流芳百世。后来，随着下层人民生活状况的不断改善，他们越来越为自己、为自己所从事的职业而感到骄傲，于是他们也就自然而然地幻想死后能够在另一个世界继续过着富裕而舒适的生活。当然这也仅仅是他们在精神上的幻想而已。

那么，死后的极乐为何物？人类挖空心思也设想不出一幅有实际价值的图景。前面我已经介绍了一种观点，这种观点认为来世是一个阴暗的地方，没有什么快乐可言。在像宗族社会这类的社会中，人们通过祭祀为来世准备丰盛的祭品，尽管如此，来世仍然是今生的苍白的复制品而已。人们为生活在来世的先人们提供食物及其他生活必需品，像他们在世时那样问候他们，让他们居住在生前熟悉的建筑中，但是，他们到底过着怎样的生活？他们到底在享受着些什么？对此人们依然没有明确的答案[71]。最初关于死后场景的描述更像是地狱而非天堂。人类对于恐惧的想象力要比对于幸福的想象力丰富得多。地狱有现实的冲击，有现实的质地；但是对于天堂我们仅仅知道那里没有痛苦与污秽，有的是美丽的田园风光，或是神仙般的极乐，在天堂

---

① 加拿大北极圈一带的因纽特人的一支。——译者注

第二章 动物性／掩饰与超越

中"幸福的人儿倚靠在柔软的沙发靠椅上,侍者将盛满清冽泉水的高脚杯端到他们的面前……他们与双眸黑亮、害羞而纯洁的少女们坐在一起"(《古兰经》)。神学家们必须努力为这些感官图像、情爱图像赋予一定的象征意义。他们的说法有说服力,他们认为天堂的召唤可以消除人们在身体上的欲望和诉求,而将注意力转向抽象的审美与智慧,就像但丁在《神曲·天堂》中描述的那样,或是转向光之舞、色之舞、声之舞,就像在宏伟的大教堂中那样,虽然抽象,却能对感官产生直接的诱惑力[72]。

逃避是对生命过程潮涨潮落所作出的一种回应。迁徙者决定横渡大西洋到新大陆开始新生活。之所以产生这种大规模的活动,更多的是受到了新大陆就像天堂一般美好的说法的吸引,而不是受到家乡悲惨境地的推动。天堂承诺已经消灭了死亡,然而,永生并不是起决定作用的推动因素。思维正常的人不会选择自杀,即使死后的生活对他们具有不可抗拒的诱惑力。说来奇怪,虚无这种想法真的具有吸引力,甚至能吸引某些并不**十分相信虚无**的人,而这些人的心里其实只有一个深深的愿望,希望来年能够有一个丰美的收获。死亡的绝对性会对人们造成一种审美或道德的完美吸引力,这种吸引力是"天上掉馅饼"之类的模式所不具备的。

古典时期的斯多葛派持有相当严肃的生活态度。他们认为必须在人生中保持高尚的精神才能抵达生命的彼岸。他们虽然非常尊重命运的安排(这也意味着被动),与此同时,他们也相信自己可以把握命运。他们的方法是时刻保持有道德的生活,仅此一项就足以显示出他们的尊严与高尚。只有当他们无法直面现实之时,他们才会尝试用一丁点儿可怜的幻想来逃避现实的无奈。天性坚忍的人或时刻约束自己要坚忍的人,无疑存在于各个时代,当然也包括我们这个时代。但是可以断言,这种人总是只占社会的一小部分,在我们这个时代更是如此。原因何在？这里我要提出两点。首先，即使是忠实的现代世俗论者，他们也极想得到某种形式的永生，因为他们怀有一种迫不及待的愿望，想看看他们绝顶聪明的后代究竟在做些什么。不管人的信仰是什么，希冀永生都是其精神信仰的一个不可或缺的构成因素，这一点不能完全被抹杀掉。就这一点再进一步探讨，这种永生的愿望显示出与以往观点的重大差异，即现代社会的红男绿女都对要遵从命运的安排这种观点非常反感，特别是当直面命运的"被动性"和自己渴望与命运作英勇斗争的意愿发生激烈碰撞的时候，这种反感就表现得愈发强烈。对于他们而言，即使是在遭遇"意外事故"而不得不接受命运的安排时，他们也仍然认为命运一说已经过时。对于控制这一说法，他们完全认同，而斯多葛派所说的控制与这些红男绿女们所认同的又有所不同。斯多葛派所说的控制，是为了让身体健美，保持良好的生理状态，而不是为了滋生欲望。现在，健康问题日益成为人们关心的焦点，因为人们有史以来第一次有理由相信医学的发展能够远远超出常规，从而使人类获得更加良好的健康状态。

人的生命究竟能够持续多久？是否存在理论上的极限？科学能否使死亡的到来无限期地向后推迟？很少有人认真地思考最后这个问题，它听上去更像是科幻故事，而不是科学所要探索的命题。这一问题深深地触犯了一定的道德或宗教准则，也引发了这方面的一些争议。基督教对西方的控制力已经大大减弱，但是这种控制并没有完全消失。渴望生命永存的想法与人们长期以来所持有的观点有根本性的偏差。长期以来人们一直认为，人的肉体终将回归尘土，而后才能获得最后的复活。此外，除去神学上的问题之外，人们心中也存有疑问：人毕竟是生物体，人的力量是有限制的，而且也应当有所限制，因此，人们希望有朝一日可以无限期地延长生命的这种观点，看上去是对神权的最终侵犯与篡夺，而这将会带来最可怕的后果。

第二章 动物性/掩饰与超越

征服自然，征服死亡

20世纪，西欧与北美的文化界广泛地对科学技术领域所取得的成就持批评态度，有的人甚至开始杞人忧天。此时的西欧与北美已在科学技术方面取得了巨大的进步，科技水平已在世界上遥遥领先，在那里生活的人们也是当今世界上最有保障、最富裕的。的确，近几十年，大西洋西岸地区抛弃了以往那不可一世的傲慢，转而进行更加积极的环保运动，甚至提出口号——"不要征服自然"。大自然是有机的生命体，它单薄的、脆弱的外衣已经被人类滥用，因而需要人类的保护。因此，如果我们想要为20世纪西方世界的狂妄自大和不可一世（西方对文明化进程有更强烈的意识）找一个最具代表性的例子，我们就必须将目光向东移，看看苏联。直至20世纪80年代，"征服自然"依然是苏联政府的一个强烈号召。

自然，就意味着生生死死，既孕育生命也在摧毁生命。从历史角度看，人类的主流意识一直认为自然是吝啬的，是致命的。人类将自然视为一种难以忍受的背景，抑或是一种直接的威胁，无论哪种都不容忽视。人类历史中发生的很多事件其实都是出于逃避自然的压制和威胁。使天气变好，保证充足的水源，促进人畜两旺，确保充足的粮食供应，这些都是社会生活中的基本事务。过去如此，现在依然如此。在这些领域内取得的一次又一次的进步构成了人类社会的进步。人类经过逐步的努力逐渐地摆脱了自然的限制。托科学之福，人类在科技水平上有了突破性的飞跃。乐观主义者看到大片大片的贫瘠土地在引河灌溉的作用下变为肥沃良田。遗传科学的进展造就了人类对生命力量的直接控制。这种绚丽美好的前景完全符合马列主义的思想，但在大西洋西岸地区却正受到人们的质疑。在苏联解体之前，其政府一直拥护这种前景。

　　苏联的乐观主义者面前摆着这样一个问题，即人类对自然的征服究竟能够持续多久？人类苦苦地探寻自身奋斗的最终目标到底是什么，结果却发现是在为战胜死亡而奋斗。人类能否永存？马列主义思想的拥趸这样说：在人类伟大的成就中，在未来一代的记忆中，人类得以永存。这种说法其实歪曲了这一问题的实质。这一问题的关键在于个体能否真正得到永生，在于死亡是否应该发生，在于康复的可能性究竟有多大。尽管马列主义思想的拥趸不愿意谈及个人永生这个话题，但是他们却不能完全否定个体永生的可能性，因为完全否定个体永生会在理论上限制对于征服自然这一话题的讨论。共产主义思想中也存在着漏洞，正是因为这个漏洞苏联的作家和诗人们引入了关于希望的基督教思想[73]。在共产主义的乌托邦世界中，没有贫民窟，没有贫穷，很有可能也没有污秽，没有疾病，没有摆脱不掉的痛苦。如果人类能够实现的目标就止于此的话，那人们可能要说，是啊，这项工程真可以算得上是雄心勃勃，而且也不能说完全没有可能实现。然而，不管你在哪一个目标上止步，其结果都等于承认人类的无能与软弱，而马列主义思想是不会承认这一点的，因此人类必须在征服的道路上一直走下去。未来是不是会消灭腐烂，消灭下水道的异味？消灭死亡？诗人的答案是肯定的，这些答案展现出诗人比任何一个政党都视野开阔、胸怀宽广。在诗人的乌托邦世界中，有拖拉机和丰厚的收成，公园里孩子们快乐地玩耍，社会既公平又公正。不只这些，还包括更多的东西，他的乌托邦世界所包含的东西比伊甸园和天堂加起来的总和还要多。在这个世界中，拉撒路（Lazarus）①走出了坟墓，耶稣从死亡的裹尸布中获得重生。这些宗教的图景与世俗的理想化蓝图

---

① 是《圣经·约翰福音》中的人物。——译者注

第二章 动物性/掩饰与超越

之间存在着重要的差异,即前者仅仅是设想,仅仅存在于诗人的美丽诗篇中,而蓝图则是人类计划好并要实施的方案。人类按照这个蓝图去建造漂亮的建筑物、花园,去战胜贫穷与疾病。这些都是通过努力可以实现的。除了上面提到的那些自然对于人类的不利影响之外,自然最险恶的地方在于腐烂和死亡。我们梦想着逃离我们的生物环境,即我们的动物性,但我们到底能够逃多远?

第三章 人/分离与冷漠

　　每个"我"都是特别的,譬如本书的作者——我。我们都希望自己是独特的。然而,从深层的意义上来讲,与众不同和独一无二令人难以忍受,因为这必将导致离群、无意义、孤独和脆弱。但是,若是将自我融入群体当中,以此来逃避孤独、脆弱和不断的变化,又会压制个人的需求。许多美好、悲伤和罪恶都源自对这种人际联系的需求。

我已将注意力转向文化,而文化正是逃离自然的产物;逃进"自然"本身,其实也是逃进文化世界当中,这是一个由"乡村""景观""荒野"之类意蕴丰富的词语构建出来的文化世界。前面我已经讨论的"自然"指的并不是外部的客观环境,而是我们人类自己的身体;我还讨论了人类作为一种文化存在是如何逃避自身动物性的故事,而人类的这种动物本性也可被视为他者[1]。现在我再来探讨一下除了动物性及人性之外的人类的第三本性,这一本性根植于我们的生物天性之中,但又不仅限于此,这就是每一个人类个体所具有的独特性。正是由于这种独特性,使得我们即使置身于熟悉的环境中也会常常感到孤独与分离;这种分离的感受虽然很少产生,但却是感受世界深刻的冷漠的基础,即世界是超然和本质的他者。

文化实际上也是一种逃避,在讨论这一点时,我必须赋予文化一种不断发展与变化的含意。我将着重讨论人们是如何制订计划，如何叙述故事，如何举行仪式，如何迁徙以及如何改变的。从这里可以看出文化就是一系列的活动，同时，文化还是一系列活动所产生的最终结果或产物。活动的产物包罗万象，有故事、仪式，还有住宅，等等。它们既能保存下来，又非常稳定，于是乎，这些产物就理所当然地及时转变成一种环境和常规。从这个意义上讲，文化使我们不再关注我们曾努力掩饰或是逃避他者的事实；它创造出轻松、愉快的氛围，使我们感到"我们是美好的，我们所处的环境也是美好的"。轻松是我们感觉良好的基础，记忆的短路也就是健忘是其先决条件。文化使我们忽视他者给我们造成的威胁，我们通过建造房子躲避恶劣的天气，从而让我们不再想到天气这个他者所具有的危害性。但是，文化在健忘、在给个体带来安逸方面的最根本的贡献，是它创造出了"我们"这个词。"我"或许势单力薄，而"我们"的力量却强大无比。古今中外，人们都更喜欢使用"我们"而非"我"。直到16世纪，"我"这个词才在欧洲国家备受推崇。当今世界，很多人认为自己可以将生活安排得井井有条，甚至可以去改变现实，使现实更符合自己的理想。这些人自豪地使用着"我"。然而，与"我"相关的道德意味仍然值得怀疑。"我"含有自私与攻击的意味，而相反，在"**我们美国人**""**我们环保主义者**""**我们民族**"这样的表述中，"我们"却含有十足的正义感[2]。

独特性

个体极易受到攻击，因此我们很容易理解为什么个体要努力寻求集体的力量。然而，每个人类个体又相当与众不同，甚至是世间独一无二的存在。独一无二，难道不是所有人都引以为傲的吗？答

第三章 人/分离与冷漠

案既是肯定的，也是否定的。独特性在任何地方都会受到质疑。人们既想拥有独特性，又不想拥有之，就这样在想与不想之间犹豫、徘徊。随着文化与个性的不同，这种愿望的强烈程度或是达成这种愿望所采取的方式也会有所差异。在美国，人人期望与众不同。大多数美国人希望通过自己独特的品质，以及在集体中无人能及的重要性来获得他人的认可，并且他们还期望因此得到相应的回报。而在其他的社会中，尤其是一些传统社会中，人们并不太想脱颖而出。在这样的社会中，谁也不想被视为一个自负自大的人，不愿意因此成为众矢之的（当出人头地的意愿开始在头脑里蠢蠢欲动时）或遭到别人的妒忌（当他取得卓越的成就时）。尽管如此，人们还是通过各种方式使自己与众不同，甚至是独一无二。这种意愿与希望得到他人的尊重是一样的，这也是人的本性。人类的另一个本性却是期望自己平凡，即使是最争强好胜的人，也有希望自己锋芒内敛、气沉丹田的时候。表现突出是一种自我炫耀，其结果却往往令人不堪重负，筋疲力尽。它不仅使一个人暴露于众目睽睽之下，还会因为其所具有的与众不同的价值观而被公众孤立起来，有些人会因此而感到生活无趣，精神忧郁[3]。

　　造成人类个体独特性的原因很多。最根本的一个原因来自于人类的生物学特征。在大都市中，人与人在体型、体态、肤色上都存在着差异，这种差异有时还会表现得非常显著。再留意观察，就会发现个体之间的体味与指纹也存在着差异。从外观上看，人与人之间的差异不是那么大；而从人的内部来看，正如生物化学家威廉姆斯（Roger Williams）所描述的那样，人在胃的大小与形状上的差异要比在鼻子、嘴的差异大得多。如果鼻子按照胃的尺寸扩大的话，那么某些人的鼻子看上去会像黄瓜，而另一些人的鼻子像南瓜。人们通常认为长有六个指头的人是不正常的，可是人类心脏动脉上的支血管数却从一到六数目不等。如果一个人的食道窄，他吃药就会很困难；而食道宽的人可能在不经意间吞下一副假牙。野心勃勃的政治家们的胃口通常很大，他们能够在进餐的同时喋喋不休。

即便是常人，其感官的敏感范围和敏感程度也存在着很大的差异。人耳只对一定频率范围的声音敏感，而对其他频率的声音几乎毫无察觉。正因为人耳能分辨各种声音，所以在日常繁杂的生活中就要忍受各种各样的噪音。人可以选择性地听别人的谈话，当然也可以欣赏美妙的音乐。人类在视力方面也存在很大的差异。虽说没人经常测试自己的视力，但是人与人之间视力的差异还是显而易见的。这种差异影响到人们参与体育活动、驾车、开飞机，或许还会影响到读书的快慢与舒适感[4]。虽然可辨别颜色是人类视觉上的一个特性，但是对颜色的深浅与饱和度的敏感性却存在着很大的个体差异。"在你我的眼里，这朵玫瑰是否是一样的鲜红？"当亲密的恋人手牵着手在花园中漫步的时候，会产生这样的疑问。但是这个问题不仅仅属于哲学的范畴，也属于神经学的范畴，问题在于你是否了解在X染色体上控制视觉的色素基因究竟有几个[5]。

人类个体之间在生理上最显著的差别是大脑的差别。任何一项测试都显示出人类的大脑存在着令人无法想象的差异。正是大脑的差异使每个人真正与众不同、举世无双，这是人骄傲的根源，同时也是孤独的根源、烦恼的根源。棋坛奇才或许在几何方面没有那么出色的表现。一个人在数学的某个领域表现得非常出色，并不能保证他在数学的其他领域也能够有超凡的表现。法国的天才数学家哈达玛（Jacques Hadamard）承认，他很难掌握李群（Lie group），似乎他将其全部的精力都用在了自己的专业领域上，但对其他数学问题却无能为力[6]。有人在谈到某些话题时口若悬河，而当涉及其他话题时却哑口无言。比如说一个人可以对诗歌侃侃而谈，而对散文却知之甚

第三章 人／分离与冷漠

少。有些人在书写双重否定的句子时或许不知所措，但他们的听力与口头表达能力却非常出色。到底人类的造句能力有多强？这里，举一个很极端的例子：有一个家庭，由于在遗传基因方面存在问题，这个家庭的成员在遇到复数的情况下总是结结巴巴，但是如果没有复数的干扰，他们的说、写能像正常人一样流利[7]。

人类的冷漠

人类生理方面的独特性会造成相应的后果。即使与那些血型相同、喜好相近的人在一起，人们也会常常发觉自己与他人很不相同——别人已经吃完饭了，自己却仍在用餐；别人觉得酷热难耐时，自己却觉得有点儿冷；别人已经听明白一句话的真正含义，自己却还在那里百思不得其解。日常生活中这样的例子不胜枚举。人们很清楚，当一个人意识到自己的个体差异之时，个人和社会之间就会彼此施加压力与影响。这方面的教训很早以前就有了。家庭成员接受教育，学会如何团结起来。尽管从年龄、性别、能力与性格上讲，每一个人都生活在一个独特的世界中，但是人们反复强调的却是家庭成员应该团结成一体，相互依赖，相互补充。然而，正是在家庭中，孩子们才第一次懂得什么叫分离。分离这种感觉的产生或许正是前面我讨论的人类个体生物学特征的差异所导致的结果，但是也不能一概而论。事实上，孩子与成年人个头大小的差异，不仅没有使他们疏远，反而会使得他们更加亲密。孩子们可以爬上母亲的膝头，依偎在她温暖的怀中，体会什么是幸福和满足。造成他们思想分歧的原因不是生理上的个体差异，而是他们在意愿与计划上所产生的冲突。孩子们知道，就像他们会根据自己的年龄、能力与经验特征而制订相应的计划一样，母亲也会根据自己的年龄、能力与经验特征而制订相应的计划，孩子还知道母亲并不总是情愿为了迁就他而放弃自己的打算。当小孩自豪地创作好一幅图画、兴冲冲地拿给母亲看时，母亲却因为他打断了自己的思绪而显得满脸的不耐烦，虽然这种不耐烦转瞬即逝，但那对于孩子敏感的心却已造成了极大的伤害[8]。

有一种人敏感且善于言辞，他们对于实事的评论言辞激烈，从而使人们对社会的现状感到沮丧，他们不是特别受社会的欢迎，因为社会上普遍认为多一事不如少一事。在文明社会里，我们在将一些不好的事或让人难过的事公之于众时往往非常地小心翼翼，时刻体察他人脆弱的心理，这种脆弱的心理来源于幼年时代对他人的长期依赖。这种依赖的本性随着人的逐渐成长而不断发生着变化，但是有些依赖性仍不能得到彻底地根除，在人与人交往的过程中时常会给人带来卑微、沮丧的感觉。这里，我再举一些例子。这些例子可以让我们设想一下，如果我们在日常的生活中没有实现预期的目标，那么状况会如何？没有活力，一切都是那么沉闷。例如，婴儿在饥饿的时候，努力想要吮吸母亲的乳头，而此时此刻母亲却转身进入了甜美的梦乡；当孩子意识到自己迷恋的对象不过是在敷衍他时，他们彼此间的距离就会瞬间拉大[9]；一位办公室职员，无论她作出怎样的努力，却始终被大家排斥；讲述者津津乐道，而听者却无动于衷；生活中充斥种类不同、程度不等的背叛，但即使是最小的背叛也会让我们的生活黯然失色[10]。人们都很清楚良好与和谐的人际关系对维持正常的生活至关重要，但同时也了解现实往往是非常残酷的，并不能总是称心如意。正如加缪（Albert Camus）①所说的那样，"他人和我们相处时，并不是希望我们处境不好，而是他们对此根本漠不关心"[11]。俗话

---

① 法国小说家、哲学家、戏剧家、评论家。他于1957年获得诺贝尔文学奖。——译者注

说得好,"眼不见,心不烦",这其中蕴藏着深刻的哲理:虽然我们明白死亡随时会把我们从人世间带走,不仅仅带走我们的肉体,还会带走我们的思想与灵魂,但是我们却不得不为继续生存而努力奋斗。

动物与植物

世界由人、其他生物以及无机物等组成。如果人们自己都不能够了解自己的同类,反而感觉他们不可理喻,那又如何指望人们能够与植物、动物、岩石或风进行很好的交流与沟通呢?所幸的是,人们一般很少会思索这样的问题。人们想当然地认为这个世界是可以被了解的,而且这个世界是会有所反应的。设想一下这样一个常见的场景:一个人和他的狗,这个人在读报,而狗在他的脚边摇着尾巴。这只狗能否真正了解主人此时此刻在想些什么?能否了解他过去和将来所居住的环境?而它的主人能否运用其超凡的想象力去了解狗的嗅觉世界?人和狗之间有没有可能做到真正的相互理解和相互交流?几乎没有这种可能。虽然人与狗真诚相待,有着良好的伙伴关系,但他们之间存在着巨大鸿沟。狗是最早被人类驯化的动物,如果说就连人和狗之间都存在着巨大的鸿沟,那么人类与其他野生动物之间的关系又将如何?比方说人与在黑暗中穿过厨房迅速跑掉的蟑螂之间的关系,人类与植物或无机界之间的关系又将如何呢[12]?

英国外交官尼科尔森(Harold Nicolson)在1939年的日记中这样写道:"这是本性。有人去世了,而白杨树依然挺立在那儿,并不关心人类世界所发生的不幸;当我在湖里洗澡时,我几乎不敢想象天鹅会对第二次世界大战产生兴趣。"[13]这句话表明他是个具有现代诡辩思想的人。20世纪人类在摆脱幻想的道路上前进了一大步,然而到底前进了多少仍没有一个确定的答案。现代科学和技术倡导人们以冷静与抽象的眼光来看待自然，但是即使是科学家和技术人员在离开他们实验室的严肃环境后，仍然会相信山间流淌着欢快的溪流，天上有闪烁的繁星，它们也具有某种超自然的智慧，可以对我们人类的所作所为作出反应。我坚信这一点。

从历史的角度认真地思考，我们会发现历史总是稳步地朝着摆脱幻想的方向发展，其程度之深令人不可思议。在17世纪末和18世纪初的西方出现了一种新的科学观点，它将自然简化为延展和数字，而浪漫主义则将形体、颜色、温度和感觉等重新纳入自然的范畴中。分析成为一种科学方法，该方法认为，将自然成分与其自然背景分离开来可以更好地理解自然。即便这已经成为科学研究中普遍应用的方法，但是倡导自然具有整体性和目的性的神佑学说仍然受到人们的广泛欢迎[14]。那么，当今世界的科学领域究竟采用什么样的分类方法？"植物"和"动物"之分的分类方法已经不再适用。虽然人们一如既往地偏爱采用这种传统的分类方法，但是由于受到解析学方法的影响，像"植物"和"动物"这样的分类方法正在逐渐被淘汰，最后取而代之的是极为抽象和客观的遗传学和分子生物学分类方法。这时，生态学将会承担起恢复世界平衡与和谐的重任，因为生态学强调各种各样的生命形式与它们的无机环境共同组成一个稳定的生态系统。从这一点可以看出生态学强调事物之间的联系性。生态学的研究方向是寻找事物之间的相互依赖性，而不是分离性。因此，虽然说生态学仅仅是一门技术性科学，但它也能给渴望逃避孤独的现代人一点儿慰藉。

若从广义的角度来理解生态学，那它就不仅仅是一门科学，它还是一种颇受大众欢迎的新信仰——即从犹太-基督教这一旧宗教中脱胎出来的信仰。该信仰中存在两个突出的信条。一个是"生活网"这样充满诗意的信条，而另一个信条则坚信除人类以外的其他生物几乎

第三章 人/分离与冷漠

也有与人类一样的敏感性与意识力[15]。第二个信条有可能使人觉得自己与动植物在情感上靠得更紧密一些。即使植物不会以人类那富有智慧的方式作出反应,但是动物会。"生活网"不仅指各种生物相互依赖交织成复杂的联系网这样一个客观状态,它更强调一种积极的合作,甚至是有意图的合作。如果连自然主义者或是爱好自然的人都认为这个世界是冷漠的,那么我们人类剩下的就只有应该受到谴责的自负与愚蠢[16]。

无机界

现在让我们来看看无机界。现代天文学向人们揭示了一个几乎没有生命存在的浩瀚宇宙。即使是在地球这颗行星上,生命也只是在一个很小的范围内存在。从根本上讲,无机界——不仅包括外太空或冷或热的物质,还包括地球上锛坏犁头的坚硬石头,它们对人类的计划、健康以及生命毫不关心。尽管从现代的观点看,这一论点很有合理性,但是过去人们一直没有提出这样的论点,即使是在当今社会人们也很少对此进行讨论。过去人们倾向于将天体看作是动物和植物,现在仍然如此。即使是哥白尼(Nicolaus Copernicus)也认为太阳有着观测宇宙万物的眼睛,从而指引众行星有条不紊地运行。当今的伊斯兰学者也这样认为。西方社会中,人们更倾向于运用抽象的思维,但这早晚会让自然失去其原来的属性。至于非西方的社会,也有很多社会表现出了这样的倾向。他们在勾画一张具有高度概括性的宇宙图景时就会表现出这样的倾向。他们在上面标出星球的基本方位、恒星的运行轨道以及四季更替的图表。这种富有创造力的抽象思维的结果如何?是否鼓励消除个人的感受,将一切归于抽象?答案并不是很清楚。因为在这种宇宙图景中,太阳以及其他恒星尽管并没有像美索不达米亚诸神和奥林匹斯诸神那样被形象地拟人化，然而却对人类仪式和祈祷作出反应。这种抽象的图表并不是冷冰冰的、无足轻重的，它们不仅与人类重要的生命活动密切相关，还对这些活动产生深刻而长远的影响。此外，宇宙的一切井然有序地运行着，这也从一定程度上反映了上帝对人类的关心。因此对人类来说，宇宙不仅有慰藉心灵的作用，还促进并增长了人类的勇气与信心。由此可以理解为什么世界上会如此广泛地运用这种抽象的概念模式[17]。但是摆在我们眼前的现实又是怎样的？现实是残酷的。想想恶劣的气候、泛滥的洪水、严重的干旱、海上猛烈的暴风雨、汹涌的火山喷发、强烈的地震。季节确实会像我们先前预计的那样有规律地交替运转，但是在时间或程度上总是与预计的有偏差。春天的到来或早或晚，夏天时而过干时而过冷，全然不管人类生存的需要。

相对于自然的残酷而言，冷漠更加可怕。自然的冷漠使人类难以忍受，以至于人类要在全世界的范围内征服大自然，这种状态一直持续到现代科学的出现。为了对付大自然的变化无常，人类或是用言语来恐吓，或是举行祭祀活动来祈祷。但是对于人类的恳求与恐吓，大自然置若罔闻，依然按照自己的方式运行着。在这样的情况下，人类该怎么办？即使是在科技飞速发展的今天，人类仍然面临着种种难以掌控的局面。一场偶然降临的大暴雨会让一场正在举行的足球赛被迫取消，球迷们沮丧、恼怒，憎恨地诅咒着老天爷，认为这是老天爷在故意跟他们作对。自然却按照自己的意愿我行我素！它不仅在客观上发挥巨大的破坏作用，而且有时还故意寻找特定的目标来实施破坏。1996年制作的电影《龙卷风》（*Twister*）不仅把龙卷风看作是追击人类的恶棍，而且还将此视为一场追逐人类的游戏。国家气象局也接受了这种拟人化的模式，气象学家将热带风暴命名为卡米尔、雨果、弗兰或是安德鲁，现代人对此已司空见惯，<u>丝毫不以为奇</u>。

第三章 人/分离与冷漠

大自然中充满着种种未知以及迅猛的变数,这些都会给人类造成残酷的重创。而自然界伟大的亘古不变体现为"永恒"的山峦、"永恒"的溪流、"永恒"的森林,以及"永恒"的沙漠,但是它们同样也会给人类残酷的教训。正因为这种伟大的永恒不会被中断,也不会明显地侵入人类的生活,所以它给人类带来的教训更不易被人们察觉,更容易被人们忽视。在西方,大自然的冷漠被成功地掩藏在"泛神论"的信仰中。从18世纪开始,浪漫主义非常绝妙地掩饰了大自然的冷漠性。浪漫主义诗人认为人类在哭泣的时候,柳树也在哭泣;人们在沉思的时候,山脉也在沉思。然而,诗人也不总是以这种方式来思考问题,也不总是沉溺于评论界所谓的"感情的误置"中。我们来看看古代西方最伟大的诗人——荷马,他真正地认识到了大自然的冷漠性。他提出了一些响亮的话语——"像葡萄酒一般黑的大海""鱼肚白的破晓""海神的地震"等,正如刘易斯所表述的那样,已经"为海洋、诸神、清晨和山脉定了型",已经"使我们看起来不是在创作咏物诗歌,而像是在创造这些事物"。荷马的感动是深刻的,因此阅读他的作品能深深地感动着我们,这种感动"来自一种强烈的碰撞,是人类深厚而美好的情感与巨大而冷漠的背景环境之间的碰撞"[18]。

战胜分离

我已经注意到了分离与冷漠的存在,我要讨论如何去战胜它们,也可以说如何去逃避它们。很难只讨论其中一个而不涉及另一个,因为分离意味着某种联系,冷漠也暗含着关切。我已经多次提到,文化是人们从一种状态转到另一种状态最常用的方式,但是人们很少意识到文化的**这种**重要特性,因为人们将所有的注意力都放在更加紧迫的直接需求和目的上了。比如说,获得丰美的收成是人们最关注的目标,于是仪式便被"发明"了出来,人们通过举行仪式来确保有一个好收成。众所周知这是仪式之所以存在的原因。有一种非公众、非官方的观点认为,仪式作为一种艺术形式,具有某种神秘的审美力量,它能够引发和提升人们的审美情趣。至于仪式能够使社会的秩序合法化这个观点,除了少数批评社会科学的文学作品认可外,社会并不广泛认可。仪式的功效性几乎将它最重要的功能掩盖了,那就是仪式起到了战胜分离的作用,它将人类个体与大自然实体紧紧地联系起来,并融合成一个更大的整体。

让我再举一个司空见惯的例子——郊外的房子,它可以帮助我们强化理解上面这个观点。当想到自己的房子时,自豪的女主人很可能只是想到了房屋建筑上的某些优点,或是房子所代表的威望,或是它所体现的价值。她理所当然地认为房子最基本的功能就是遮风避雨。而房子的另一项潜在功能,是将个体及其活动一体化,这些更易被人们忽视。人类所生产的产品会具有某种潜在的功能,它不为人知,除非由于某种特定的原因才会被众人所知。出于什么样的原因潜在的功能才会被揭露出来呢?这是一个很有趣的问题,因为将这种功能揭露出来的结果是好是坏,并不能确定。要知道有些时候,知识所带来的好处并不能完全补偿纯真的损失。

身体接触与合唱

社会文化活动方式多种多样,同样,逃避自我的方式也不少。一种惯用的方式就是"身体接触"。这是一种最直接的方式,是一种生理上的本能,差不多也是一种社会风俗。在前现代时期身体的接触更加频繁,而在经济水平不富足的群体中身体的接触就更为普遍了[19]。在狩猎群体中,身体上的接触不仅仅发生在大人和小孩之间,在成年

第三章 人/分离与冷漠

人中间也非常频繁,他们经常挨挤在一起,抚摸对方,亲吻对方。尤其是小伙子们,喜欢成群地睡在一起,就像恋人一样,将自己的胳膊和腿搭在别人的身上。身体上的接触建立起人与人之间牢固的整体感,这种牢固的联系甚至超过了亲密的血缘关系[20]。据音乐学者苏克康德(Victor Zuckerkandl)①所说,大家同唱一首歌也可以起到类似的效果。在文字产生之前,在上层社会和民间群体中,人们经常聚在一起唱歌,美好和谐的声音在他们的四周蔓延,让他们感觉很安心[21]。这里只有歌者,没有听众——没有外人来评价谁唱得好或是不好,因而也就不会让歌者感到难为情。视觉通常会产生距离感,所以在合唱时他们通常会闭上双眼,这会提升沉浸在美妙歌声中的幸福之感[22]。

如果说归属感是人类唯一的目标,那么沉默不语就可以达成所愿。然而,人却不仅强烈要求同他人进行感情上的交流,而且还希望同非人的动植物、岩石和风进行情感上的交流。苏克康德认为,要想进行情感上的交流就必须使用语言。譬如人们在日常生活中的对话仅仅通过使用语言就可以获得很多信息,并使人们觉得自己是这世界的一分子。但是,因为人们在交流中缺乏足够的理解,所以造成了所捕捉到的信息不够准确。若是满怀深情地唱出这些语句,人与人之间、人与物之间就能达到思想上的共鸣,人与人之间、人与物之间就架起了一座沟通的桥梁,从此天堑变通途[23]。

群体活动

所有的群体活动都会对个体产生某种程度的压制,尤其是那些需

---

① 奥地利音乐家。——译者注

要协调配合的群体活动，比如说农民在田地里劳作，士兵听从军乐队指挥而前进，或是表演者在仪式中扮演某个特定角色。对他者（这里的他者意味着冷漠而敌对的外部现实世界）的了解可以进一步强化群体的联合行动，弱化个体之间相互分离、相互隔阂的感觉。对于群体劳作的农民而言，要犁的地和要除的草就是他者；对于士兵而言，他者就是被明确定义的敌人。但是，对于从事一项集体活动或是共享一种生活方式的人们来说，他者总是清楚地或是模糊地摆在人类的面前。或许祭天仪式是一个例外，大体上讲，祭天仪式虽包罗万象，但还是有一样东西被此仪式忽视，那就是混沌。混沌，其实是祭天仪式要抵抗或要驯服的对象。

战争是人类的毒药。它像其他所有集体活动一样，也能提供归属感，这是一种心理上的回报，而且比其他方式要有效得多，这也是战争能够一直存在的理由。军事训练为逃避个人压力提供了所有合适的成分。我已经讨论到他者所具有的不可调和性，还提到了步伐一致的行军，在这样的行军中个体的个性会被压抑，这种压抑会在心里积聚起来，最终会导致个体的沉沦与毁灭。除此之外，人们还会穿上整齐划一的制服，不假思索地服从上级的命令，齐声高喊口号，甚至举行一些令人蒙羞的仪式。在军事命令的指挥下，个体感觉到自己是无关紧要的，是脆弱的，当面临真正的选择的时候，个体更多的是感到迷茫而不是高兴，而其最终会在集体自由与集体力量中获得拯救，而这种集体自由与集体力量最终导致的却是破坏和杀戮[24]。其他的心理回报还包括个体认为自己处在正义的一方，因而具有正义的感觉。这种精神态度会产生诸多影响，但人们很少提及其中的一个影响，那就是它允许士兵保持个体的尊严，即便是个体已融合在大集体当中。其他具有竞赛性质的群体成员，比如体育场上的竞技运动员、上街游行的抗议者之类，他们也能享受到同样的心理回报。但是，其中存在着

第三章 人/分离与冷漠

一个重要的差别。战场上的士兵被允许彻底地毁灭敌人,对怀有敌意的他者——敌军士兵以及他们的国家——施以最彻底的毁灭,胜利的一方确信他者是绝对邪恶的,因而他们会缺少起码的人道主义精神。在他们的眼中,所有的建筑物看起来都是碎石,所有的人看起来都只是行尸走肉,这一点毋庸置疑。最后一点或许也是最险恶的一点,战争让士兵对他人切腹取肠或是引爆他人这样的暴行合法化[25]。正是个体的这种内在本质,而不是他的外貌或公开行为,使其与众不同、独一无二。这种内在的品质即使连最亲密的伙伴也无法接近、无法掌握。这种内在的本质——全部的情感和思想——在暴力中"展露"无遗。

建筑环境与整体性

从本质上讲,文化是一种活动,就像礼节、仪式、战争游戏一样。文化还是活动(技巧)的最终产物——一种有形的人工制品。虽然我们很容易就会发现人类的某些特定的活动可以促进集体成员团结在一起,但是我们却很难发现人工制品也能起到这样的作用。我们观察一下建筑环境。以一个房间为例,它无时无刻不在影响着人类的行为和团结,而且这种影响非常微妙,因此一旦人们认识到这种影响均会感到惊讶[26]。在家中,每个家庭成员都在做着不同的事情,他们居住在不同的房间里,相对独立,每个人的世界观也很不相同。婴儿在客厅的地面上爬来爬去,十几岁的少年在学习拉丁文,母亲在书桌前算账,父亲在电视机前打着瞌睡。但是,他们并没有感觉到彼此分离;相反,他们感觉他们组成了一个紧密联系的家庭,他们是一个和谐的整体。我相信,任何一个外人看到此情此景也会得出相同的结论。屋内的空间充满了令人愉快的明亮,黑暗被隔绝在房屋外面,这更加激起了他们彼此联系的感觉。同样，墙上挂着的图片，一件件组合起来的家具，都证明了他们这个整体的价值与意义比每个部分相加在一起的总和还要大得多。这种现代的家庭模式里很少有身体上的接触。或许是由于建筑空间和家具已经足以传递温暖团结的感觉，因此就不再需要肌肤相亲了。

再举一个日常生活中的例子——教室。教室与家不同，在教室中，假定所有的学生都参与同样的活动——专心听讲。由于他们都在专心听讲，所以他们或许会感觉大家是"一个人"。教授也倾向于将教室里的学生们视为一体，之所以会产生这种感觉，是因为环境的影响。教室里所有的椅子几乎一模一样，整整齐齐地摆放成列，这就造成教授的错觉，以为在座的所有学生都是一样的，学生的体型和体重大致相同，五官长相也差不多，思维和智力水平也相差无几，更为重要的是他们在以相同的方式吸收着教授的知识。但当教授看到他们的考试成绩时就会无比震惊！

房间之外的情形又将如何？我们会怎样评价房屋、住宅区、乡镇、城市对人的整体性意识所起的作用？我会说影响肯定存在，只是这种影响是视觉和意识相互作用的产物，因而更加复杂，影响的层面也更多。一座房子，比如说一个中产阶级的家，是由一个个的房间组成的，每一个房间都可以设计不同的用途，以供不同的活动来使用。这样的房间不但促使生活中形成各个独立区域，还使得每一个区域之间保持一致性，待在一个房间里的人能够了解其他房间所发生的活动。房屋本身是一个建筑整体，尤其是从外部看的时候，这一点更加明显；房屋在感官上的整体性巧妙且强烈地提醒着同一个屋檐下的居住者，他们不是彼此分离的，他们同属于一个整体。整个房屋不但是一个安身立命的港湾，还是一种象征，它将内部和外部、"我们"和"他们"分立两极；在"我们"和"他们"的内部，房屋又能够弱化个体之间的差异,差异是导致冲突的异质性。住宅区和城镇的规模更大,它们也可以起到同样的作用。一个住宅区的建筑风格与众不同,这正是其集体特征的反映。通过日常的观察,一个住宅区的居民清楚地知道自己在什么时候、什么地方曾经越过了"我们"和"他们"之间的界线。一个城镇即使没有形成自己独特的建筑风格,仍然能使其从周围环境中凸显出来。城镇界限最明显的标志就是设在两地之间的地标。地标竖立在那里供人们察看,人们可以用地标将两个城镇加以区分。一个城镇若是树立了纪念碑,这种象征物就会给当地人带来强烈的思想共鸣。若是在纪念碑周围举行有意义的仪式,或是关于纪念碑还有一段美好的故事或悠久的传说,这种思想共鸣就会进一步强化和提升[27]。

"仪式"一词让我们更加认识到文化是一种身体语言,是一种活动;文化并不仅仅指各种各样的建筑物或是产品,而是指人类一切活动及其所创造出的所有事物之总和。从餐桌礼仪到农业生产仪式,到战争仪式,都是人类的活动。前面我曾讨论过这些人类活动。我还想着重谈论一下讲故事。讲故事对人类来说是至关重要的,因为语言是人类文化的核心。如果没有语言,很难想象人类是如何改造世界、如何掩饰和如何逃避的[28]。

语言与联系

语言是在人与人之间建立起联系的纽带。当人们使用同样的词汇来讨论同一事件时,由于他们所采取的说话方式很相似,他们就会确信自己与他人生活在同一个世界中。我不是植物学家,但是我仍然想知道我观察的花叫什么名字,这是为什么?当别人告诉我,我观赏的是**紫罗兰**时,我又能得到什么更多更有用的信息?没有。知道紫罗兰这个名称让我感到很安心,原因不在于我又多认识了一种植物,而是因为我又可以和他人多分享一个植物术语,这会让我感到我可以与他人多分享一点儿这个世界。如果人们想要保持自己与他人处在同一个世界当中的这种感觉,他们就要尽可能使用固定不变的词汇[29]。在现代社会中,尽管人们喋喋不休、说个不停,但是在每一天的谈话中,人们几乎不肯冒险使用不寻常的词汇,即使使用,数量最多也不会超过一百个。如果一个集体形成了一种与众不同的发音和行话之后,该集体中各个成员之间联系的纽带就会得到加强。语言学家断言每一个紧密联系的集体都会有自己独特的谈话方式,从而使其与其他集体区别开来。事实上,当我们探寻集体之间文化的最显著差别究竟表现在哪个方面时,答案既不是食物、服饰或居住环境,也不是亲属关系之类的东西,而是语言。世界上语言的种类远远超过生活方式的种类。两个部落生活在同一个地理区域,分享许多共同的文化特征,但是一旦语言不同,口头交流——人类消除分离的独特方式——几乎就无法进行。尽管现在世界上语言数目锐减,但是在20世纪中叶人类使用的语言还有三千到五千种,语言学家相信在人类历史的早期语言的种类更多。写到这里,我的思绪不禁驰骋到了久远的古代。当时,每一个个体都有自己特定的说话方式,人们极力保护这种说话方式,避免受到外界的侵扰。能够与另一个集体进行交流,使人们的经验得以拓展,使人们足以在危机重重的自然环境中生存下来。但是在过去,或许更迫切的需求是内部的凝聚力———种基于封闭世界的统一感和归属感,这个封闭世界之外是不被了解的他者[30]。

  我前面说的是"过去"。现在很多应用范围小的地方语言正在消亡,最近几十年间世界各地出现了一些强劲的运动来复兴这些地方语言,伴随这些活动同时进行的是地区意识与民族意识的复兴。在当今差别日益缩小的全球化社会中,人们还有保留或是复兴自己文化标

第三章 人／分离与冷漠

志的愿望，这种愿望转化为卓有成效的政治活动。现在人们广泛认定地方主义或爱国主义是一个很好的且能够实现的政治目标。这种政治活动还会产生重要的衍生效益，但是这一衍生效益并没有被人们很好地认识，而且在活动的过程中还受到了压制。这一重要的衍生效益是指那些孤立的且不知如何阐释自己的人们可以从广阔的世界中逃离出去，逃向语言的家园。在那里，每当说话的时候，一个人的自我意识都能得到认可和巩固，而他下意识地知道，他在说话时便行使着一种能力，使自己可以自由地进出这个集体。还有一个更大的好处是：尽管语言将人们结合成一个集体，但个体通过发展一种特殊的语言习惯或是语言技巧，总可以在集体当中建立起独特的个体风格。生活在这样的世界中会让人安心，因为无论在什么时候，只要当这种独特性使人感到孤立或不舒服，即便并不十分过分，那么他也要将独特性隐藏起来，悄悄地溜回到公众言语的温暖怀抱中。

讲母语的爱国者或许会说语言一定要得到保护和振兴，并不是因为语言为那些想要逃避令人寒心的自我意识的人融入社会提供了可能，而是因为语言是诗，是一种观察世界和了解世界的无法形容的独特方式。事实或许真的如此。对于任何濒临灭绝的语种，人们都应该将其视为受人类思想与情感激发的不可替代的产物，并进行有益的反思。此外，我还想提醒大家不要走向过激的浪漫主义。从表面上看，一群过激的浪漫主义诗人在讲话时抑扬顿挫，富有韵律，不时还会在演说中加入一些令人鼓舞的话语，但这群诗人实际上是靠不住的。来自民族志的证据以及我们与外国人交流的经验证明，我们无法像讲母语一样，地道地用外语来表达思想与情感。对一个想学好但是尚未入门的外语学习者来说，当她阅读外国诗歌时，会发现其中有许多表达方式对她而言是初次接触；而事实上对操母语的人来说并非如此，甚至有时候这些表达方式陈旧得令他们生厌。不论何时何地，包括大学社团中那些博学的学者在内,无论他们使用哪种语言,在社交场合下都不会采用诗化的评论性腔调,而是用最浅显易懂的语句,这虽然会有些世俗却很平常。他们会说,"把盐递给我。""孩子们还好么?",或是"某某没有评上终身教授"等这些人们常说的话,而不会说那些煽情的语句。

语言不仅将人类个体紧密地结合在一起,还将人类个体、人类群体与非人环境紧密地结合在一起。通过比喻和隐喻这两种语言中普遍的手法,不费吹灰之力就可以卓有成效地实现这种结合。人类常用动物或植物来比喻自己:"我是一只狐狸;你是一头猪;他是一株多刺的仙人掌;她是一朵荷花。"在清楚地了解自己到底是谁的过程中,人类也逐渐意识到自己与其他生物之间的紧密联系。这两个过程不可分割,通过语言相互融合在一起[31]。说到无机界的事物,由于人们运用了一些解剖学上的比喻,比方说山麓、海岬、山脊、河口、悬崖面,所以它们看起来更加亲切,也更具有个性。语言会诱使人们在一定程度上相信高地与山谷、风与河流这些事物是有生命的。由于人类与其语言是共时的,因此在每个时代里,语言都会让人产生有效的安心感。语言是有生命的,语言能将人类联系在一起,这是语言的最原始、最有力量的两种效应。从人类发展的历史看,人类所面临的问题并不是生命如何从没有生命的宇宙中产生,而是如同德国哲学家尤纳斯(Hans Jonas)①所言,人如何从一个温暖的、生动的生命变成一具冷冰冰的尸体。平常的语言无法不偏不倚地谈论死去的事物。死是基于生命这一先决概念之上的又一个复杂的命题[32]。

我们认为我们正在丧失比喻的表达技巧。以散文为例,权威人士认为散文正变得越来越没有个性。没有个性的散文与朴素的散文之

---

① 著名哲学家,生于德国,卒于美国。——译者注

间存在着重要的差别。伦敦皇家协会在其理论全盛期就认识到,用最少的比喻修辞进行表达,甚至写出简明逻辑的散文,这些都是造诣极高且罕见的本事。无论在哪个年代,大多数人都做不到这一点。除了八股文统治的年代外,正如古代的人们一样,我们这些现代人也都是"诗人"。我们在演讲中使用我们自己所做的诗歌,只不过那并不是什么佳作;尽管我们不能使用新颖的比喻,但是我们日常交谈中还是充满了各种明喻、暗喻以及文字游戏。"你是猪""嗨,宝贝""狂暴的天空""牛市",诸如此类的比喻现在已经不再新颖别致。但是只要运用这类表述,就能使自己和自然之间保持亲密的联系。自然是冷漠的,这是事实,但通常我们并不这样认为,在人们的心目中,只有在一些可怕的情况下自然才会变得冷漠。

语言与孤独

在人类大部分的历史中,语言起着加强集体凝聚力的作用。无数的神话和传说都假定事物之间存在着紧密的联系——在彼此之间达成感情和语言上的某种相互理解。然而,语言不仅仅是社会的黏合剂,也是批判性反思的一种工具。以特定的方式说话,能让人洞察自身的社会特性,能让人对将团队拔高到自然法则高度的倾向提出质疑,也能让人对其掩饰世界分离与冷漠状态的能力提出质疑。存在一种具有尖锐批判性或科学性的说话方式,并没有使用什么语言上的修辞技巧,却不费吹灰之力地将非人世界与人类世界联系在一起。由于科学的讲话方式讲究的是求真,所以将人类建立联系的欲望搁在一边。具有讽刺意味的是,正是这样一种科学语言,比方说化学语言,在其使用者之间建立了特有的联系。化学家在自己与研究的自然对象之间设定了或许有些令人生畏的距离,但是化学家之间却能保持着非同寻常的紧密联系，依赖这种紧密联系的化学家共同开展研究工作，并有效地填补了其与自然对象之间那种令人生畏的距离。化学家们通过这种只有他们自己才能理解的说话方式，忘记了他们多面性的甚至冲突性的个性。他们扮演着专家这种更为简单的角色。他们虽然在所持的观点上有些差异，但却能保持彼此欣赏的温暖气氛。在这样一个独特的群体中，大家的生活极其惬意，只有在其他现实因素无礼地闯入时，这种惬意才会被破坏。

在一个精心设计和布局的房间内，手扶椅、长沙发、落地灯以及橱柜，它们看上去似乎彼此在进行着"对话"，有时一个绅士就会对是否从其中穿过犹豫不决，因为他怕打扰它们之间的谈话。当人们站在一块儿谈话的时候，也会因为灵魂与灵魂之间的激烈碰撞而彼此惺惺相惜，在他们之间创造出一份和谐，此时此刻他们是否也不应该受到任何打扰呢？我的回答是肯定的。然而，多数人的答案是否定的。事实上，在社交场合，甚至在绝大多数的场合中，人们很少真正用心去交谈或是用心去倾听别人的诉说。他们陈述的是自我，每一个个体引用别人的话仅仅是为了作为自己演讲的开场白。人们通常会说："好吧，在过去，当朋友和家人围坐在温暖的壁炉旁时，他们会打开心扉，进行真诚的交流。而在当今这个浮躁的年代，我们把大部分时间花费在看无聊的电视剧，我们现代人已经远离了谈话这门艺术。"托尔斯泰（Leo Nikolayevich Tolstoy）或许不会同意这种说法。谈话会创造出的幸福的黄金时刻，当然，做其他一些事情也会创造出这样幸福的黄金时刻，这是生命的奇妙。"我不了解在过去的岁月中，人们是怎样生活的"，托尔斯泰在其文学事业的早期这样写道，"但是绝对没有谈话……谈话失败并不是因为缺乏智慧，而是因为自负。每一个人都希望谈论自己或是自己感兴趣的话题。"[33]这又让我想起了法国作家纪德（André Gide）。他相信人们对他要说的并不一定真正

第三章 人/分离与冷漠

感兴趣,因此纪德有一种想赶紧结束谈话的倾向,这一点甚至表现在他的著作中。对此,他用一个事例来说明:他在向大家讲述故事的时候,却被一个电话打断,当他打完电话回来后却从来没有一个人问他:"接下来的故事如何?"[34]

或许问题的关键真的是由于人类的自负。然而自负决不仅仅是某些人的道德缺陷。从某种角度说,它具有一种普遍性,一部分原因取决于人类生理、思想与经验的独特性。在任何一个人类集体当中,都存在着相当严重的冷漠。尽管这种冷漠可以被令人目眩的文化外衣巧妙地加以掩饰,但还是会导致周期性的冲突,因而令人沮丧、失望。个体本身总是在一些大大小小的方面一再地受到阻碍,他们对自己的生存保持高度的敏感性。他们感伤地问,尽管时常是自言自语:"为什么没有人注意我?为什么没有人尊重我?"

此外,人类还拥有各种各样的计划,这是让自负得以膨胀的肥沃土壤。这里提到的计划不仅指雄心勃勃的个体所追求的宏伟计划,还包括日常生活中无数有目的的小计划。想想纪德那虽然悲哀却是明智的洞察——没有人真正愿意听自己说话。倾听需要无私的奉献。为了照顾到别人,我必须放弃自己的想法、自己的计划。但是这一点说起来容易,做起来却很难。在马尔蒂尼(Simone Martini)①的祭坛装饰画《圣母领报》(*The Annunciation*)中,上帝的天使在说话,马利亚却一边倾听,一边继续看她手中的书。天使的使命无疑是重要的,但这似乎与她无关,她的倾听带有一丝勉强,因为她正在专注于别的事情。在契诃夫(Anton Chekhov)的剧本《三姐妹》(*The Three Sisters*)中,主人公内心无比苦闷,对侍者或天气横加指责,痛苦地呐喊。现代文学著作中流行一个普遍的主题,那就是在熟悉的环境中

---

① 意大利文艺复兴初期的画家。——译者注

不被大家理解或遭到大家的误解，这发生在家庭成员之间或是在朋友之间。比如说，一个快乐的人遇到一个苦闷的人；说出的话不被他人理解；虽然发出了不幸的信号，却遭到了冷遇。人类并没有不断加大自以为是的程度，而是更加觉悟到自己的自负，觉悟到自己不愿用心去看或用心去听，而这种觉悟部分要归功于许多像契诃夫、托尔斯泰这样的伟大作家及其作品[35]。

　　如果用少量固定的和常用的词汇就可以促进人们的相互理解和相互团结，那么语言或智力上的成熟与老练就会产生相反的效果。人们在表达自己的见解时，知道得越多，感觉越敏感，听众就越少，个体就会越发感到孤独。不但在泛泛之交之间会出现这种情况，在亲密的同事之间和朝夕相处的合作者之间也是如此。让我用下面这个例子来展示这种情况是如何在学术生活中发生的。研究生们虽然生活在设施简陋的宿舍里，但却共享着一幢智慧之屋——马克思（Karl Marx）、葛兰西（Antonio Gramsci）、福柯（Michel Foucault）以及其他天才思想家都曾经住过的智慧之屋[36]。学生们在走廊碰面时体内会流动着一股暖洋洋的归属感。他们用共同的语言对话，口令是"主要构成""霸权""权力的威胁"等。这种语言使他们之间牢牢地建立起一种同志关系。时光荏苒，在学生们的智力成熟之时，他们就会结束宿舍的共享生活，搬到周边的出租公寓里。这些公寓彼此邻近，朋友之间仍然可以自由拜访。互访之时，全部的生活空间充满了欢声笑语，他们不仅回忆欢乐的少年时光，还经常讨论他们曾全心全意拥护的思想与学说。最后，这些学生自己也成长为教授。他们开始谨慎地构建自己的智慧之屋，并不断为它添砖加瓦，因为每一个智慧之屋都是个人学术成就的见证，是个人极大满足感的源泉。但若是某个学者在专业领域内不再有所建树，事业开始走下坡路，又有谁会去拜访他？如果真有一个同事或是朋友来拜访，为什么他不是老实地待在一个房间

第三章 人/分离与冷漠

内与主人深入地探讨问题,而是要遛达到别的房间呢?

社会学家指出,廉价公寓里的公共空间虽然空间局促,却是暖意融融。人们在这里晾晒衣物,坐在一起尽情地联欢。相反,在郊区,各个房子孤零零地立在那里,因而显得冰冷且不友好。我想要说的是:当人进入一个由自己设计的更宽广的精神世界,情况也是如此。人有两种形式的迁居——为社会经济生活的迁居和为精神生活的迁居。它们都意味着个人的成功,但是对于迁居者而言,这两种迁居都会造成损失,即迁居者的孤独感会剧增。

混沌与秩序

尽管文化掩饰通常是有效的,但是几乎在每一个社会都会有一些擅长沉思的个体时不时地去揭开这些文化掩饰。于是乎,那些曾被掩饰着的由分离和冷漠造成的矛盾,诸如现实中无序的一类东西就会浮出水面。思想是一把双刃剑,如果说思想作为建设性的智力可以创造出很好的文化掩饰,那么当它作为批判性的智力时它又会彻底地破坏这些文化掩饰。我相信我们中间的很多人会极力维护这些文化掩饰,即便我们怀疑这种掩饰不过如此,我们还是会极力维护。下面是取自民族志文献的陈述,虽有一定的启迪性,却并非新奇。一个纳瓦霍族(Navajo)的父亲在教自己的孩子们如何玩细绳游戏时,通过细绳游戏将人类生活与星座联系起来,以此作为讲述山狼故事的开场白。游戏和传说本身或许是用来娱乐的,但它们还具有更深的用意。父亲解释说:"我们必须拥有多种思考方式,去维持事物的稳定、健康和美丽。我们努力活得长久一些,但是还是会有很多事情在我们身上发生。因此我们必须用这些游戏使思维正常运转,用这些故事使生活正常运转。我们必须把生活与星星以及太阳联系起来,和动物以及所有的自然联系起来，否则我们就会变得疯狂或是不适。"[37]

这位纳瓦霍族父亲赞成要进行积极的思考，因为积极的思考有暂时抵挡无序的力量。然而许多社会还认为，如果大脑的思考没有产生什么直接而实际的结果，就会造成不愉快，而思考本身其实有力地证明了思考者是不愉快的。快乐的人没有理由去思考；他们是在生活而不是在质疑生活。对因纽特人而言，思考要么意味着发疯，要么意味着拥有持有独立见解的力量。这两种思考都有害于社会，都是令人沮丧的。有人无意中听到一位因纽特妇女用正义的语调说："我决不思考。"而另一位妇女正在抱怨让她产生思考的第三位妇女，因为这会缩短她的寿命[38]。即使在现代的美国，思考也受到人们的诘难，即思考是懒惰的人、有怪想法的人或是对社会不满的人所做的事。思考会破坏已经建立的价值观，削弱人与人之间的凝聚力，促进个人主义思潮的抬头与泛滥。所有的这些谴责都多多少少地反映出现实的状况。美国现实主义文学大师厄普代克（John Updike）在他的一部小说中写到，一位工人阶级的父亲正在考虑是否让儿子读书的事情。读书这件事让他觉得自己和儿子的关系被切断了。"父亲不知为何一看到儿子读书就坐立不安，就好像儿子要做出什么图谋不轨的事情。别人劝我应该鼓励他读书，但他们从不说为什么要这样做。"[39]

我选择用"孤独""冷漠"这类字眼来描述基本的人类经验。别人会选择其他的字眼和概念，其中最常用的就是"混沌"一词，这个词包含了分离、孤独、冷漠的终极意义。即使那位纳瓦霍族父亲用细绳游戏向他的儿子展示人类的命运是如何被拴在星座上，他还是能感觉到混沌的侵袭，并且对此非常恐惧，就像伊格鲁利克的爱斯基摩人阿瓦一样。当丹麦探险家拉斯默森（Knud Rasmussen）试图让阿瓦①

---

① 在拉斯默森的这个考察记录中，阿瓦是他的线人和朋友。——译者注

第三章 人/分离与冷漠

清晰地阐述其哲学体系时,阿瓦回答说办不到,不仅如此,阿瓦还认为这样做简直是胆大妄为,就像是让他们去建造一处精美的露营地一样既狂妄又无用。无论人们想说什么,无论人们愿意相信什么,在经历自然所带给他们的震惊与痛苦之后,他们都会明白自然是冷漠的,是混乱无序的。文献记录了阿瓦的话:"为了更好地狩猎和生活,人们需要温和的气候。可为什么温和的气候只有在暴风雪之后才能来临?人为什么会生病,为什么要遭受痛苦?"个人的不幸看起来和自身行为的好坏没有直接的关系。"我的一位大姐,据人们所知她没有做过什么坏事。她活了很久,而且生了一个健康的孩子。但是,在生命走到尽头的时候她却必须忍受巨大的痛苦。为什么?为什么?""你看",阿瓦对拉斯默森说,"当我问你生活为什么是现在这个样子,你也不能给出一个明确的回答。这样看来,生活就必须是这个样子。"在充满了不确定性的世界中,伊格鲁利克人从他们前辈那里继承来的规则中找到了安慰。再引一句阿瓦说的话:"我们不知道这些规则是如何制定的,我们也说不出其中的缘由,但是我们遵守着它们,并过着无忧无虑的生活。"这话与那位纳瓦霍族父亲的观点非常相似[40]。

我们可以这样来定义反思的个体,他们怀疑他们所洞悉并竭力想维持的秩序和意义只不过是人类孤注一掷的手段罢了。阿瓦就是其中一员。另外一个代表人物也是伊格鲁利克人,他叫欧库塔古(Oqutagu)。他立志长大后要成为一名巫师,但在培训的过程中他却改变了自己的初衷。他对自己的亲戚说自己还不够好,但同时他又向友好的局外人拉斯默森解释,他不当巫师的真正的原因在于,他开始怀疑师傅对自然征兆的解读,以及师傅关于与有用的灵魂建立联系的主张。他认为这种主张虽然说得很好听,却是谎言和欺诈,以使胆小的人安心[41]。人类学者威尔逊(Monica Wilson)曾问非洲村庄的妇女为什么要在仪式中设置特定的装备,是不是她们能通过它们对外界世界施加真正的影响力？她们的答案是相同的：她们举办这种仪式是为了在人的内心达到某种效果——"阻止人们发疯"，而不是为了达到外部的效果[42]。这又让我想起奥登（Wystan Hugh Auden）的忧郁诗歌《死亡的回声》（*Death's Echo*）。他在诗中这样写道，按照古希腊的说法，没有出生或许最好，但一般都是次佳的状态，这也是正常的状态，那就是人们以"舞蹈的方式"生存。为了使生活保持理性，防止发疯，我们已经拥有一种现成的逃避手段，即一旦条件允许我们就跳舞[43]。

　　默多克（Iris Murdoch）这样写道："未熨平的手帕可能会让人发疯。"[44]社会必须维持一定的秩序。杰出的人类学家列维-斯特劳斯（Claude Lévi-Strauss）深情地宣称，在世界令人迷惑的复杂性面前，人类是苍白无力的。他被指责为化约论者，即认为结构分析有能力阐明人类经验和社会现实。列维-斯特劳斯"雷霆大怒"地否认这一点，他说："绝不可能这样认为，相反，对我而言，社会生活以及周围的经验现实大多是杂乱无章地展现出来。"列维-斯特劳斯形象地指出，无序主宰着社会生活中"庞杂的经验事实"。正因为如此，他只是研究"这个庞杂的组织中零星的部分"而已。此外，这些零星的部分不是"人们要做的事情，而是人们相信或是必须要做到的事情"[45]。

　　人们试图使物质世界和精神世界维持有序的状态，如果说必须在这两者之间作出选择的话，毋庸置疑，人们肯定会认为精神世界的秩序更加重要，更需要继续加以维持。当实际的房屋倒塌之后，人们还可以在临时庇护之处继续生存，无论如何，只要能重新获得资源，人们就可以重建房屋。但是信仰大厦和道德大厦就不会如此。道德的腐蚀、堕落、败坏要比建筑物的毁坏严重得多，而且信仰大厦与道德大厦一旦坍塌就难以重建。像阿瓦、欧库塔古以及那位纳瓦霍族父亲，通过质疑万物之本，威胁到概念的大厦。我们可以理解，所有的社会都试图让他们这样的沉思个体保持沉默。唯一的例外可能就是当今的西方社会。在当今的西方社会,有人对基本信仰与风俗提出严厉的质疑,这不再是奇怪的偶然事件。这种质疑一般由勇敢而有天赋的个人在特定的环境中发起,比方说这个人在接受局外人的采访时,而这个局外人恰好与这个人在思想上有共鸣,这个人就很容易畅所欲言,从而将其质疑披露出来。但是多数情况是,这种质疑源于宽松的思想氛围,而且得到社会的承认,至少从表面上看上去是这样的。

人们若进行连续的、长时间的深刻思想分析与批判,则会导致玩世不恭或绝望。在西方,这一点还没有发展到登峰造极的程度,其中一个原因,也是一个很具有讽刺意味的原因是,严厉的质疑摧毁了传统的文化掩饰物,与此同时又促使西方人创建出另一种全新的文化掩饰物——让人眼花缭乱、光怪陆离的科技世界,它所具有的强大力量使人既获得安全感和欢愉,又感到不安。此外,在刚刚过去的两个世纪里,批判性的反思方式无疑已经对人类思想产生了深刻的影响,人类用这种思考方式探寻世界的真相以及人类关系的本质,质疑人与人之间、人与动植物、岩石、沉寂的浩渺宇宙之间关系的真正本质。这种动摇本质的质疑难道不是西方人有时广受抨击的另一个原因(可能是最根本的原因)?除了有明显缺陷的帝国主义、种族主义、物种主义[①]之外,西方社会还认可另一种思维模式,这种思维模式会对文化掩饰物与逃避路径造成特有的破坏,不仅对其他民族具有破坏性,对本民族也不例外。

风景画与人类的分离

人们若将文化视为一种掩饰物,同时也就承认了文化的消极内

---

① 也译作物种歧视。其含义是基于人类优越的假设,对不同物种的偏见或歧视。
——译者注

涵。但是，这种观点极不全面，且曲解了文化的内涵。文化不光有掩饰的作用，也有揭示的作用；表述除了能使事情模糊之外，也能使事情得到澄清。此外，文化还为这个世界创建了一批新事物——有用的人造物和美观且真实的艺术品。文化偶尔也会创造出一些代表人类杰出成就、备受人类推崇的物品。人类本身十分推崇这些物品，不光是因为这些物品使人类得以生存下去，将人类不愿看到的东西掩饰起来，还在于这些物品甚至像科学规律一样，能够准确地描绘出非人现实的一面。一件艺术品不但让人们得到感官上的愉悦，还会传授给人们观察世界与思考世界的新方法和新角度，比如说风景画。当然，其他类型的艺术品或许也会拥有同样的功效。在这一点上我为何以风景画为例，而没有选取肖像画、木刻、雕塑等，这是因为风景画恰巧可以支持本章的重要论点。本章的重要论点是：虽然整个世界看上去紧密地联系在一起，但是在这个世界上，人类仍然处于彼此分离的状态。

创作风景画的一个必不可少的条件是社会繁荣，这个社会可以最大程度地控制大自然[46]。风景画在中国的盛唐发展成为一种独特的绘画类型，并在宋代达到了辉煌的顶峰。唐宋时期，艺术、科技以及区际间贸易等方面都有了长足的发展。欧洲的风景画最早出现在古希腊和古罗马，在黑暗的中世纪却消失了，大约在1400年前后的文艺复兴时期，它又再度出现[47]。但是，人们是否从一开始就认为站在高处放眼峰峦河谷、森林草原是一件赏心悦目的事？显然不是如此。对全景的欣赏似乎是后天习得的审美品味，这是一种极为难得的艺术品味。渴望从艺术品中捕捉到风景的美好更为难得。渴望准确描绘出双眼所看到的景象（这与思想中了解的景象存在显著的差异）最为难得。只有欧洲人一直渴望做到这一点，他们如此渴望，以至于他们花费了大约四个世纪的时间去完善这门艺术，不仅如此，欧洲人还将这门艺术视为一门严谨的科学。人们要深刻地理解和把握透视、明暗下的色彩

第三章　人/分离与冷漠

变化、山形与结构，以及距离远近产生的影响，只有这样才能够准确地描绘出他们所关注的现实世界，他们忠实于自己的视觉感受[48]。

人们创作一幅赏心悦目的风景画，最关注的是和谐的整体布局。风景画要显示出不同物体的大小比例是协调的，但是对于那些生活在那里只专注于直接需求的人来说，他们只会留意整体中的一小部分。风景画显示出距离上的优势，人们只有处于一定的距离才能观察到整体结构，才能在个体与现实之间建立起一种冷静而富有情感的特定关系。但是，从远处看，生命与环境之间的和谐本身与观赏者所看到的和谐并不是一回事。在某些人看来，或许这个世界并不连续，彼此孤立甚至冷漠。当然，这样的观赏者为数不多，那些成群结队去观看名胜古迹的游客绝不会这样来看待世界。但是，还是会有一些富有洞察力的人这样看待世界，其中一些是古典大师。奥登为古典大师的风景画杰作撰写了一篇著名的颂词，在这篇颂词中，他这样来说明风景画杰作是如何表现的：其中心主题是一群成年人恭敬地等待着基督的降生，然而奥登又特别注明，就在同一时刻一群孩子却在树林边已结冰的池塘上滑冰，他们好像并不是特别期盼基督的降生。勃鲁盖尔（Pieter Brueghel）①在油画《伊卡洛斯》（*Icarus*）中描绘了这个性急的青年从天空坠落的故事情节，在提到这幅画时，诗人要我们记住：

> 一切如此轻松地告别了那场灾难；
> 耕者或许已听见了伊卡洛斯的落水声及其绝望的呼喊；
> 但这一切对他而言无关紧要。[49]

---

① 佛兰芒文艺复兴时期最重要的荷兰画家。——译者注

第四章　地狱/想象的扭曲与限制

　　文化是想象的产物，并为想象所推动。我们人类因拥有文化而感到自豪。但想象力不断使我们误入幻想的歧途，既不现实，又充满奇异。它诱使我们首先描绘蓝图，然后常常就是实施罪恶，制造出地狱般的世界。

文化是想象的产物，无论我们要超出本能或常规做些什么，总是会在头脑中先想象一下。想象是我们逃避的独特方式。逃到哪里去？逃到所谓的"美好"当中去，这也许是一种更好的生活，或是一处更好的地方。对于过去的大多数人，甚至对于很多现代人来说，"美好"通常意味着满足基本物质生存的需要，当然也包括超出基本物质生存的一些额外需要。为了确保满足这两种需要，获得有形物质的欲望就产生了：水草丰美的牧场、丰厚的收成、坚固的屋舍、金玉满堂、儿孙绕膝等。美好因而还可以解释为"物品"，太多的人是为了物品而不是为了美好在努力奋斗。

即使物质条件非常充足富裕，单个的人依然很脆弱。从心理学上讲，互相帮助可以让人产生安全感，在群体中隐藏自我、忘记焦虑、默默无闻也可以让人产生安全感。不过，还有一种很冒险、很极端的方式可以让人产生安全感，即无须在群体中丧失自我，只要能把自己包裹在权力和威望的华饰之中，就能获得安全感。权力和威望是社会性的，寻求它们需要积极地投身于社会活动中。这时，要想出尽风头，就需要借助高超的想象。从这一点看，追求美好对这些人来说远不只是为了满足基本的生存需要。实际上，有权力有自信的人对物质生存不以为然，仅仅将这看作是达到了动物物质生活的低等水平。而一个人威望的大小则是要用高出这一水平的程度来衡量。

人类的脆弱不仅仅来自于人类必须要遭受肉体的痛苦，面对不满的现实状况的无能为力，以及不管采用什么方法最终都无法摆脱死亡的命运，人类的脆弱还来自于人类内心空虚的感觉。这种空虚感的腐蚀性很强，人们尽力想用酒精和毒品所产生的飘飘欲仙的幻觉来逃避内心令人绝望的空虚感，或者通过社会工作和娱乐活动来填补这种空虚感，但最重要的是要有别人的陪伴，通过一些闲谈来堵塞每一条通向不祥的空虚感的寂静通道。我们需要他人，不仅仅是作为精神支柱来抵御外来的恐惧，而且也需要通过他人来分散内心的空虚感。

人们向往现实的"美好"，这是人们紧紧抓住物质的原因所在。但是，尽管物质可以提供直接的满足，但光凭这一点还不够。物质若想真正得到重视，还需要赋予想象的价值。想象的价值需要社会力量来支持，在那些人类文明引以为傲的杰出艺术品当中，有形的价值与想象的价值之间的差距最大。在一定程度上可以这样说，一个富有艺术气息和建筑特色的城市看上去似乎不太现实，因为这样的作品是作为人类高度想象（甚至是异想天开）的产物堂而皇之、肆无忌惮地矗立在大地上，而且由于它们本身所具有的物质性，所以它们被包裹在声望和辉煌之中，而从字面上来理解声望与辉煌的话，又含有诡计与魔法的意味。

除了向往拥有美好的事物，人们还向往拥有和谐的人际关系。和

第四章 地狱/想象的扭曲与限制

谐的人际关系会让人得到丰厚的心理回报,其中之一就是人们会因此而感到**现实**,虽然这一点很少得到人们的认可。当然,除了施爱者对被爱者的无私的爱以及爱的对象(被爱者本人是现实的)以外,在宇宙中没有其他别的经历或客体是如此现实的。然而,就是在人与人的交往中,欺骗和自我欺骗还是随时可能发生,也正是在人与人的交往中,想象可以使人陷入万劫不复的地狱,也可以使人升入美好纯洁的天堂。

人类为之自豪的想象也是焦虑与痛苦的根源。尽管现实残酷,人们惧怕现实,但与现实相比,人类更加害怕的事物常常存在于思想中。在一个民族的历史中,在一个人的一生中,善与恶哪一方更占优势?有证据表明恶更占优势。可以将历史写成一本令人不忍卒读的读本,因为那里随处可见生活在最底层的贫苦百姓的痛苦、挣扎和重负。就一个人的一生而言,即便他是上帝的宠儿,像托尔斯泰和歌德那样,他也会宣称自己对真正的快乐体会甚少。一部精彩的悲剧小说可以被人反复玩味,但从客观的角度看,即使人的一生足够完美,也几乎没有人愿意再活一次。正如尤纳斯所说,即使人生的大部分是痛苦的,也值得活下去,因为知觉,尤其是想象——宇宙中非常珍贵而奇妙的能力——本身是美好的[1]。

借助于想象,我们既能升入天堂,也能坠入地狱。这里有一个显而易见的问题:究竟为什么有人要用想象力来制造人间地狱?答案是,没有一个人想要这么做。我们当中大多数人不会这么做。这不是一个想做或不想做的问题。人类在这方面有非凡的能力,我们运用它时常常会惊讶地发现我们步入地狱般的地方,或是一个华而不实的"天堂"(这个天堂比起地狱来说也好不到哪里去)。思想常常会遭到不同程度的扭曲和限制,结果就把我们带到一个在正常思维状态下并不想去的地方。

鬼魂充斥

让我们思考一下这样一个奇怪的事实：生活本来就已经很不稳定且处处充满了危机，但人类却总是想着要把它搞得更坏更糟，他们的大脑里充满了种种怪物、恶魔、幽灵或女巫，尽管这些事物在现实世界并不真正地存在，但人们一提起它们都会真切地感到毛骨悚然、不寒而栗。社会学家们提出的功能主义并不能很好地解释这种现象。来自心灵深处的"黑暗力量"（古老的神学家最先这样提出）似乎在发挥作用。让我们先来谈谈那些年幼的孩子们。孩子们过度的恐惧其实是对未来将要发生的事件的一种暗示。尽管孩子们在父母无限的关爱与庇护之下生活，但是他们也会因为对黑夜的恐惧而吓得全身直冒冷汗。他们看到了什么？在孩子的生活中会有哪些偶然发生的不好经历能让他们在夜里做可怕的噩梦？随着他们想象力的发展，孩子们开始惧怕黑暗。可笑的是，他们日益发展的智力可能会将他们带到一个更加恐怖的世界当中。然而，随着孩子们能力和自信心的不断增加，这个魔幻的世界最终会消退。同样，随着人们实践能力的提高，以及实践范围的拓展，社会的信心逐渐增强，社会中的魔鬼的数量也随之减少。在高科技日渐发达的今天，我们往往忘记了在过去未开化的岁月里魔鬼是怎样统治着全世界。对于一个已经长大的孩子来说，不久前他因为神经过分紧张、恐惧万分，幻想床下可能潜伏着某种可怕的怪物（这种经历我们每个人都曾有过），今天他还会这样想吗？

现在和过去、进步的社会和落后的社会之间存在着一个很大的差异，即被心魔迷醉和烦扰的程度不同。"迷醉"可以唤起一些令人愉快的感觉，或许我们会为失去它们而感到惋惜，但却忘记了美好的精灵和守护的天使从来不会单独地存在，它们也有邪恶的表亲——魔鬼。以下是发生变化的例证。当今的世界人口过多,到处都拥挤不堪,而从前的世界比现在要宽松得多。在中世纪的欧洲,城镇里或许人口稠密,但还是很容易就在其中找到空地(不包括草地和森林)。尽管如此,中世纪的人们还是会因为感到过度拥挤而有压抑感。确实,不论是在城市还是在乡村,一个人走在路上就不可避免地要遇到他人。那么,他会遇到谁?也许不是另一个生命,而是一个精灵或是魔鬼。众人普遍相信天堂诸神和撒旦一起降临人间,撒旦的数量不会少于诸神数量的十分之一,甚至有可能会多达三分之一。于是,许多魔鬼就有机会来到人间折磨男人、女人和孩子[2]。

那些活跃的想象不仅仅在过去创造了一个鬼魂充斥的世界,在未来的某个黑暗时期也许还会如此。推理和常识并不一定能阻止人们在头脑里想象出恐怖的画面。这些可怕的画面源自于人们恐惧的心理,而恐惧从人们思想的根源里滋生出来。如果不去想象这样的画面,它们就不会产生,而我们又会很幼稚地想起它们,并有激活它们的冲动。技术创造了一个安全但有些死气沉沉的世界,这使得人们不断去体验过山车所带来的极度兴奋感。所以现代生活里来来往往的行人,甚至是秀丽的风景,都需要被赋予更多的神秘与恐惧,从而打破现实世界沉闷的气氛。

肆意的破坏

如果一种生物为了生存必须以其他生物为食,那么从这个角度看,所有的生物都具有破坏性。人类更是无所不用其极,用尽一切能力去粉碎一切能够被粉碎的事物:磕碎鸡蛋做煎蛋,伐树印书盖房子,大兴土木建造景观或纪念碑,等等。相对于其他生物,人类对破坏尤为着迷。这种破坏的本质是什么?是力量。谈及破坏的本质,首先就要谈到力量。对于大多数人而言，破坏充分证明了他们改变世界的能力，这也是他们体现自身价值与现实性的最有说服力的证明。儒雅的美国哲学家桑塔亚纳（George Santayana）认为："（拆卸）一样东西……可以产生无比的喜悦感，它流遍全身。"[3]当父母看到自己幼小的孩子将一件物品拆卸开来，就会同意桑塔亚纳的这个观点，因为他们认为这是孩子令人骄傲的成就。虽然孩子们长大以后能够自己制造一些东西了，但他们仍然保留着对破坏的钟爱。他们甚至为了破坏而建造。他们在海滩上用沙子做成了"精巧的水库，填满水后再在一面墙上戳一个小洞，这一切只是为了享受看水把它冲垮时的快乐"[4]。对于威廉·冯·洪堡（Wilhelm von Humboldt）①这位杰出的人类学家和教育家来说，见证无可抵挡的力量对他来说一直具有强大的吸引力。他写道："要是我能沉浸在我最珍爱的不可抗拒的快乐中，那该多好！我很清楚地记得，当我还是一个孩子的时候，我看到一辆公共汽车飞速地穿行于一条拥挤的街道。虽然到处都是行人，可是这辆车全然不顾，还是飞速地向前开，丝毫没有减速。"[5]值得注意的一点是，洪堡坦率地承认他并不在意谁将成为受害者。不是经常会有人高喊一声"让一切都见鬼去吧！"，然后砍倒庭前护栏，扔掉家具，将那些珍爱的旧信件扔进熊熊的烈火中吗？当一把火不但烧了英国作家赫胥黎（Aldous Huxley）在加州的房子，也烧毁了他平时最为珍视的信件和手稿时，他只是淡淡地说了一句"这场浩劫"只是来得稍微早了些。奇怪的是，如果战争并不危及自己的生命（即便是危及了自己的生命），人们都对战争的破坏表示明显的认可（当然不是欣赏）。"战场"本身也暗示着它将是一个令人振奋的壮观场面[6]。

---

① 威廉·冯·洪堡是亚历山大·冯·洪堡的兄长，后者是近代地理学创始人之一。——译者注

第四章 地狱／想象的扭曲与限制

残忍与有限的想象

　　残忍并未被列入中世纪神学的七宗罪之中，这个遗漏令现代人感到有些奇怪，因为我们认为蓄意伤害可能是最恶劣的罪行之一。"残忍"（cruel）和"粗鲁"（crude）从构词法来看应该出自同一个词源，二者都含有野蛮性的意味。野蛮性是人类生物本性的一部分，人类可以通过不断地改进自身的行为来消除本性中的野蛮性[7]。这样看来，残忍只不过是思想不成熟的结果。年幼的儿童常常非常残忍。孩提时代，我会毫不犹豫地、残忍地用鱼钩尖端刺穿蚯蚓的身体，现在我不会这样做。但是，用"残忍"这个词来描述是否合适？幼时的我并不是存心要残忍，我当时其实什么也没有想，只是将手中这个蠕动的东西视为钓鱼用的饵料。托马斯（Elizabeth Marshall Thomas）列举了一个更加骇人听闻的例子来说明这种无意识的残忍。在一本广受好评的书《与世无争的人》（*The Harmless People*）中，托马斯展示了一幅关于南非西部丛林人家的迷人画卷，虽然这幅画卷似乎直切本书的主题，但是它也同时质疑了原始生活（说真的，也是指任何一种人类生活）是否真的与世无争。在营火的周围，猎人盖（Gai）送给他那还处于婴儿期的儿子纳瓦克维（Nhwakwe）一只龟，并说要为他烤熟这只龟。一个老妇人特维克维（Twikwe）也过来帮忙。她"捏着龟壳，可是龟分泌出了棕色的尿液，于是她赶紧松开手，龟从她的手中掉了下来。它一直盯着火焰，眨着黑色的眼睛，然后准备爬走，但老妇人马上就抓住了它。她一边和盖谈论着，一边将这只龟放在火上悠闲地翻来覆去地烤"。他俩谈了一会儿后，"盖从她的手中拿过这只龟，把它底朝天翻了个"，然后将一只烧得通红的木棍捅入龟的腹部，"这只龟猛烈地踢打着，扭动着脑袋，分泌的棕色尿液淌满了盖的手，但是木棍的灼热还是起了作用，它腹部的两片硬壳分开了，他把手插了进去"。他取出了龟还在跳动的心脏，"把龟扔到地上，它猛烈地抽动了一会儿，甚至跳了起来，继而沾满灰尘的乌龟无力地、断断续续地抽搐了几下。盖也不再理会它"。他扔掉了龟胆，"留下龟的肝和周围的脂肪，准备吃掉"。下面我引述书中的一段文字：

> 乌龟的主人、小宝贝纳瓦克维走过来坐在父亲的身旁，靠着父亲的腿看着，笑眯眯地盯着乌龟的腹部。乌龟就是这样一种长命的动物，虽然已经没有了心脏，但是身体依然在动。纳瓦克维把他的手腕抵在前额上，用最吸引人的方式模仿着乌龟缩头的动作。纳瓦克维看起来真像是一只乌龟。[8]

我以这个故事和我小时候对待蚯蚓的事情为例，不是因为这些事情令人震惊，恰恰是因为它们是生活中司空见惯的事。这些行为中似乎并没有运用什么丰富的想象力。当我还是孩子时，我缺乏对蚯蚓的同情心。丛林居民玩耍似的从乌龟的腹中取出内脏的时候，也许也是如此。但是事实果真如此吗？我所举的事例反映的并不是想象力的匮乏，而是想象力暂时受到了压制，因为人类很容易将自己与动物视为一体。不知你是否注意到，当乌龟在倍受折磨的时候，纳瓦克维是如何聪明地模仿乌龟缩头的动作的，他把自己也看成是一只乌龟。

这样普遍的行为引出一个尖锐的问题，即如果我们不愿有意地伤害动物，那么我们人类依靠什么来生存？毕竟为了维持生命，我们也要吃东西。食物的准备过程包括从追赶、围捕、屠宰，到去皮、肢解和烹制（烤、煮、炸等），每一个步骤都要使用到暴力。这时，我突然产生了一个极其不安的想法：我们在谈笑间轻轻松松地就把一只火鸡开了膛，取出内脏，那么，如果条件允许的话，我们是不是也会如此轻松地对其他人类——对那些我们认为不具备完整人格的人——做出类似的暴行？

残忍和善变的想象

猫在捉住老鼠之后并不会立即将它吃掉，它总是要将老鼠玩弄一番、折磨一番，之后再将它吃掉。是的，我们会这么说。但是，如果换一种科学的思维方式来考虑，我们并不会认为动物是残忍的，因为我们怀疑它们是否真的具有想象的能力。而人类，即使是孩子，则完全是另外一回事。查普斯基（Joseph Czapski）曾叙述过这样一个故事，在这个故事中我们将会看到纯真的孩子是如何发挥其恶魔般的想象力的。俄国孩子在雪地里找到了德国士兵的尸体，他们在尸体上撒上水，这样第二天早上他们就可以把冻僵的尸体当作雪橇来滑[9]。为了实施残忍的罪恶行为，施虐者必须粉碎一切富有同情心的想象力，而运用另一种恶毒的想象力，这种想象力非常具有创造性。厄普代克（John Updike）①写道，在孩童时代他也曾虐待过玩具，"对它们大呼小叫，并乐此不疲"。他的玩具包括唐老鸭、米老鼠、费迪南大公牛，还有"一些小人偶，它们是有着花一般的、圆圆的迷人笑脸的小孩"。厄普代克回忆道，"我会把这些微笑的玩偶排成一排，像打保龄球一样用垒球将它们击倒，一遍又一遍，同时还在心里辱骂它们，就像纳粹党审问犯人一样"[10]。

用鱼钩尖端刺穿蚯蚓是一回事，而扯下蚂蚱腿却完全是另一回事。对于前者，有人可以辩解说，它帮助年轻人获得获取食物的技

---

① 美国当代文学大师。——译者注

巧，为了获得食物需要实施一定的暴力，我们必须接受这一点，否则我们就会疯掉。但是，肢解蚂蚱，除了能满足拥有绝对权力的快感之外并不能得到别的什么。要知道蚂蚱它也是生命，它可以一跃而起，跳向空中。然而它却因为某个人的一时兴起而被残忍地肢解，最后浑身抽搐地死去。

即使是孩子也会在有限的范围之内行使最大的权力，据我们所知，他们是在以一种骇人听闻的方式滥用这种权力。对于成年人来说，他们会坠入极权主义令人憎恶的深渊之中，譬如在奴隶农场、在关押着形形色色犯人的监狱、在精神病院，最极端的例子就是在纳粹集中营。在纳粹集中营里，纳粹卫兵、狱卒与犯人之间有着天壤之别，纳粹卫兵行使着绝对的权力，而受害者则完全无助，他们就像一堆麻木的动物或待用的原材料一样等待着被彻底地毁灭。这一切是如何发生的？无论是在死亡工厂里还是出于恶作剧式的玩弄，一切都是有系统、有步骤地进行的。史料的记载足以证明纳粹卫兵的残忍与邪恶：冬天他们在战犯尸体上撒上水，使其冻成冰块，尸体必须被切成块或是解冻后才能被处理掉；他们将一根胶皮水管塞进犯人的嘴里，然后将水龙头开到最大，水的压力使犯人的内脏爆裂，而纳粹卫兵却觉得这种爆裂非常有趣；他们把囚犯塞在一个很小的房间，塞得满满的，让犯人没有一丝一毫动弹的可能，然后关门上锁，并在钥匙孔里塞上纸，之后他们就去品尝咖啡，他们暂且不管这些囚犯，任由囚犯最后因为身体的热度而窒息死去，在争夺空气的绝望中和身体的挤压中死去[11]。

原始社会的野蛮

在"文明"社会中，人类运用受过训练的想象力在知识领域和精

第四章 地狱/想象的扭曲与限制

神领域创造出令人瞩目的奇迹,但就是这种想象力也同时造成了无法言说的可怕的堕落,毫不夸张地说,这种可怕的堕落其实就是制造了万劫不复的人间地狱。出于对所谓"文明"社会的厌恶,于是我们将目光投向更早、更简单也更原始的社会中,试图从中寻找到安慰。我们能找到吗?

善良的人们会因为"原始"一词含有某种贬义而尽量避免使用它,其实这个词的本义并没有任何贬义的色彩。它的本义仅仅是指"早期的、最初的",而不是现在所含的"粗俗、野蛮"之意。因此,原始教堂是指这样一个地方,它一直保持着教义的圣洁,没有被后来不好的事物玷污;原始人则是指这样一群人,他们保持了早期黄金时代的纯真和美德。如果人们不将"原始的"当作"未开化的"来使用,那么是否可以认为"原始的"就是圣洁的?现在和过去到底有没有这样圣洁的人?很多作家在他们的作品中经常会表达一种浪漫的观点,认为这样的人在世界历史进程中有规律地出现。但是,作家并没有把全部的真相说出来。在这些书中,一些现实的黑暗面还是被有意地忽略了,尽管作家本人很清楚这点。这些黑暗的现实到底是什么?原始人的攻击性本质到底是什么?这种攻击性实在是太普遍了,比如说"正常人"欺负"非正常人",强者欺凌弱者。

所有的社会中都有强者和弱者之分,弱者无疑会受到强者的欺负与凌辱。**说来奇怪**,只有建立一套完整的法律制度,并严格地执行它,才能改变这种状况。现在让我们来看一下刚果雨林的姆布蒂人(Mbuti)的生活吧。特恩布尔在他广为流传的《森林人》(*The Forest People*)①一书中将这片雨林理想化了。的确,姆布蒂人有许多令人称道的优点,尤其是他们人与人之间的热情。但是,那些外来者,比

---

① 民族出版社2008年出版了中译本。——译者注

如说与他们共享同一片森林的班图（Bantu）部落，就不是他们热情的对象。在他们的眼里，班图人并不是真正的人，姆布蒂人允许欺骗这些外来者并偷盗他们的东西。虐待自己部落中的弱者也不违背他们的道德标准，这被视为符合常理的行为。姆布蒂人尊重健谈者，鄙视沉默者。在他们看来，沉默者和动物没有什么区别。如果一个年轻人碰巧是聋哑人的话，那么他无疑就会成为部落里的小丑，而且会因为其咿咿呀呀的发音而备受大家的嘲弄。同部落的人将他的发音戏称为"动物的叫声"。这种嘲弄有时会超出玩笑的范围。比方说这个聋哑年轻人和他的同伴一起上树掏蜂窝来采蜜，这是一项冒险的行为，但是很值得一试，因为对于姆布蒂人而言，蜂蜜是森林赐予他们最珍贵的礼物。回到地面之后，这个聋哑人就迫不及待地摇着手中生了锈的锡罐，用他独有的"语言"和动作表示他想得到他应该得到的那一部分劳动果实，然而他却被完全地晾在一边[12]。那么，此时此刻他想要获得正义或公平的对待又有什么意义？在有血缘关系的家族中或是在平等的人群中公平的确有意义，因为互惠互利是生存的关键。但是，公平对于姆布蒂部落中的残疾人而言几乎没有任何意义，这些人除了被当作笑料供人取笑之外，再也不能为集体生活提供什么有价值的东西了[13]。

原始人类与自然世界，尤其是与动物的密切接触，常常被西方观察者记录下来。在不熟悉人类学文献的读者看来，图腾分类似乎意味着信仰图腾的部落混淆了人类和动物之间的界限，似乎意味着这些部落之所以重视图腾是因为他们与图腾毕竟存在着某种亲缘关系。其实，不管是否有图腾，原始部落都很重视和尊重动物，但是同时他们也会做出与此相矛盾的事情，那就是轻视和虐待动物，就像"文明"社会的现代人所做的一样。让我们把视线再次转向姆布蒂人。这些人眼睁睁地看着那些备受虐待而痛苦挣扎的动物，却从中感到乐趣无穷。特恩布尔承认，他看到这种场景的时候感到非常沮丧。姆布蒂人喂养一些驯服的猎狗用于打猎，"从猎狗出生的那一天开始一直到它死去，每一天都有可能遭到主人无情的踢打"[14]。北极的捕猎者在屠宰猎物之前会先抚慰它们一下，他们的这种做法为世人熟知。据说这样做可以使猎物免遭不必要的痛苦，同时也是一种人道主义的行为。但是，果真如此吗？他们在多大程度上是出于真正的人道主义，或是出于一种互惠互利的道德准则来考虑的？这些都很令人怀疑。当地的被调查者都急于告诉西方探索者想得到的答案，尤其是关于部落虔诚性问题的答案。这一点可以理解。在动荡的20世纪60年代和70年代之间，那些受过教育的西方人厌倦了世俗的世界，于是努力寻找别处的圣洁和崇高的道德。他们也许会说"那里的人们生活得很好"，还过着像他们聪明而纯朴的祖先一样的生活。但是理想主义的西方人很难接受下列事实：没有哪个地方一直都是伊甸园；没有人（或几乎没有人）能够免于该隐（Cain）①的记号；那些拥有简单物质生活的民族不见得尽善尽美，他们可能很野蛮，比如说因纽特人，尽管他们信仰无暴力，但是他们也嘲笑或者鞭打那些受伤的动物，甚至鼓励小孩子将幼小的动物残忍地折磨死；亚马孙河流域秘鲁国的马其固加（Machiguenga）印第安人崇尚和平，但是他们有时会用极其残忍的手段对待猎犬，其手段简直令人发指：他们将辣椒塞进狗的嘴里，逼迫它们咽下去；这些狗痛苦地嚎叫、翻滚，他们却在一旁津津有味地观看[15]。

暴力：毁灭他者

暴力存在着程度上的差别。程度轻者会使暴力实施对象轻微

---

① 该隐是亚当和夏娃的长子，他因嫉妒杀死了弟弟。该隐是在《圣经》中第一个被上帝打上神秘印记的凶手。——译者注

致残，重者则是对暴力实施对象进行最彻底的毁灭。为什么说是最彻底的毁灭？在战争中，城市可能被夷为平地，人们背井离乡、妻离子散，或惨遭屠杀。这种暴力似乎是出于彻底毁灭的冲动，出于建立一个全新世界的冲动，全新的世界是以彻底毁灭与扫荡旧世界为基础的。文明的社会中，大片大片的森林被夷平用来建筑城市或修建道路，后者的建造是以牺牲前者或者完全改变前者为代价的。正如我一再强调的那样，在饮食方面，人类总是以消耗自然的方式来维持自身的生存，人类要储存能量，就必须吃掉（"粉碎"）他者。

如果他者是另一个人又当如何？当我与一个人面对面时，如果他比我强大，那么我就有可能成为对方"感知域"的对象［这也是萨特（Jean-Paul Sartre）的焦虑］，尽管我完全可以反过来藐视他，把他看作我的"感知域"的对象，但是，我很清楚我是不可能完全看透他的主观思想，看透他的"内心"世界，而这正是他强大力量的所在。我们必须承认，正是由于这一点造成了人类无比紧张而充满敌意的关系。萨特由于提出这种观点而遭到人们的指责。但是，大多数人（也许是绝大多数人）之间都潜藏着某种敌意。"友好"（hospitality）和"敌对"（hostility）这两个词显示它们是同源的[16]。冲突或许会表现得公开且富于暴力。如果对象是我的死对头，一个长久以来一直欺压我的人，那么我所采取的行为方式可能会很极端。我不但会杀死他，而且会彻彻底底地将其消灭，将他的五脏六腑挖出来暴露于光天化日之下，这样就完全消灭了他所有隐秘的力量。在俄国内战期间（1918—1922年），一名官员开枪打死了他的前上级，事后他对巴别尔（Issac Babel）①解释这样做的原因："开枪，我只能这么

---

① 苏联短篇小说家。——译者注

第四章 地狱／想象的扭曲与限制

做,开枪只是帮我除掉一个人……但是并不能让我了解他的灵魂,了解依附在他身体内部支配其行动的灵魂。我无法饶恕我自己,我不止一次地用很长的时间来虐待我的敌人。现在你看到了,我只是想知道生命到底是什么,沿着(那样)的路走下去,生命将会是个什么样子。"[17]

几乎毫无意外,只有男性才具有强烈的冲动去洞察、控制、征服和爆发。从智力和性别的角度看,这与求知的欲望密切相关。科学家想要洞察他所研究的学科,剖析并展现这门学科的精髓,并好奇地假设这门学科是有主观思想的。诺贝尔奖得主沃尔德(George Wald)①建议他的学生,如果想真正地寻找到分子运动的规律,他们必须"像分子一样去感觉"[18]。因此可以说,一个真正优秀的科学家能够摄取到分子的"灵魂"。想要获得真正的研究成果需要经历一段严谨的研究过程,这一研究过程能够帮助研究者实现科学上的完全理解,尽管这一研究过程令人钦佩,但是却具有极强的攻击性。这与战争的竞技场有点儿相似,尽管相似程度不大,但足以令人感到困扰。我想起一部越战后的影片《新勇士》(New Warriors),它就深刻地描述了人们心理的冲动和由此而产生的行为。这就像吉布森(James William Gilbson)描述的:在老电影中,枪战以牺牲者倒下而结束,亡者胸前的一小块血迹表明他已经死亡。在20世纪70年代和80年代的新电影中,受害者一般被炸得血肉模糊,士兵剥光敌人的衣服以确定没有藏匿东西,而士兵自己的身体却被发亮的黑色皮外衣遮盖,不仅完好无损,且没有被死者的血迹玷污(想象一下科学家身上那洁净的白大褂)。不知出于什么原因,电影中的这个勇士此刻会感到他已经吸收了敌人的生命力量,并将敌人的力量引入正道[19]。

---

① 美国化学家。——译者注

人类作为动物和宠物：受虐狂

就像《新勇士》这部电影所描绘的那样，色情暴力也会造成毁灭。之所以说是色情暴力，是因为暴力被性冲动掩饰，并受性冲动的激发与驱使。在色情暴力中，最微妙的应该是强者折磨和凌辱弱者，却不杀死他们，而是从中体会虐待与性的乐趣。这个"游戏"建立在双方不平等的基础上。所有的社会都存在着不平等，在先进的、复杂的社会中，不平等无疑会表现得愈发突出，因为在这样的社会中，人们将训练有素的想象与先进的科技手段紧密结合在一起，使得虐待和屈服广泛地传播开来，并且富于独创性。不过，同样是在文明的发达社会，虽然也在倡导平等和同情、反对施虐与受虐的倾向，但施虐、受虐的现象依然存在。施虐、受虐的倾向很可能是人类这个物种所特有的。人们在通往"不自然"的平等和悲悯理想的道路上龃龉前行，从来都没有真正地实现平等与同情，只好寄希望于未来了。这里我探讨了社会的黑暗面，这些黑暗面时不时投射出阴暗之光，人们或是遗失了美好信息，或是将美好信息寄托于童话故事当中。

虐待弱者只不过是人类主宰自然的一种最普遍的变态方式。权威认为，"自然"意味着缺乏，既缺乏尊严（意识力和意志力），又缺乏创造或习得技巧的能力。如果以这样的标准来判断，那么动物显然属于自然。它们有可能被赋予一种象征的意义从而得到提升，就像神圣艺术中的图腾被当作权力与光荣的象征那样；但是在现实中，它们却总是被置于从属或是卑微的地位，人类将它们用作驮运货物的牲畜，原料的生产者（蜂蜜、丝），珍贵的财产（自然的奇特艺术），或是宠物。当人类被贬低为一种动物时，他们自身也就变成供他人役用或玩赏的对象。性欲及性兴奋所带给人的享乐，使得社会冲突进一步加深

第四章　地狱／想象的扭曲与限制

加剧。当处于上层地位的人们将准神圣的地位据为己有时，他们似乎迫切地产生了一种欲望，想要将地位低于自己的人视为"自然"而凌驾其上。萨特对此作出更加发人深省的评论，他说只有在农耕文明中的精英们才拥有真正的奢华，因为奢华的物品本来就应该是珍贵而**自然的**产品。现代思想认为，工人就是指那些将自然产品加工为手工艺品的人，他们在加工的劳动过程中获得尊严。然而在农耕文明中，由于劳动直接与自然发生作用，因而劳动也被降格为一种自然活动。萨特说："在王侯的眼里，采珍珠的人与拱松露的猪并没有多大的区别；蕾丝制作者的劳动从来没有把蕾丝变成人类的产品；相反，蕾丝使其制作者变成了蕾丝蚕。"[20]

人类社会存在着经济剥削与压迫，这一点众所周知，然而人们很少意识到，权贵们还有一种剥削方式，是将人当作可以表演的动物，屈从于他们心血来潮和居高临下的情色窥伺或触摸。凌辱无权无势的人有不计其数的方式与手段。有些方法相当残忍，还有一些方法则非常巧妙并富有恶魔般的狡猾。将这些屈辱人的方法一个接着一个排列起来，可以组成一个地狱般的陈列长廊，迈进这个长廊是要冒着道德腐败的危险。但是，我们还是要迈入其中，当然我们这样做不是为了放纵我们的施虐、受虐的偷窥欲望，而是为了进行学术上的研究。

20世纪早期，跨过杭格佛桥（Hungerford Bridge）时行人会将硬币抛在泰晤士河的泥岸上。为什么这样做？他们是想观看贫民窟的孩子们为了抢夺那枚钱币而纵身跳进恶臭的污泥当中，并从中得到乐趣。还有一个相似的例子。在豪华邮轮上的旅客将钱币投入热带岛屿附近清澈的浅水中，观看当地的土著居民几乎全裸着身子，像海豚一样，为了那一点儿可怜的奖赏，投入水中去寻拾钱币。下面这个例子与上面两个例子相比要残忍许多。这是十一岁的罗斯福（Theodore

Roosevelt）①讲述的。在一次去欧洲的长途旅行中，罗斯福一家碰到了一伙意大利乞丐。小泰迪（Young Teddy）②高兴地说："我们把蛋糕扔给他们，就好像喂鸡那样……而这伙乞丐真的像鸡一样把蛋糕吃了。他们的旅行伙伴史蒂文（Stevens）先生拿着鞭子，负责在旁边监视乞丐们，并假装要抽打其中一个小男孩。我们让他们张开嘴，然后将蛋糕扔进他们的嘴中。在给他们蛋糕之前，我们还让这些人为美国欢呼三次。"[21]③

要想举一些更具有传奇色彩的例子就要放眼于更广阔的社会历史背景中。文艺复兴时期和现代欧洲早期（1500—1700年）流行将矮人和侏儒当作宠物。这些矮人和侏儒可能被一群群地放养在高堂广厦中，他们虽锦衣玉食，却经常被下流的亲吻弄得透不过气来，他们被人放在腿上传来传去，或是被当作礼物送给有权有势的靠山[22]。尽管在托勒密时期的皇宫和衰落的罗马时期，将残疾人视为宠物人尽皆知，但是这仍然是一种秘而不宣的爱好。无论是在古代文明还是在现代的各种文明中，玩弄奴隶的现象更为普遍。是做一个农奴还是做一个家奴？哪一种处境更加糟糕？在南北战争前的美国南部，相比于在较为舒适的屋子里做家务，奴隶们更愿意在田野里辛苦地劳作。在家中他们经常会受到主人各种苛刻的要求、善变的心情和反复无常的"仁慈"的侵犯。奴隶们甚至还被当作宠物或装饰品。在中国的大家庭中，年轻人被看成是可爱的动物。在18世纪的小说《红楼梦》中，探春对赵姨娘说："那些小丫头子们原是些玩意儿，喜欢呢，和他说说笑笑，不喜欢便可以不理他。便他不好了，也如同猫儿狗儿抓咬了

---

① 美国第二十六任总统。——译者注
② 美国总统西奥多·罗斯福，又名泰迪·罗斯福。——译者注
③ 《马背上的早晨》根据罗斯福的家庭通信等资料写成，该书不但讲述了罗斯福家族及其生活方式，还讲述了西奥多·罗斯福孩童时代的故事。——译者注

一下子，可恕就恕。"[23]在维多利亚时代的英格兰，上层仆人也是一种装饰，主人根据他们的身材和小腿的形状加以选择。一辆精致的马车不但要配有两匹骏马，还要配有一对英俊的随从[24]。

接受自己的地位

那么，人究竟应该被视为何物，是被降为会劳动的自然之物，还是玩弄的对象？面对这样的伤害和侮辱，人们又会作出什么样的反应？绝望、怨恨还是接受？答案是，三者兼而有之，只不过程度有所不同。现代的民主主义者最不愿意承认的就是第三种反应，但至今为止他们最普遍的反应也还是接受。若是这种接受是出于无法抗拒的力量或是出于一种必要的话，那该有多好！但事实绝对不是如此。如果说最初还是出于对权力的屈服，但最后这种屈服却自然而然地与美德混为一谈了。在如印度这样的具有严格等级的世袭阶级社会中，底层人民能忍受处于他们这个地位所能忍受的一切，因为他们并不认为那是压迫，而是视为理所当然的事情，这是现实，因而也是道德的和公平的。

世袭阶级社会的印度是一个有些极端的例子。对于一个自由公民来说，他很难理解为什么印度贱民①会对解放持有抵触的情绪。印度贱民对解放运动非常怨恨，甚至是无比愤慨——对别人要引导他们离开自己的"合法地位"无比愤慨[25]。但是，即使是在自由社会中，处在"适当的地位"上也是非常重要的，这里所说的显然不包括等级森严的阶级社会。每个人都需要安心地待在自己的位置上，清楚自己的位置在哪里，在社会阶层中确定自己的意义。幸亏有团队精神的存

---

① 在印度的种姓制度中，处于社会最底层的达利特人被视为贱民。——译者注

在，没有人会因为自身的特殊与不同而感到孤立和脆弱。从积极的态度看，个体的独一无二是个性和创造力的源泉，但个体的独一无二，更多地会招致一些不良结果，比如说他会因而成为他人妒忌或轻视的对象。一个人孤孤单单、无所事事，就会感到不现实，内心也会感到空虚。而当他在社会中有了一个位置和职业，不管是多么卑贱，都能够填补他内心的空虚。伦理学者认为，我们人类是非常复杂且具有多面性的生物，痛恨自己被他人简化为某种简单的实体。虽然这听起来很合理，但事实上，我们中的大部分人所扮演的角色都需要被简化，被简化为父亲、岳母、教师、大楼管理员，或是其他角色。事实上，尽管每个角色都得到了简化，但仍然留下很多的问题（这些问题并不能通过社会规范得到彻底地解决）：到底是哪种父亲，哪种教师，答案还是不确定。

无论是从社会角度看，还是从受苦人自己（比如印度贱民）的角度看，最终被贬低的还是底层人民的地位。在印度这样一个有贱民阶层的社会中，这种贬低表现得尤为突出。更为常见的情况是，人们运用各种各样非正规的、非制度的手段，将社会上那些无权无能的人不是转变为贱民，就是转变为"奴隶和动物"之类的东西，也就是说，把他们贬低为自然生物体。这种贬低几乎剥夺了人的所有自由，给人塞满了空虚。这会成为绝望的原因之一吗？当然不会。甚至在那样恶劣的条件下，最终的结果也会向着好的方面发展。事实上，情形并不总是那么糟糕，因为即使被当作奴隶和家畜，受害者还是不需要供养他们自己，他们只要"单纯"地活着就可以了，这也就意味着，他们只需艰苦地工作，而不需要做什么艰难的选择，这样他们就可以从无形的痛苦（如死亡和被世界永久遗忘等）中解脱出来。最终他们与自然合为一体，成为一个不会思考的自然物，这对于他们将是一个很大的慰藉，尤其是当他们在心理上感受到被虐待的时候——谁不曾有过

第四章 地狱/想象的扭曲与限制

这样的感受?

　　这些例子似乎来自某个黑暗的年代。我们可以肯定地回答说阶级制度、公开将人当作艺术品或宠物等现象,都曾对人类产生过不良影响,但是我们已经将它们扔进了历史的垃圾堆。这种肯定的答案使我们得以安心。但是,我们是否真的做到了?虽然世袭阶级社会、封建社会及其制度已经不存在了,但它们的影响依然存在,只不过削减了许多。让我们来看看专制的家长式的统治作风。帝国主义在其全盛时期公开地实施着家长式作风,为了文明社会和帝国的利益,也为了他们自己的利益,他们对待弱势群体的态度既严厉又友善。弱势群体被他们称为"褐色的小兄弟"。"小的""褐色的"以及对他们半裸状态的描绘,都是将当地土著人看作被驯养的动物或宠物。欧洲帝国主义者和日本帝国主义者都认为自己是浅肤色人种中的高等人,他们向裸露身体、身材小且肤色为褐色的人种伸出援助之手(在日本人的眼中,这些人通常是东南亚人)[26]。自由民主的国家是不会接受这种态度和行为的。然而,这种态度和行为并没有完全消失,只不过是换了一种较为温和的形式——或以一个敏感且富有同情心的领导者的面孔出现,或以一个正义的捍卫者的面孔出现,或以一个扶弱济贫的善者的面孔出现。这种态度和行为所实施的对象,也就是那些弱者,他们被欺骗了,他们不断地抗争,但是他们却很无知,完全没有能力保护自己或为自己制订一个长远的计划。这些牺牲品参与这场政治游戏是因为他们具有可利用的政治价值,他们默默接受了他们的从属地位,但这并不是正确的做法。他们接受这样的从属地位,甚至有人会因此而感到骄傲。从下面的表达——"普通人""小人物""只是一个平凡的人",可以看出他们谦恭的态度。宣称自己平凡和普通可使人安心,因为如果一个人定的人生目标不太高,那么他在人生的轨迹上就不会摔得太惨,而且"平凡"和"普通"也无言地表明了这个人拥有谦逊的美德。

接受自己的地位似乎是在与逃避的欲望进行着对抗，而我却将逃避的欲望看作是人的本性。于是乎就产生了冲突，这种冲突与其说很现实，不如说是显而易见的。再次想想逃避自然的情况。下雨了，我们赶紧冲进房间里，冲进我们自己创建的避风港——从"空间"移到"地方"，从不确定移到确定。我曾经论述过，许多文化都是在逃避自然的威胁和不确定性的过程中产生出来的。但是文化本身也充满了威胁和不确定性。一个生机勃勃的社会所提供的自由和机会也会成为人们的负担。于是，逃避就变成了一种类似于"潜入并躲在被子里"的行为：人们躲在里面，像紧紧抓住被角一样，紧紧抓住约定俗成的习惯。

旁观者与窥探者

我对暴力这一社会现象予以足够的重视。当刺激超过一定的极限，动物和人类就会发出突然的袭击。然而，只有人类这种高等动物会以审美、赞赏的眼光去看待暴力和破坏。人类甚至会成为蓄意破坏的行家。哲学家卢克莱修（Lucretius）[①]有一句名言："在海边，当狂风卷起海浪，站在海岸上观看他人在远处拼命挣扎是一种快乐！"[27]不必从文学作品中寻找论据，历史就会为此提供数不清的例证，特别是关于犯罪和惩罚的例证。在欧洲，吊起重罪犯并折磨他们是一件让众人快乐的事情，这总能吸引那些愚昧且麻木的群众。好像在现实的生活中这类可怕的事情发生得还不够多，在14—16世纪的法国，最受欢迎的剧院就会上演模拟这类事件的剧目，并使其过程持续得更长一

---

① 卢克莱修是罗马共和国末期的诗人和哲学家。——译者注

些[28]。直到19世纪后半叶,西方世界的死刑才改在监狱里的密室中执行。虽然现在已不再满足公众这种病态的好奇心,但绝对不可以忽视公众这种病态的好奇心的力量。1976年,杀人犯吉尔摩(Gary Gilmore)即将被处决,电视新闻记者纷纷要求犹他州监狱的高层允许他们拍摄处决现场。一位盐湖城电视中心的发言人说,他们的电视中心迫切希望披露这个令人毛骨悚然的真实事件,如果他们的这个请求遭到拒绝的话,他们就会考虑动用"滑翔伞、长焦镜头、直升机,甚至于飞船"[29]。

要产生这种兴趣必须满足一定的条件。首先,一个人必须确认自身的处境是安全的。只有安全地坐在海滩上,我才能饶有趣味地看着水手们即将被汹涌的海浪吞没。其次,一个人必须和牺牲者在某种程度上有些相似,相似性越大,他的兴趣也就越大。观看砍倒一棵树,不如观看杀猪那样让人兴奋,而更令人兴奋的(即心灵被恐惧攫住,人们无法将视线转移)是对另一个人的惩罚,最极端的就是对另一个人处以极刑。此外,人们必须相信,命运已经选好了牺牲品,并让自己与之无干。一个人必须处于一种精神状态,既能认同"外面"发生的事情,又能与之分离,这两个方面时常会发生冲突。旁观是这个游戏的名字。在剧院里,即使观众深深地沉浸于戏中,但他们无须亲自表演,事实上一定不需要。在现实生活中,如果遇到同样的情形或许就需要亲自参与了,人们若仅仅是观看就非常不道德了[30]。

转移和分离

想象让人有能力逃避,那么**罪恶**的想象怎样实现逃避?途径之一就是把一些对自己不好的事情转移到他人身上。做一个旁观者其实就属于这种转移。看到别人因船只失事或因交通事故而遇难,使我懂得了命运会突然遭遇致命的打击，生命会在某个地方戛然而止。而我就在这里，不在别处，作为一个旁观者，我会一直处于安全的状态。

另一种转移的方式是像对待动物一样对待他人。动物生活中的"坏"，在于它们不得不为生存去争夺食物，在于它们不顾尊严的性欲，在于它们最终必然要死去。死亡是最坏的事情，但是比起之前所承受的折磨、痛苦以及羞辱，以及死亡最终的意义（即一个人此刻已完全没有价值），死亡就显得不是那么"坏"了。为了逃避死亡，为了提高自身的地位，使自己摆脱贫穷、脆弱和死亡带来的价值虚无，一个人可以把自己裹在神性的华饰之下。这些华饰可以是物质的——一栋大房子或其他形式的财富，这些有形的物质财富可以将拥有者与自然分离开来。然而，要想真正感觉到像上帝一样的神圣，还需要更多超出物质之外的东西。这里的"更多"指的是权力，如果可能的话，是绝对的权力。绝对的权力能在自己和他人之间制造一条鸿沟，鸿沟的一面是自己，拥有半神圣的力量，另一面是其他的人类动物，我的力量可以从他者身上得到补充与滋养。我自身的动物性已经被忽略，业已从我的核心本性转嫁到他人的核心本性上。当我掌有生杀予夺的大权时，我怎么可能死亡？当我只要点一下头就可以给他人造成无比的痛苦和折磨时，我如何能成为痛苦的牺牲品？

罪恶的想象寻求转移，它还更加广泛、更加努力地寻求分离。它划出分界线，将自己保护起来，免受他人的痛苦或不幸的影响。如果自己就是痛苦和不幸的源头，那么这条分界线就必须更加清晰且稳固。地狱中似乎就存在类似的分界线。纳粹集中营是最彻头彻尾的人间地狱。大多数地方呈现出来的景象显然不像地狱，大多数人生活得有意义、愉快而坦然。然而，分界线虽然不是不可逾越的，

第四章 地狱/想象的扭曲与限制

但却是一个普遍的存在。如果人活着就是为了承受,就是为了更加有信心和更加有秩序,那就注定会有分界线。把自身与他人分离开来的能力,甚至是把个体所承担的不同角色和面孔分离开来的能力,尽管可能导致精神上出问题,但不管怎样这仍是一种心智健全的状态[31]。

试想一下,在平常的一天里都发生了什么。这一天,我经历了一系列的变化,变化的本质取决于我在哪里,和谁在一起。在农场里,我爱抚着一只小羊羔,在它耳边温柔地低语;就在几个小时之后,在我自家的餐厅里,我却在品尝着鲜美的羔羊肉。某一时刻,我在房间里,满脸通红,汗流浃背,想要逃之夭夭;另一时刻,我却站在教室里,沉着自若地作一个关于柏拉图的演讲。日常生活充满了这样不断转换的场景,对于我来说,我不会将自身在一个场景的角色带到下一个场景中去。是的,我通常不会这样做。我能够跃过分界线,进入一个全新的角色,与其他人一样,我可以彻底地分离——忘记。

社会帮助人们了解不同时空适宜的行为,不同时空分别有程度不同的限制。是否所有的社会都是如此?我的答案是肯定的,因为所有的社会都有规则和禁忌,要求时空分隔。将这些规则教给年轻人,可以帮助他们避免不必要的社会冲突,这一点大家很清楚。从最终目的讲,规则和禁忌可以避免道德冲突和思想冲突,大家并没有清楚地意识到这一点。人类宰杀曾经给予自己恩惠的动物,这样就产生了道德冲突,这个冲突很早以前就有。禁忌规定身体的欲望和道德感是分离的,从而解决了这一道德冲突。例如,对于有些养牛的非洲人来说,吃肉的同时不能喝牛奶,这是禁忌。这种禁忌帮助他们不触及薄弱的道德防线——他们要杀牛食之,但牛曾经用牛奶滋养过他们[32]。但这种方法能否从根本上解决这一冲突,还是仅仅掩盖了这一冲突?这是否是一种应该受到谴责的逃避主义?

虽然人类能将一种思想和行为从另一种思想和行为中分离出来，但分离的程度和严格性并不是一成不变的。一般说来，随着社会的发展，分离的需要日益增长，新石器时代的村庄都围起了院墙，有了房舍，后来又发展成为大都市中日益区隔化的空间——建造了各类房间，以满足不同的需求和活动。当人从一个房间转移到另一个房间，他的行为也学着变化。于是，在不同的房间里存在的是不同的自我。在这个房间中符合社会准则和道德准则的行为，在另一个房间里也许就会被认为是不合适的。但是，人们常常会忘记转换态度和价值，而环境的改变更容易让人忘记作这种转换[33]。

为了在日后维持一种合理而积极的联系，现在是不是必须要分离？作为一个道德人和一个社会人，我不得不与其他的人和事物发生千丝万缕的联系。作为父亲，我能感受到儿子对他过山车般的恋情感到沮丧；作为老师，我同情工作非常辛苦的同事。我能做的不只是感受，我还可以花时间、花精力去帮助他们。同时，为了随时能够帮助他人，我必须懂得怎样保存和分配自己的精力，将其用在最合适的地方。在我去学校的路上经常会遇到一些无家可归的人，如果我过分热心地帮助他们，那么我将会因疲劳过度而无法很好地给学生上课，因此，我只是聊表心意而已。在公共场合中，我只是匆匆地看人一眼；而当我来到教室之后，我会非常关切地注视我周围的一切。我的这些行为听起来似乎应该受到谴责。若用最高的道德标准来衡量，它们的确应该受到谴责。然而，这个道德标准是个抽象的概念，没有考虑到人们实际的行为举止，甚至没有考虑到在当时的情境中人们应该怎么做。在古代的村镇里，对需要帮助的陌生人视而不见，这种做法是完全被认可的，甚至是值得赞扬的。一个男人首先要对其家庭负有责任，其次是邻居，最后才轮到陌生人。改变这种顺序的行为会被认为很反常。这也是中国人在儒家学说影响下产生的一种思想。但儒家学说至少认为陌生人应该得到帮助，就凭这一点，该学说也值得称赞[34]。而在其他地方，例如，在非洲、在美国，甚至于在世界各地，也许连这一小小的责任也没有得到认可。一个部落因原油和煤炭所带来的丰厚收入或赌博所产生的巨额利润而富裕无比，但他们却认为自己没有责任与义务在经济上援助贫穷的部落，尽管这两个部落会联合起来共同指责美国对他们不够慷慨[35]。他们在自己所在的集体中施予有限的仁慈。在物质匮乏的年代，不认可、不同情局外人和苦难者是有重大意义的。纵观人类的历史，物资匮乏的年头太多了，甚至在富裕的地区也会频频发生物资匮乏的境况。

分离的异化

以上这些分离的例子——从联系而产生的负担和困境中逃离出来——都源自日常生活。作为一种社会规则，这种分离并不会引发道德上的危机。然而，从中还是产生了分离的异化，其中最为人所熟悉的就是产生了一堵分隔理想与现实、信仰与实践的墙。所有信奉高尚理想的社会都在某种程度上遭遇过这种分离的异化，尤其是在14世纪的欧洲。那个时代，"骑士们口中高喊着要发扬骑士精神，暗地里却时常干着谋反、谋杀、强奸、抢劫等罪恶行径。教皇来回踱着步子，虔诚地颂读祈祷书，而暗地里却将他认为图谋造反的红衣主教们抓来严刑拷问。表面上看，教堂在为贫穷和贞节祈祷，但是居于高位的神职人员却公然享受着无比的奢华并从此堕落下去。这些神职人员甚至分给其私生子丰厚的奢侈生活品，而那些可怜的下层修道士却被当作诱奸已婚妇女的罪人，名声遭到无情的践踏"[36]。

人们可以有不同的行为举止，并可以严格地区分这些行为举止，就好像它们完全不同，没有任何关联似的。我已经注意到了人是怎样轻易地转换着自己的角色，在不同的时刻、不同的场景表现不同，就好像是不同的人似的。从更深的层面来探讨，这也许是因为人类的心灵并不是一个统一体，而是像惠特曼（Walt Whitman）所说的那样，是一个"混合体"[37]。尽管"混合体"这个词恰当地表明了人类心理的丰富性和复杂性，但也令人不安地暗示了人类在人格上缺乏统一性和一致性。我们看到的某个个体很可能是个杂乱无章的混合体——他迅速地转换着角色，时而说谎，时而诚实；早晨还是个英雄，晚上却是个懦夫；既是纵欲者，又是贞洁者；既是罪人，又是圣徒。有一个极端的例子，它将会说明，人在态度和角色上的改变不能不予以重视，不能将其视为社会的需要而已，或是仅仅将其视为个人有趣而自相矛盾、戏谑而不负责任的行为。我列举的这个极端事例——当然还会有其他的例子——如同纳粹党卫军在集中营里的其他所作所为一样，是存在着严格的道德区隔的。尽管我们已经很清楚地认识到我们人类自身的角色与个性会时常发生变换，但是当我们了解到纳粹卫兵的行径之后，还是相当震惊[38]。这些纳粹卫兵一面在早晨关切地照料着自己的病狗，期待着晚上弹奏美妙的莫扎特四重奏，而另一面却将无辜的男人、女人和孩子们投入毒气室。

言行一致是美好的品德。人们认为在学术界这种美德比较普遍。事实并不一定如此。一所综合大学是一个由许多领域（学科）组成的具有历史性的公共机构，而其中一些深深扎根于传统之中的、历史悠久的学科非常妒忌其他学科的独立。此外，在每一个领域中又划分出许多的亚学科，而这些亚学科轻而易举就可以跨越彼此的分界线。这是大学缺乏联系性的原因之一，也是大学为什么不去别处吸收新资源而就地取材的原因之一，这是历史原因。但是，还存在另一个原因，与其说是历史原因，不如说它更像是心理原因：它认为人类的道德或智力资本是有限的，如果在一个领域消费得过多，在其他的领域便会所剩无几。在大学里，专业性是通向成功的主要渠道，它使道德的失衡达到了最高的程度。曾任芝加哥大学校长的哈钦斯（Robert Hutchins）也证实了这一点。他曾悲痛地写道："一个人必须讲真话的范围越窄，他说谎话的范围就会越大。这是专业化的优势之一。斯诺（C. P. Snow）关于科学家职业道德的看法是正确的，因为，如果一名科学家在编造虚假的科学数据的同时，还整天对着他的妻子、同事、大学校长、食品商贩等说着谎话，那他无疑就是一个蠢货。"[39] 当然哈钦斯的说法未免有些夸张。每天花八个小时在实验室里对数据作出评价，这种行为会挫伤人们得到理想结果的希望，但也会让一个人在其生活领域中变得更加谨慎和诚实。然而，哈钦斯却不以为然，他认为这种行为不会使人们变得更加谨慎和诚实。这个现象确实存在于科学界，且经常发生，远远超过了我们认可的程度。

偶然的善举：其价值何在？

科学家或许既无私又诚实，但这仅仅（可以这样说）是按时段来计算的。在这个时段里他或许可能是一名优秀的科学家，却不是一个好人，因为一个人是否是好人是要随时接受考验的。在《卡拉马佐夫兄弟》（*The Brothers Karamazov*）一书中，格鲁申卡（Grushenka）讲了一个关于小洋葱的故事。一个恶毒的老妇人死后坠入地狱，但是她的守护天使绞尽脑汁地回想起曾经有一次，仅仅一次，这个老妇人施舍给乞丐一个小小的洋葱作为礼物，那是她从她家花园里挖出来的。天使掏出这个洋葱交给了老妇人。老妇人紧紧地抓住这个小小的洋葱，于是就从地狱的熊熊火焰中逃离出来。莱维（Primo Levi）[①]非常了解纳粹集中营的恐怖，他对这则童话故事很是恼火，说它"令人厌恶至极"。他质问道：人类这种残忍的动物，难道就没有在某一个时候"用小洋葱作为礼物，即使没有送给别人，也会送给他自己的孩子、妻子或是他的狗"吗[40]？

一个坏人也许会突然做出某种善举，就像是打喷嚏一样随意。精神健康的人就更不用说了。要想拥有高尚的思想，就必须承担种种义务与责任，这已经远远超出了偶然行善的范畴。从这个意义上讲，善行与优秀的艺术品之间存在天壤之别。艺术品的好坏取决于自身，不管在它之前或是在它之后会出现多少伪劣的作品，这件作品永远都是那么优秀、那么美丽。一个艺术家一旦获得一次卓越的成功，不管他一生会有多少低劣的作品，他仍然是一个艺术家，甚至还可能是一个优秀的艺术家。平庸之作并不意味着没有好的创意，它甚至还能激发艺术家最终创造出杰出的作品。相反，恶行是受到多种因素的驱动，尽管也许不是完全地蓄意行恶，但绝不是为难得的善行作准备。美学意义上的生命是一个个间断的且生动的时刻——一次壮美的日落或是一曲动人的交响乐，这些美好的时刻被生活中灰暗、忧郁的大段时光分割开。与此大相径庭的是，道德生命在于与他人一直保持着宽厚而仁慈的关系——有时候令人高兴，但通常令人沮丧和悲伤（由不可避免的误解而造成的悲伤）。这反过来正好说明了一个好人不会是"混合物"，不会是复杂的角色。他或她拥有一种自成一体的可靠而纯洁的品格，这意味着他或她是一个完人（圣人）。难怪小说家发现很难将一个善良的角色描写得生动有趣；难怪在科幻作品中，一般的好色之徒，或**更有甚者**，恶棍，才

[①] 意大利最重要的作家之一，亦是化学家和奥斯维辛174517号囚犯——这两种身份与经历成为他写作的基础。——译者注

第四章　地狱/想象的扭曲与限制

是故事的男主角。

偶像

区隔化是避免愿望与理想产生矛盾冲突的一种方法，虽然拥有偶像和崇拜偶像是两回事，但其实二者是相似的。可以将偶像视为隔间，个体或是整个社会可以将其所有美好的情感储存其中，这样就有可能将有关竞争对手的记忆放在容易被遗忘的侧边抽屉里。还可以将偶像看作是精神支柱、注意焦点和力量源泉。不论是以上的哪一种，在一个运行状态良好但有时又会令人有些迷茫与惶恐的世界中，它都能给人以宽慰。物质上的丰裕虽然会减轻人们一部分的迷茫和恐惧，但不能彻底消除这种感觉。爱思考的人知道，幸福感更取决于一些无形的东西，其中包括不假思索就能保持生活与思想相分隔的能力。当然这种能力也会深深地困扰着人们。

需要偶像是想象力枯竭的标志。金牛犊[①]要比上帝容易驾驭得多。人们的偶像更不需要发挥多少想象力，因为他或她能发出命令，颁布行为规范，要求绝对的奉承，而金牛犊只能通过其代理人或是崇拜者的狂热想象才能做到这些。一些人物如拿破仑（Napoléon Bonaparte）、普雷斯利（Elvis Presley）[②]就是最著名的偶像。财富也是如此，因为将其视为幸福之源并不需要什么想象力。它有不同的表现形式，房子代表财富，同样，银行存单也能代表财富。崇拜金钱者想二者兼得，且越大越好，越多越好。但是，即使在财富世界里，不同形式的财富也要求发挥不同程度的想象力。令人惊奇的是，实物能创造出更大的需求。一所大房子不一定是一所好房子；很显

[①] 源出《圣经·出埃及记》。指金钱和物质财富。——译者注
[②] 美国著名男歌手。——译者注

然，储蓄多要比储蓄少更好一些。并不是所有的偶像都是物质的。例如，社会威望这种偶像，仅与其表现实体保持松散的联系，这些表现实体既可能是短暂的、触摸不到的手势、音调、气味，也可能是衬衣上容易被人忽视的徽章。社会威望的追随者们需要时刻保持警惕，并保持敏锐的思想。

如果能够正确地理解宗教信仰，那么就会发现它与"偶像"一词的所有含义相对立。但是，与生活的其他方面相比，它与偶像的关系更加密切。金牛犊，自然可以用来代表种种事物，从佛的牙齿、真正的十字架到伟大的艺术作品和建筑作品，人们崇拜这些事物，往往不是将其视为神圣的象征或是超越之窗，而是将其视为自身的终结或是站在自己立场上所能获得的最终权力。物质实体是宗教用具的一部分，同样重要的还有手势、规则和禁忌。用错误的方式朝拜或吃错了食物，都是对上帝的大不敬，就好像是上帝的尊严、灵魂的拯救、宇宙的和谐都依赖于正确的行为，并可归纳为正确的行为。与真正的宗教信仰不同，偶像崇拜几乎让人无法抵挡。我们很清楚这是为什么。偶像崇拜很容易做到，尽管有一些必须要严格遵循的规矩，甚至正是由于有这些规矩才使得偶像崇拜很容易做到。为什么说容易做到呢，那是因为偶像崇拜中被崇拜的对象是有形的，而上帝与偶像的差异性（他不像这人，也不像那人）在于上帝是无形的；再者，严格遵守字面上的禁令可使人获得两大心理回报——自以为是和安全感。服从本身可以让人产生一种自以为是的感觉；至于安全感，限制个体的规则就好像是房屋的护墙。

疯狂或疲惫

区隔化和分离似乎是智力上和道德上的缺陷，需要人们加以克

第四章 地狱／想象的扭曲与限制

服。福斯特（E. M. Forster）有一个著名的主张："沟通为上"[41]。人们能理解他的观点。人性之所以有缺陷，是因为我们没能进行很好的、有效的沟通，做不到移情，也没有多少同情心，不能站在他人的角度和立场看问题。再者说，无力的人类究竟能朝着其向往的方向走多远？伦理学者或许会要求我们"不分彼此"，但说句良心话，这会直接导致我们发疯。事实上，说到精神分裂，有一种看法认为精神分裂的患者缺乏自我保护意识，他们太容易同情他人。这种倾向是不自觉的——牺牲自己而成为英雄式的圣徒[42]。要保持心智健全的状态，我们就必须建立一层坚实的保护层，监控各种刺激的袭击，因为许多刺激让人感到不愉快，甚至一些刺激还是相当可怕的。不只这些。一个人对另一个人是否有用，取决于一定的冷静和距离。显然，医生不能对自己所痛恨的病人成功地实施手术。

与移情相比，同情受到情绪的控制程度要弱一些。我们应该敞开心扉去接受别人的好恶。教育家不断地激励我们去尝试一些陌生而富有挑战性的事物，但我们又被人性弱点制约。数十年前，在一场雄辩的演讲中，著名的物理学家奥本海默（J. Robert Oppenheimer）坦言，在"伟大、开放、多变的世界"中，他感到非常疲惫。在这个世界里，"每个人都知道自身的局限性、浅薄以及对于疲惫的恐惧，这使得我们不得不紧紧抓住我们周围的一切、所知道的一切、所能做到的一切，依附于我们的朋友、家人和爱人，以免陷入时空的混乱中，进而一无所知，一无所爱"。当某人告诉我们他看见的与我们看见的有所不同，他认为很美好的事物在我们看来却很丑陋，这个时候，我们往往会借口上厕所而走开。但是，这种行为正体现出我们的弱点和缺陷。"让这种行为成为衡量我们美德的尺度，我们清楚这一点，却从中找不到任何慰藉。"[43]

使思想熄灭：逃避到底

人们越是充分地利用自己的智慧和自由，就越可能被虚无缥缈的极乐诱惑；飞得越高，就越可能向往底层安宁而稳定的生活；能力越强，就越可能向往没有能力——完全屈从于他人的意志，哪怕这只是一瞬间的念头。

济慈（John Keats）①是一个感情热烈的诗人，既有感性又有理性。他还是一位极度冷漠的诗人，这一点并不会让人感到吃惊。朗读下面的诗句，怎能不让疲倦而痛苦的人们为之魂牵梦绕？

> 倦睡的时刻在发酵；
> 无忧无虑的云彩在慵懒的夏日
> 困住我两眼；我脉搏越来越缓慢；
> 痛苦不刺人，欢乐没鲜花炫耀：
> 你们呵，为什么不化掉，让我感知
> 谁也没来干扰我，除了那——虚幻？②

诗人承认自己"几乎爱上了静谧的死亡"③，他在诗思里用尽了好的言辞，"在午夜里溘然魂离人间"④。这种思想很怪异，但又有谁没有受过这样的诱惑？即使詹姆斯（William James）笔下头脑健全的人

---

① 19世纪初英国诗人。——译者注
② 诗句选自济慈《怠惰颂》，选自〔美〕济慈著、屠岸译：《济慈诗选》，外语教学与研究出版社，2011年。——译者注
③ 查良铮译。见《济慈诗选》，人民文学出版社，1958年。屠岸译为"几乎堕入了死神安谧的爱情"。见《济慈诗选》，外语教学与研究出版社，2011年。——译者注
④ 查良铮译。屠岸译为"趁这午夜，安详地向人世告别"。——译者注

第四章　地狱／想象的扭曲与限制

也不可能完全不理解哈姆雷特的愿望——"去死吧，去睡吧……去死吧，去结束吧"[44]。那些精力不太充沛的人要将之作为一种愿望与朋友，与之相处。在一篇小散文中，有这样一句——"睡，甜美地睡"。三十三岁的德国作家曼（Thomas Mann）①宣称他记得自己曾睡过的所有的床。他喜欢睡觉，即使他无需忘掉什么事情，因为他渴望在熟睡中熄灭所有的意志力。熟睡是性爱般的极乐，它也预示着慵懒，是高潮般的欲仙欲死。曼欣赏《特里斯坦与伊索尔德》（*Tristan and Isolde*）胜过所有艺术作品，这并不奇怪，因为它指向"对圣夜的向往"[45]。

死亡结束一切。还有一些不太极端的方法可以麻痹人的思想，吸毒、酗酒就是可行且常用的方法，幻想则是一种更现成的方法，它足以让人昏昏沉沉，陷入其中。做人很难，那么如果将人变成像牛一样的反刍动物，或是变成一只缩头乌龟，又将如何呢？"我相信我能变成动物，并与它们一起生活"，惠特曼写道，"它们是如此平和与沉默寡言"[46]。动物不必满足自己同伴的道德要求，而人类却必须这样做，而且对于人类而言，更难以承受的是他们对自己提出种种无理且过分的要求。像神话中表现的那样，回到感情色彩不太浓的生活方式一直以来都对人们产生强烈的吸引。罗马诗人奥维德（Ovid）的《变形记》（*Metamorphoses*）就反映了这一点。这本书写了许多处于困惑并受到伤害的人们的故事。他们中有很多人渴望自己变成动物甚至是植物，还有一些幻想自己是被动物喂养大的野孩子，这其实与人们想变成动物或植物的愿望是相似的，只是不太极端罢了。这里就产生了一个问题，如果人类拥有能力，却不去享用人类文化的种种益处，也不去承担相应的责任，那情形又会怎样？18世纪末，在法国南部发现了一个"野孩子"，这个野孩子激起了公众的广泛讨论，当时的呼

---

① 德国作家，曾获诺贝尔文学奖。——译者注

声是"将这一生物从大脑中唤醒","而且只唤醒到某个程度"。沙图克（Roger Shattuck）这样写道："然而人们必须承认，野孩子不用思考的存在方式确实吸引了许多人，就好像人们也渴望将自己在生活中所扮演的角色与承担的责任统统地抛在脑后。"[47]在具有浪漫主义倾向的知识分子中间，或许最温和、最常用的催眠术就是幻想着放弃尘世的一切，回归自然，像农民一样生活。现代有一个典型的例子就是托尔斯泰。他在年轻的时候不断地与女农民发生性关系，而成年后又整天沉浸在变成一个简朴农民的梦想中，他通过这样的方式寻求逃避，逃避折磨他一生的训诫意识[48]。

农民是贫穷的，贫穷是治愈烦恼的良方。但是，尽管中产阶级可以自由地去幻想农民的美好生活，然而他们惧怕贫困。英国作家奥威尔（George Orwell）试图打消他们的顾虑。奥威尔是"中上等中产阶级"的一员（他是这样给自己归类的）。他曾在巴黎和伦敦有过一段"穷困潦倒"的生活。坠入深渊固然可怕，但是出乎他意料之外的是，人一旦掉进社会底层并安顿下来，生活竟然是能够忍受的。然而，要做到这一点必须满足两个条件：第一，没有家庭的责任需要承担；第二，必须是在社会中碰到暗礁并跌入社会的底层。奥威尔解释，如果一个人有一百法郎，他会处在一种惶恐的状态中，但是如果他只有三个法郎，他会自言自语道："很好，有了这三个法郎，我还能够撑到明天。"除此之外他不会想得更多。贫穷扼杀了对未来的担忧，这是减轻痛苦的一种方法。另一种方法几乎可以称得上是一种快乐，即"在穷困潦倒中你终于真正地了解了你自己。你经常谈到自己一蹶不振，那好，现在已经一蹶不振了，你已经接触到了，并且也忍受了它。这就消除了许多忧虑"。由于贫穷，一个人变成了都市的劫匪。无休止地寻找食物和住所一定会使生活变得复杂，然而把注意力全部放到当前最急迫、最直接需要解决的吃与住的问题上，会使生活变得更加简单[49]。

受虐既是人们被击入最底层的一种方式，也是一种逃避的方式。它比贫穷更加诱人，因为受虐是一种幻想。社会学家茨威格（Ferdynand Zweig）写道："令人惊奇的是，许多富有而腐败的商人成为受虐欲望的牺牲品，妓女的叙述充分证实了这一点……据这些妓女说，在成功的商人中，受虐的事件尤为盛行，且比施虐的事件频繁得多。许多富有的顾客喜欢被痛打一顿，被脚踢，或被鞭打。"[50]受虐狂同时拥有两个最好的世界：一个是日常生活中所拥有的权力世界，一个是在其中扮演着完全服从于他人的角色的幻想世界，然而这个世界也是对自身能力的间接肯定，因为低三下四的脚本是受虐者自己设计的。受虐者的心理可能很怪异，但是并没有超出一般人的欲望。这种欲望是什么？那是一种想要得到他人认可的欲望，他可以时不时品尝到自贬的快感。

幻想飞翔

被束缚在大地上会让人感到安全，而另一个极端则是彻底的自由所产生的安全感。还有什么比飞翔更能让人体验到自由的伟大？谁不曾梦想，有朝一日能像雪莱①（Percy Bysshe Shelley）写的那样，变成一只鸟、一只云雀？

> 向上，再向高处飞翔，
> 从地面你一跃而上，
> 像一片烈火的轻云，

---

① 诗的中译文选自《雪莱诗选》，江枫选译，时代文艺出版社，2011年出版。——译者注

逃避主义

> 掠过蔚蓝的天心，
> 永远歌唱着飞翔，飞翔着歌唱。[51]

飞翔可能是全人类的普遍愿望。飞翔会出现在儿童的白日梦里，出现在成人的神话与实践中，如出现在对神情恍惚的病人的治疗中，出现在萨满教的航空旅行体验中，是伊卡洛斯翅膀未被融化前的能力①，出现在达·芬奇关于飞行器的绘画中，是众多天使和有翅膀的生物的能力[52]。飞行器的发明最终实现了人类飞翔的愿望，但挑战地球引力的实验并未停止；相反，每一个成功都会使人类飞翔的梦想变得更加狂热，从一项成就跳到另一项，从只是升空到能像鸟儿一样自由自在地旋转和俯冲，从飞过英吉利海峡到越过整个大陆和大洋，从登上月球或（想象中的）行星，到登上其他恒星和银河系[53]。是不是飞行器越强大人们所能享受到的自由就越多？似乎不是这样。现在的飞机飞得又高又快，但是对于那些被安全带绑在座位上的乘客来说，这只是一架粗笨的老爷式飞机，轰隆隆地作响。相反，原始的飞机给予人们更多的冒险和自由，它那薄薄的金属窗与其说是对感受的阻碍，不如说是一种感受气流和星辰的方式[54]。另一个科技发展的尖端是宇宙飞船，它可以在月球轨道之外航行，尽管普通人不能驾驶宇宙飞船，但是宇宙飞船对提高人类的自由意识大有裨益。人们没有被先驱者10号（Pioneer 10）的冒险振奋，反应确实有些迟钝。1972年3月3日，先驱者10号发射，截至1996年它已飞离太阳系逾25亿英里。这意味着，当未来太阳爆炸、扩散开来并吞噬所有的行星时，仍然会有一个脆弱的人类装置正在飞往下一颗恒星，它将是个不朽的

---

① 希腊神话中的代达罗斯被国王囚禁荒岛。他为自己和儿子伊卡洛斯做了翅膀，以便逃回家。但他儿子飞得太靠近太阳。太阳融化了他蜡状的翅膀，他在爱琴海坠海身亡。——译者注

第四章 地狱／想象的扭曲与限制

见证[55]。

地球既是家园又是坟墓，从被束缚在地球上到飞离地球，这种自由难道不是出于人类想要永恒的一种欲望吗？飞机飞得越快只不过是缩短了距离，而它也应该意味着时间的延伸，但事实上并非如此，时间比以往任何时候都感觉更短。是的，我们飞翔，飞到九霄云外，但是最终我们还是要屈服于地心引力，回到地面，这一切都是暂时的，人最终都要死亡。这就是问题所在。

幸福的幻想

还有其他的逃避途径吗？当然还有许多。我再介绍一种现在很流行的逃避途径，对于这种逃避途径，既有人持强烈的赞同态度，也有人持断然的否定态度。这种途径是这样的：利用想象就可以创造出富有魅力的幸福幻想，这胜过简单地飞翔。这种虚幻的世界可能只是一个人的白日梦，没有什么前途可言。但是，童话故事就体现出这种虚幻的世界；在建筑中也可以体现，从质朴的郊外到神奇的迪士尼乐园。不管你怎么冷静地分析，它们都远离地狱和邪恶。它们确实是一种美好。但是批评家指责它们不现实，或是认为它们是邪恶的现实——超现实[56]。

童话故事可以让人们逃往幻想，这是典型的逃避主义，并且仅供孩子们进行娱乐与消遣。成年人普遍这样认为，尽管对于那些19世纪和20世纪的童话杰作而言，此观点有失公允。当然，所有的童话故事都是幻想，是现实世界的替代品。虽然没有我们熟悉的画面，但是它们确实能够让我们从枯燥沉闷的日常生活中获得暂时的解脱。那为什么不这么做？逃避一种现实或许是接触另一种现实的唯一途径。例如，退回到象牙塔，如大学、研究实验室，或许这是探索有关宇宙复杂本质的唯一途径。有一种批评对童话故事最不公平,该批评认为童话故事是为了满足愿望,而这是逃避主义者的坏习惯。但是,能够实现愿望并不是现代童话故事的全部特征。批评家最好把视线投向18世纪的相关作品。在这些作品中,确实含有令人不安的愿望满足和逃避主义的成分。人们逃避什么?逃避贫困是一贯的,其中最紧迫的是获得粮食。很典型的证明就是,一位草莽英雄一旦得到一根魔棒或是魔戒,他首先想到的就是粮食,如果再贪心一点儿的话,那也只不过是肉而已。

古代童话故事在人际关系方面表现得极其现实。为了生存,父亲或许要卖掉自己的女儿,只是因为她不但要吃,而且干活的力气小。英雄总是愿意与公主一起私奔,却对即将溺死的乞丐漠不关心。与其说这类故事不道德,不如说它与道德无关。如果社会制度本身就很残酷,那么残酷就变得天经地义了;人们尊称为美德的是狡猾,而不是勇敢和智慧。这一类故事还有一个与现代故事显著不同的特点,那就是下等人身上所表现出的拉伯雷式的粗俗幽默。法国作家拉伯雷(Francois Rabelais)在其作品《玩具娃娃》(*La Poupée*)中将粪便与教训联系在一起。一个弱智的孤儿有一个神奇的布娃娃,无论何时只要她说"拉便便,拉便便,我小小的破布娃娃",布娃娃就会拉出金子来。她用这些金子买了鸡和牛,还邀请邻居前来观看。一个贪婪的邻居偷走了她的布娃娃,但是当他说出与小女孩一样的话时,布娃娃却拉了他一身屎,"他将布娃娃扔在麦堆上。有一天他在上厕所时,布娃娃跳起来并且咬住了他的屁股,直到小女孩赶到,认领了布娃娃,他才能把布娃娃从屁股上拽下来,从此他活得疑心重重"[57]。

我们可以想象在村子的空地上,一个人绘声绘色地描述这个故事,并辅以粗俗的手势和动作,听众阵阵哄笑,并热烈地拍手称快,

第四章 地狱／想象的扭曲与限制

这表明他们很欣赏这个故事。在我们生活的这个时代，古老的童话故事中被添加了有趣的成分，例如，夸张的幻想和简约的现实主义，即把人类贬低为狡猾的动物。受马克思主义思想影响的文学家格外推崇这种笔法，他们对资产阶级纸醉金迷的生活嗤之以鼻。幻想的本质到底为何？它是一个没有"垃圾"的世界，这里的"垃圾"指的是动物性、陋习、奴役以及死亡。与普通人的梦想不同，资产阶级的梦想将粗俗的或是不妥的东西删除了，保留下来的是宜人的背景、友好的关系、大众的尊严，尤其是自尊——环绕中心人物的是已经安排妥当的美丽的风景、琳琅满目的商品和完善的服务。

资产阶级的力量能够（有的已经）使梦想成真，因此现在世界上较富裕的地区会以拥有大型购物广场、神奇且充满刺激的主题公园、大型超市而倍感骄傲[58]。毋庸置疑，这些场所肯定会受到人们的欢迎。但是也有一小部分人并不想要这些东西，他们通常是在教育上享受特权的人。这一小部分人认为，现代消费主义所创造出来的、令人眼花缭乱的乐园是逃避主义者的幻想，因为这些幻想否定了一些力量（虽说这些力量有些残酷，却使得这些乐园得以建成），不仅如此它还否认了人类的动物本性。即使建造这样的场所不需要过度开发人力与物力，这样的场所也没有任何价值，它们既肤浅且带有偏见，只能被当作一堆垃圾。当然，没有人愿意陷于这样一堆垃圾之中，虽然垃圾还存在，但人们还要保持一种意识。即使是那些激进的青年也会蔑视超级市场，对其不屑一顾，或在事情发展不顺时，骂上一句"去他妈的！"，就好像他们已经受够了凌乱的、无法预料的现实，他们才不去理会房屋内正煮着香浓的咖啡，床单还散发着宜人的芬芳。于是，我得出一个结论，这些地方极度匮乏的是道德上和学识上的严肃性。但这是否只是个人的偏见或是文化的偏见？这些物质丰裕的中产阶级已经拥有了太多的舒适与享乐，如果再对他们倡导道德和学识的严肃性，是不是不太现实，这是否能行得通？竭力追求理想世界的样子被两种明显冲突的力量所掣肘：其一是人类必须拥有垃圾①，否则幻想的空间怎能变成现实？其二是人类必须具有对某种持续的精神或智力的渴望并发展之，这与人类的**真正**本质相冲突。

---

① 指上文提到的购物广场、主题公园、大型超市等场所。——译者注

第五章　天堂/现实与美好

　　历史上人类想象力的高飞使得一些大胆的心灵不断与崇高的宇宙世界发生真实的碰撞。更恰当地说，人类的想象力永无止境，它不断发挥着巨大的作用，使这个世界更加迷人、更有魅力。正是人类丰富的想象力使得大地也变成了景观。一个世界，不管它多么有魅力，只要缺少了道德砝码，那么它终究是轻浮的。"做得好"意味着什么？"好"的含义为何？我们要用一生努力探索这些答案，更为重要的是，我们一定要尽力按照"好"的最高标准去行动，这是我们今生能够抵达天堂的捷径。

　　经受生存难关反复考验的实际生活无疑是现实的。随着物质生活的日益丰富，人们的自信也逐渐增加，同时人们对思想内部的运转方式也有了更加深入的了解，人们最终将放弃曾经幻想出来的妖怪与鬼魂、精灵与天使、女神与男神。如果人们真能做到（至少对于理性的成年人而言是能做到的），那么我们这些成年人该用怎样的眼光来看待神话与仪式、艺术与艺术品？这些事物是人类神经系统活动的产物，还是现实生活的真实写照？是对现实生活的阐释，还是对现实生活的粉饰？如果把这些事物视为人类所创造的单个事物，认为它们只是对不断进行和发展着的全部现实生活的补充，那么我们的感觉是不是会更好一些，负担是不是也会更少一些？另外，我们怎么来解释人类最引以为豪的成就——超凡的道德理想、崇高的哲学思想、伟大的宗教洞察力以及各种思想体系？它们是绝对的幻想，或恰恰相反，是绝对的现实？

15世纪，库萨的尼古拉斯（Nicholas of Cusa）①在作关于基础科学的演讲时，依然承认魔法的存在，承认人类与幽灵之间存在着密切的关系。但一个半世纪以后，培根（Francis Bacon）的现代科学思想有了更大的进步。他否认魔法，将之视作梦、幻觉或狂想，同时，他还否认占星术、炼丹术。因为在他看来，魔法、梦、幻觉和狂想过度依赖想象和信仰，与日常生活相去甚远。然而，培根在作为其"主要哲学"的基本理论中还是保留了一些关于天使和幽灵的观点。在这部分哲学思想（作为启蒙的早期信号）中，更引人关注的是他对光明世界的向往。在他的关于超自然的思想中，只有天使而没有恶魔，只有幽灵而没有厉鬼。

培根的转变或许会促使人们思考：为什么要保留天使？是不是他们比恶魔更现实？事实上大多数人对恶魔的感知可能更多地来源于自己的经历。因为有一点是不可否认的，那就是生活是相当艰辛的，甚至常常是残酷的。即便是在熟睡中，噩梦中的妖魔鬼怪也会侵袭人们，当然美梦中也会出现美好的精灵。但是噩梦中的妖魔鬼怪要远比美梦中的美好精灵"现实"得多。换个角度想，培根说得是否正确？与"美好天堂"（服从于人们的异想天开）相比，人们更相信"罪恶地狱"（这在生活中占有相当大的比重），虽然这可能是一种有益的现实主义观点，但有没有这样一种可能——天使可能比魔鬼更现实，或者一直以来都更现实？事实上，怪物和厉鬼、恶魔和巫婆已经逐渐退出现代社会生活的舞台；与此相比，在人们严肃的思想中还是相当尊

---

① 也译作库萨的尼古拉。他是德国哲学家、神学家、法学家和天文学家。——译者注

第五章 天堂/现实与美好

敬上帝和神灵的,至少在20世纪末仍然如此。现代西方文学正在探求什么样的人才算得上是真正的好人,真正的好人无论在今生还是在来世,都犹如天外来客一般稀奇、珍贵。因而,上帝仍是所有神学院课程中必不可少的内容。毕竟,想象不只是产生幻觉和犯错的根源,更是人类获取知识的唯一途径。如果说在现代社会中,科学作为一门学问享有独一无二的崇高地位,那是因为有一个比实用性更为根本的原因:它呈现出现实生活最真实的图像,有别于受恐惧或异想天开的驱使而形成的意象。令人惊讶的是,这幅图像并不像人们想当然认为的那样平淡无奇,而是充满了神奇。持不确定论的科学家们,如爱因斯坦(Albert Einstein)和霍金(Stephen Hawking)等,面对其研究的自然核心中所蕴藏的奇异性和谜团,也会在其广为流传的著作和个人见解中使用"上帝"一词;而他们所声明的上帝更像是不偏不倚的造物主,它让阳光不偏不倚地普照着众生,而不像是无数神话故事与民间传说中那些在道德上摇摆不定、热情洋溢却带有偏见的神[1]。

幻想与科学

出于某些还不十分确定的原因,在刚刚步入现代化进程的欧洲,许多成人就像是无所顾忌的孩子似的,他们提出疑问,挑战大家广泛接受的事实,结果使得一些现代科学的基础理论开始形成,最为突出的是运动定律(物理课本上的例子)——伽利略和牛顿发现并建立的运动定律。伽利略所提出的理论与人们的常识和亚里士多德(Aristotle)的权威理论相违背。伽利略认为阻力的作用不重要,尽管人们认为阻力无处不在,并影响着物体的运动。在没有阻力的世界中(这里的幻想是什么?),下落物体的速度与其质量成正比的规律,将不再是一条普遍适用的基本规律。牛顿第一定律认为,在外力对运动物体产生作用之前，物体将一直保持匀速直线运动。对于外行人来说，这一论点似乎像是科幻小说作者为了制造某种令人震惊的效果而提出的奇思异想。如果你仔细地观察你周围物体的运动轨迹，就会发现每一个轨迹——从抛出去的石头的轨迹，到迁徙鸟类的飞翔轨迹，再到太阳的运行轨迹，都是弧线或者圆形。从历史的角度来看，圆形在人类——古希腊人及其富有智慧的后代，欧洲人，还有哥白尼和伽利略这些科学家——的思想中占有极其重要的地位[2]。同样，在其他的文化与文明中，至少在美洲印第安部落中，人们也能清楚地体会到圆形对他们的重要作用。正如受人尊敬的印第安苏族部落酋长埃尔克（Black Elk）所断然宣称的那样："世界的力量一般通过圆形来起作用，万物尽力使自己变成圆形。"[3]或许从某些深层而神秘的意义上讲，他说得很对。现在，直线运动轨迹这一由牛顿提出的"有悖常理的"的假设，已经通过了力的终极试验。这里的"力"意味着什么？其内涵包括两个方面，一方面可以在以前我们认为没有任何关联的离散现象之间确定某种联系；另一方面，可以用迄今为止未被证实的体系来精确地预测出物体的运动状态[4]。

科学史学家小怀特（Lynn White Jr.）①举了一个更令人震惊的例子，该例子表明幻想是如何促使一个人踏上科学的发现之旅的。他这样写道：

> 1733年，作为智力运动，耶稣会士萨凯里（Jesuit Girolamo Saccheri）对欧几里得的平行线公理提出挑战，并建立起一套自洽的非欧几何学，从而替代了原先"荒谬的"公理，那就是经过一个给定的点可以引出两条直线与一条

---

① 美国科技史家。——译者注

第五章 天堂/现实与美好

给定的直线平行。不幸的是，他将非欧几何学视为**玩笑**，一笑置之。直到四代人之后，数学家们才意识到萨凯里已经作出了一个伟大的发现，之后迅速诞生了一整套的对照几何学。爱因斯坦曾认为黎曼几何学是通向原子能释放的数学钥匙，而对照几何学享有同黎曼几何学一样的辉煌地位。这套新理论最令人惊奇的地方在于它发现了人类仅用幻想就可以研究现实。[5]

16世纪以前，打开自然界大门的"数学钥匙"还鲜为人知。直到16世纪末数学方程式才有所发展。数学方程式一经投入使用，人们就迅速认识到它不仅是一种有用的数学工具，还能够检验人们的思想是否正确。于是，在人们当中就形成了这样一种观念，认为宇宙的本质是数学的，上帝无疑是一位数学家，如果深入地研究上帝的创造物，就会发现确实存在着一种精确和优雅，而只有朴素的数学语言才能抓住这种精确和优雅。当人类摆脱了那些关于上帝的幼稚幻想后，又会如何认识上帝？我们仍然会坚信上帝就是真正数学家的神话，于是当我们听到下面这个故事时或许会报以赞赏的微笑。这个故事讲的是当时还是学生的图灵（Alan Turing，之后他成为了一名计算机科学家）在发现了斐波那契数列在自然界中的表现时（例如，他发现了斐波那契数列表现在许多常见植物的叶子排列和花朵模式上）极度兴奋。"斐波那契数列指以1、1、2、3、5、8、13、21、34、55、89……开始的序列，其中的每一个数都是前两个数之和。"[6]

肉眼能轻易地观察到生物的生物学特性，但事实上，这些生物学特性往往是杂乱无章地表现出来的，无论用哪种数学序列来解释，都可能只是一种巧合而已。相比而言，物理性质（如我们头顶上的星空）就显得更为有序，但是即使在这种有序的物理性质中，现代科学家也会发现其中蕴藏着无序性、偶然性和不稳定性，并不像先前人们想当然认为的那样，物理性质只是一种简单的和谐[7]。但是，物理学家并未放弃探索，探索复杂现象背后隐藏的真理对他们来说仍然是一件美好的事情。正如天文学家钱德拉塞卡（Subrahmanyan Chandrasekhar）所言："在我四十五年的科学生涯中，最令我惊喜的经历就是实现了爱因斯坦广义相对论方程式的一个精确解……绝对精确地表现出浩渺宇宙中的无数黑洞。这种'在美的面前的震撼'，这种让人难以置信的事实，即我对数学美的探求引导我在自然界中找到了原型，使我认为美需要人类用最深刻、最复杂的思想来回应。"[8]

美是明确的，善是含蓄的，这一点得到大家的公认。真、善、美与上帝联系得如此紧密，以致我们绝不能将这四者割裂开来，而必须将它们视为完整的一体。或许这种看待现实的观点是西方人继承了柏拉图学说的明智之处。这种继承性令人瞩目，但最令人瞩目的是它显然得到了现代科学的支持。无论伟大的柏拉图学派在今天享有怎样崇高的地位，当今时代的进步更要归功于带有哲学倾向的科学家，而不是纯粹的哲学家[9]。在20世纪末相对论和解构主义的影响下成长起来的纯粹的哲学家，会因为被人称作"真理的追寻者"而感到非常窘迫。我怀疑物理学家和宇宙学家也会同样感到窘迫。他们正在以自己的方式实践着诗人预言家和宗教神秘主义的古老学说。其共同之处在于他们对于某种终极的清晰美景都怀有深深的渴望，而且他们又都在道德上摇摆不定，因为正是他们所从事的伟大事业的性质使他们必须保持谦卑的态度，然而他们还是会受到傲慢的诱惑。像宗教狂热者一样，科学家很容易滑向自负自大的深渊，然而为了揭示真相，他们必须保持谦逊的研究态度。事实上，科学天才往往是这样一种人，他们常常对别人轻视的思想和事实表现出不一般的关注。他们的工作氛围很严肃，日程安排严密紧凑，研究中用的是枯燥的符号和数字，但

第五章 天堂/现实与美好

是他们发现的现实同宗教幻想家所预言的一样辉煌而奇妙。现实是由极端的事物构成的混合物（简朴的和辉煌的，极其渺小的与极其恢宏的），这使得科学图景看上去更像是上帝的杰作，并使科学家产生这样一种感觉，即他们在努力探索并揭示真相的过程中也在靠近某些可以称为上帝的事物。

意识：新的实体

动物第一次出现在地球上时，它们就是宇宙中一种新的实体；同样，它们的感觉和情感，认识和经历，也就是说它们的整个世界，也是一种新的实体。人们并不清楚世界究竟是个什么样子，而且很可能在未来相当长的一段时间内仍弄不清楚，甚至连我们最老的伙伴——家狗的世界我们也弄不清楚。我们在感觉器官、身体构成、意识范围和意识能力上与狗和其他大多数动物差别很大，这一点将我们和它们区别开来。当然，我们与它们也有相似性，这是必然的；只要想一想所有的动物都会认路，都会辨别哪里有食物，哪里是栖身之处，哪里是危险的地方，我们就知道我们与动物必然存在着相似性。在"路径与节点"这个抽象的层面上，即使没有亲身经历，我们也可以很好地去理解另一种动物的世界。面对这个普普通通的动物世界，尽管其核心也是高尚的情感，但我们对其特性和生动性依然缺乏足够的了解，将其视为图表式的、机械而单调的世界。如果一个人说动物就生活在这样的世界中，这听起来像是物种主义者对动物的诋毁，然而我们人类每日就生活在类似这样的世界中。我们在现实生活中就像在梦游时一样无意识、不自觉，遇到商店向右拐，遇到树向左拐，向这个人点头问好，与那个人寒暄几句，却很少唤醒我们的感知力和想象力。

如果将这些力量全部唤醒,情形又将会如何?那时的现实将会是什么样子?唤醒这些力量将花费大量的时间,有可能是一生的时间,但唤醒这些力量正是教育的真正目的所在。有一种观点很奇怪,认为常用的学习方法或许能将一个人提升到一个卓越的高度。这种方法有很多种不同的含义——从字面意义到引申意义,意义取决于一个人的思想中是否存在个体、群体或是人类的概念。一个个体可以以一种精确的社会心理学观念来学习。随着该个体能力的不断发展,新的事物和新的看待事物的方法也会随之产生,这种"新"仅仅是对他自己而言,对其他人来说不太可能是新的。但是,"不太可能"并不意味着"绝不可能"。一个个体,毕竟是唯一的,他的新经历和新发现或许只能被他自己拥有,并不能与他人分享,或者只能是在将来的某一天别人也有相同的经历或发现时才有可能与他一起分享。说到群体,它也有一段学习的历史,它的世界在集体智慧的共同作用下才得以展示与丰富。以人类的尺度来衡量,"学习"更像是一种语言文字层面上的阐述,而不是对心理历程的精确描述。确实,当一个人在考察太平盛世的时候,历史进程中的突发事件(间歇性的突发事件使得一个朝代更换到另一个朝代)会在他的脑海中刻下不可磨灭的印象,而他对历史中稳定发展的事物却不会留下什么印象。

"新"是一个颇有争议的词。科学所发现的是现存的或已经存在的事物。发现的对象原本就已经存在于世间,也就是说它其实是旧的;"新"只不过是发现者意识到了它的存在罢了。我在这里打几个寻常的比方,譬如你从睡梦中醒来,发现这个世界是如此阳光明媚,就好像你第一次看到这样的世界;再如地理大发现是发现了一块旧大陆,而这块旧大陆对于探索者来说却是第一次看到,因此他理所当然地称之为"新"大陆。当然,这两个例子存在着明显的差别,从睡梦中醒来这个行为不需要任何技术上的支持,但是发现新大陆却需要。宗教启蒙也不需要任何技术上的支持,这一点与从睡梦中醒来很相似,相反,科学启蒙却需要技术上的支持。更确切地说,宗教启蒙是优秀的自由主义教育方式所开启的觉悟,虽然可能并不需要什么技术上的支持,但是它确实需要技巧、训练(净化思想)以及文化的支持,比如说,用树立榜样的方式来阐明一个人应该怎么做、做什么。以科学的眼光来看,新事物不仅取决于以上这些条件,还取决于研究新事物的试验仪器、试验室或试验大楼是否齐备。这些其实也是这个世界的新实体,它们促进了新事物和新意识的发现。英国生物物理学家克里克(Francis Crick)揭示了已存在数十亿年的奇妙的生命基础——RNA和DNA,但是,无论RNA和DNA有多奇妙,对它的认识也只是几十年前的事情[10]。

科学意识是神奇的,而且是高度专业化的。从另一个角度来说,人类对现实的探究范围之广,同样让人感到不可思议。探究范围的拓展并不是通过科学仪器,而是通过培养对自然的感受能力实现的。通过督促学生学习极个别的天才个案、群体的发展历程和成就,是对这方面进行培养的最好方法。

成长

人类从生下来的那一天起就是"学生"。他们学习的轨迹具有怎样的特征?是不是无论个人成长的家庭背景和文化背景为何,他们的学习轨迹都如出一辙?答案是肯定的。相同的生物本性使所有的人对现实几乎持有相同的理解,从这一点说,他们的学习轨迹基本上是相同的。不管一个个体或群体与其他的个体或群体有怎样的区别,相较于我们人类和其他物种(包括与我们人类同一祖先的灵长类动物)的区别,这种区别也就不显著了。人类的共同特征在童年早期表现得尤为明显，原因不仅在于所有婴儿的行为都很相似，还在于其"世界观"也很相似。对于婴儿而言，生活在热带雨林的与生活在荒芜大漠中的差别不大，因为他们的视线范围不会超出三英尺，他们的世界可以恰如其分地被描述为小的、不稳定的和不完整的[11]。随着时间的推移，文化在人们的日常生活中日益占据主导地位，人们在世界观上的分歧也日趋明显。即便如此，跨文化的研究发现，人们的情感或智力曲线呈不断上升的态势，在成熟阶段，仍然有许多共同之处。无论在何地，孩子的体力和处事能力都会随着年龄的增长而提高，这种提高是显而易见的，每一个人都能看到。而不易察觉的且不确定的是孩子们对真和美的理解，而这正是不断成长所导致的必然结果。

尽管每个人都渴望成熟，而且成熟也的确值得人们期盼，但是并不是说成熟的方方面面都是好的，它同样会有所丧失，比如说丧失单纯和好奇心。如果说丧失单纯之后取而代之的是知识和智慧的积累，那么这种丧失是可以接受的，但是如果丧失的是好奇心与创造力，结果将会如何？令人感到奇怪的是，只有西方人从17世纪以来才开始学会重视好奇心和创造力，其他社会则倾向于将好奇心和创造力视为不成熟的表现，认为最好将其抛弃。如果认真思考一下，你就不会对这一点感到惊讶。从人类的历史进程看，孩子们不断地对求知与探索产生需求，这种需求令人质疑，因为如果这种需求以童年早期那种令人惊奇的速度发展下去，那么它最终会对社会秩序的稳定性产生持续的威胁。当西方人有了更强的自信心之后，他们才开始欣赏童年时代，这产生了一种影响，即在人生不同阶段令头脑保有趣味性被人们更广泛地接受了[12]。人们对待童年的态度之所以有所不同还存在另一个原因，那就是在前现代社会，童年时代或许充满了各种新奇古怪的想法，成年后依然如此，在冠礼仪式之后，人只是从一个魔幻世

第五章 天堂/现实与美好

界走进了另一个魔幻世界;相反,在现代社会中,当人达到一定的年龄,就会将孩提时代的魔法王国抛到脑后,于是我们就可以理解,为什么成年人会带着一份失落去回首美好的童年时光。

但是,这种从着魔到清醒的转变是否不可避免?成熟是否是从幻想到现实的一个必须的转变?幻想是否必须与现实相对立?要得到答案,就要进一步观察人在成熟的过程中究竟能够发生什么,以及确实发生了什么。这就意味着要从孩子开始观察。我们首先注意到的一点就是孩子们特别喜欢玩耍,他们喜欢把自己装扮起来,生活在自己幻想的世界中。他们假扮成动物,富有想象力地将现实事物加以变形,于是书架就变成了悬崖,扫帚柄变成了马,朝上翻的椅子变成了堡垒。现在,教育家们意识到必须允许孩子们至少有一段时间生活在他们所创造的幻想世界中。孩子的幻想并不是逃避现实,而是探索现实并与之相处的一种很自然的方式。扮作动物是他们了解动物行为的最快、最实际的途径,这是孩子在情感上与动物相联系的唯一方法。他们将动物视为人类的伙伴,认为动物与人类的追求相同,动物也像人类一样依赖地球上的资源存活。更进一步说,通过扮作动物这一方式,孩子们清楚地了解到自己是谁。我是谁?这是人类最难回答的问题之一。当孩子们看到自己像鹰一样勇猛、坚定,或是像小鸡一般脆弱、胆小,或是两者兼而有之,或者两者都不是的时候,当他们就是他们自己,而不是另外某个人的时候,他们的人生就有了一个良好的开端[13]。当然孩子们也会扮作他们所崇拜的成年人,并且准备长大以后也成为这样一个人。假装是一门技术,可以唤醒沉睡在体内的技能和天赋,否则这些技能和天赋将会沉睡在人体内,发挥不了作用。心理学家哈特利(Robert Hartley)从自身生活中列举了一个很有借鉴性的例子。他年轻时明显缺乏写作天赋。一天,当他在写作的时候,他突然想起他曾在电视上看到过的一个人,这个人驾驭文字的能力非常强。

突然，哈特利开始写起来，他假想自己就是那个成功的作家，他将自己的想法设想成那个作家的风格。他可能会从"那个人走进房间"开始下笔，但是他意识到作家更有可能会这样写，"那个高个子男人走进了房间"。他继续假想那个作家会怎样遣词造句，最后他把开头修改成："那个瘦高个儿的男人一瘸一拐痛苦地走进那间（灯光昏暗的）屋子"。这个试验很成功。他的老师为他在写作上的巨大进步而感到由衷的高兴。从那时起，哈特利就让自己体内那个能写作的自我来进行写作了。[14]

在七八岁左右，孩子就会开始抛弃假装和幻想，将视线转向现实世界，但是他们并没有丧失假装与幻想的能力，只是不愿意运用而已。他们更愿意成为成人世界的一分子，做一些有实际意义的事情，比如说那些可以获得经济报酬的事情（送报纸之类）。他们愈发渴望参与到社会生活中。为了能够参与到社会生活中，他们就必须知道如何与他人进行友好的交往。他们怀着对社会交往的浓厚兴趣，对社会信息交流的无比热情，放弃了只对自己才有意义的幻想世界，而转向大家所共享的现实世界——一个客观的世界，在这个世界中椅子就是椅子，仅此而已。

这样，富有想象力的孩子就逐渐变成了迟钝的青年，继而变成更加迟钝的成年人，然而这种转变是不是不可避免？一个人变成成年人意味着什么？在前现代社会里，年轻人在冠礼仪式之后就正式进入了属于成年人的魔幻世界和宗教世界。在创业者眼中这个阶段具有无比的重要性，但我只想知道经历了冠礼仪式是否就意味着一个人真正长大了、成熟了？因为一个人的成长有别于动物或植物，真正的成长必

第五章 天堂/现实与美好

须包含着进一步成长的潜能。孩子的幻想是对现实的外部世界的真诚探索,但是成人的魔法或宗教习俗,是人们为了对抗焦虑与恐惧的心理而建立起来的,这很可能是一种镇压,一种终结,是比人们建造的房屋更加坚固而不可动摇的信仰。

恶魔会使人产生畏惧感,在它们面前,人们顺从且无理性地行为处事,据推测,现代社会的人们不会再这样行为处事了。但真的如此吗?答案是有保留的肯定。虽然开明的现代人已经把很多原始习惯当作废物抛弃在历史的垃圾堆里,但是它们在人们的思想中根深蒂固、纠缠不清。凭借常识与实用主义而闻名于世的约翰逊(Samuel Johnson)①博士和戈登(Charles Gordon)②将军为了避免遭到厄运,从不踏上人行道的交叉口。我自己并未受到这种迷信的影响,但是我仍然宁愿绕过它,也不愿从人行道的交叉口真穿过去。亚当斯(Charles Addams)的卡通鬼片对他的诸多崇拜者产生了深远的影响,对我也是如此。黑夜驾车穿过墓地的时候,我忍住不去看后视镜,生怕看到某个原本不应该出现的人。现代摩天大楼的宾馆或许没有13号房间,甚至没有13层。在竭力追求商业利益的亚洲城市如香港和新加坡,现在仍有人用古代看**风水**的方式来寻找疾病之源[15]。

这方面的例子不胜枚举。许多旧的思维方式仍然存在,如果不细细琢磨一番的话,它们仍然有一定的吸引力。对事情不细细地加以琢磨是人变得老于世故的一个标志。随着人们逐渐成熟起来,人们必须从一种魔幻状态转移到另外一种魔幻状态中,从由于害怕而产生的幻想转变为自由且有节制地运用想象力。自由且有节制地运用想象力其实在人类生活中很普遍,只是很容易被我们忽视,因为我们的注意力过分集中在那些天资聪颖的个体及其作品上。我们都知道米开朗基罗

---

① 英国作家、诗人、文学评论家。——译者注
② 维多利亚时代英国工兵上将。——译者注

是一个天才。据说在他的眼里,一块大理石里已经蕴藏着一个人物的形象,他只是通过雕刻将这个人物从大理石中释放出来,结果是杰出的作品诞生了。这多么富有魔力!我们不是米开朗基罗,我们的想象力也没有达到他那样的水平。然而即使是最卑微的工匠,当他的创造力爆发时,也会发生类似的事情:他或她看着石块的同时好像看到了还不存在的事物。创造任何事物都必须要有这样的想象力。

理性成年人的魔幻世界

在前现代的农业社会里,人们更多的是被比比皆是的不确定性困扰着,而不是沉醉于对大自然的美好希望中;更多的是因各种不祥的预兆而过度忧虑,而不是被喜悦振奋。在上述矛盾的两种情感中,是否有可能只存在其中一种情感,或者是其中一种情感更加强烈?在我看来,答案是肯定的。现代科学成功地将人类从阴郁的力量中解放出来,与此同时,又展现出一个令人难以置信的威严而陌生的宇宙空间。这难道不是一种进步[16]?那么,人们为什么会普遍担忧地球的未来,并认为科学难逃其咎?有许多原因可以解释为什么会出现这种情绪。第一个原因就是人类由于长时期屈服于自然的压力,对于科学所提供的自由持有矛盾的心理。我们怀念以前主宰我们命运的自然,虽然它时常表现得残酷无情,但是至少将戏剧及与之对话的幻想带到我们人类的生活中。第二个原因则指向了化约主义,化约主义是现代科学的一个重要特征,现代科学惊人的发展与成功是因为化约主义的存在。所谓化约主义,指的是将与当前问题没有严格联系的所有信息排除掉。正因如此,它也促使人们在思想上养成了一种轻视的习性。在化约主义者的眼中,一切都可用"只不过"这样的词语来形容。桌子只不过是大量旋转的原子,日出只不过是一种意识上的视觉。我们中的

第五章 天堂/现实与美好

绝大多数人并不是科学家,但是我们也在使用各种各样的技术,我们深知,就人类居住的生活环境而言,技术就像是个化约主义者,也就是说,当今的技术已经发展得极其精细、极其丰富,并将其触角伸展到各个角落,企图揭开所有隐藏的神秘性。

研究问题所采用的分析法与化约主义方法为人们提供了巨大的力量,这就证明了这些方法与现实是紧密联系的,并不是人们随意创设的解决问题的方法。这里,我还要补充一点,如果我们想要遵循康德(Immanuel Kant)的观点来认识现实本身,那么我们是不可能做到的。虽然我们不能了解到现实本身的所有方面,但是还是有能力了解到现实的许多方面,而不只是科学所能揭示的某一方面[17]。现实的这些方面,不论是单一的,还是复合的,都会随着人类思维能力和感知能力在广度和深度上的不断提升而逐步被揭示出来。与科学不同,这种提升来自一种思维习惯,一种综合性而非分析性的习惯,这种习惯能将人引入更加丰富、更有启发性的现实中。那么,我就要说:如果说往昔岁月富有诗意,现代社会也会如此;如果说孩子生活在魔幻的世界中,那么成人亦然,只是成人不是通过幻想,而是通过发展各种能力抵达这个魔幻世界,如运动、语言、视力、听觉方面的能力,这些神奇的能力我在前文几乎都有提及。

运动:生命之舞

斯坦纳(Jean-Louis Steiner)在《特雷布林卡》(*Treblinka*)一书中讲述了这样一则故事:在一个集中营里,一名舞女赤裸裸地站在队列里,等待着被处决。一个卫兵叫她出列跳舞,她按照卫兵的吩咐做了,非常专业且非常有气质地舞到那个士兵近前,夺过了枪,并射杀了这个士兵[18]。

让我们来谈论一下力量。在这个集中营里，囚徒被贬为赤裸裸的瘦弱的两足动物，毫无人类的尊严和意志可言，排着队，像垃圾一样等着被处理掉。卫兵站在一旁观看，以闲谈来打发时光，时而对赤裸裸的囚徒躯体作出一番淫荡的评论。为了对囚徒作最后的羞辱，一个卫兵挑出一名舞女，命令她跳舞。你可以想象到舞女刚开始舞蹈时的尴尬，也可以想象到那些卫兵不怀好意的窃笑。随后发生的一幕很值得关注，舞女加快了舞步，同时也增强了自信，当她这样做的时候，她周围死气沉沉的空气开始搅动起来、沸腾起来——不光是这个舞女，整个空间也充满了活力。当她从卫兵那里夺过枪并扣动扳机的时候，那一声枪响也意味着生命力的爆发。

声音是生命，运动也是生命。孩子放学之后冲进一望无际的田野里放声高唱，一些孩子显得精力充沛，他们还要翻上几个漂亮的筋斗。比较年幼的孩子在翻落下单杠时也会神采飞扬，但是更多的孩子表现得失落。一天，我坐在一家饭店的餐桌前，隔着窗口向外看，**我看到街对面的一对父子在一家宠物店门口驻足**。孩子让父亲把自己举起来，这样他就可以看得更清楚一些。透过窗口我看到的竟然是一幅引人注目的双人芭蕾舞表演，这场表演是那样的自然洒脱。在父亲双手力道不足的助力下，男孩并没有被举到父亲的肩膀上。男孩将一只胳膊搂着父亲的脖子，另一只手抬起来指着什么。过了一会儿，孩子从父亲的身上爬了下来。

如果人们仔细地观察与体会，会发现我们周围的空间里到处都充满着运动的优雅与胆量，它们使周遭获得了"魔法般的魅力"：在校园里、在尘土飞扬中，孩子们在尽情地玩着皮球。是的，这会令某些人感到很头痛。在路旁，反戴着帽子的男孩子灵巧地跃过围栏，动作之轻盈就好像脚下安着弹簧。年轻人的运动很轻松，这种轻松就是一种优雅，年轻人的腘腓折射出一种脆弱的魅力，他们长大以后又

第五章 天堂/现实与美好

会如何？

从传统社会向现代社会转型时，情形又会怎样？也许这两个问题的答案是相同的。在民间和传统社会里，仪式和舞蹈是密不可分的，其中似乎蕴藏着现代舞蹈演员所不能完全复制的热情和严肃。不能复制的原因是那些曾经促进古老舞蹈艺术发展的必不可少的极端条件在很大程度上已经消失了。这些极端条件是什么？通常是自然灾害，比如说猎物的匮乏、庄稼的枯萎、旱涝之虞等。普韦布洛印第安人的玉米舞和雨舞都是为了祈求丰收。在今天看来，他们的舞蹈是美妙的，既催人入眠又鼓舞人心。整个广场呈现出有韵律的生命力量，尘土飞扬的地面变成了巨大的紧绷的鼓面，活跃其上的是有韵律的歌声以及舞者飞快跳动的双脚。但是现代版的舞蹈仿佛缺少点儿什么，尽管舞者的热情非常高涨，饰物非常精美，甚至比以往任何时候都更加精美，但是却缺少了思想上的忧虑和牵挂。不管庄稼收成有多么糟糕，在20世纪末，饥荒已经不再对人类的生命造成严重的威胁。在人类早期，死亡将其令人不安的阴影投射到每一个仪式和戏剧之上，但是现在死亡退却了。玉米舞，还有雅基族的鹿舞、澳大利亚的火鸟舞、英格兰的五月柱舞，它们留下的只有艺术的魅力[19]。

在当今这个世界，随着孩子们一天天长大，他们逐渐丧失了他们那个年龄段所特有的天然且优雅的运动方式，取而代之的是符合成年人要求的行为举止。这些行为举止尽管在社会中很实用，但却缺少了某种被之前"美好"社会的成年人所认可的优雅。微微地一鞠躬，行尊敬的屈膝礼，头上微斜的帽子，手中拿着的烟斗，门口的互相谦让（"您先请！""不，您先请！"），这些都已经不复存在了，只能在博物馆的档案中才能找到一些片段。我们比以往更需要专家来提醒我们关注运动的美，运动的力量，它们令空间弥漫着迷人的魅力。许多年前我曾观看了一部由英国著名芭蕾舞演员芳婷（Margot Fonteyn）主演的电影《罗密欧与朱丽叶》(*Romeo and Juliet*)。令我至今记忆犹新的一个片段是朱丽叶嘲弄她的老保姆,而老保姆则绕着房间追逐着朱丽叶。朱丽叶奔跑着、躲闪着,跳上床随即又一跃而下。当时的芳婷已经四十多岁了,却将一个动作灵巧的十几岁小孩扮演得惟妙惟肖。但是,没有一个十几岁的孩子能把动作做得比芳婷更加轻盈、更加流畅。她好像是在流动。我被她四肢、躯干、脖子以及头部的运动之美惊呆了。她创造出一种神奇的、停留在空中的藤蔓花纹,以至于在我的记忆里她的双脚就从未着过地。

语言:创造出魔幻世界

运动普遍存在于动物界,所有的动物都在运动着。语言普遍存在于人类社会中,所有的人都会说话。孩子的运动有一种成人所没有的动人的美,但是如果他们成为运动员或是舞蹈演员,那就另当别论了。此外,孩子在语言方面显示出非凡的天赋,但是随着他们长大,这种天赋似乎就消失了。家长和教育家们通常会观察到年幼的孩子喜欢玩文字游戏,孩子们还会经常作一些形象的比喻。心理学家加德纳(Howard Gardner)讲述了这样一个例子:在第一个四岁儿童的眼中,天空中的一条痕迹就是"天空中的一道伤疤";在第二个同龄儿童的眼中,赤裸身体就是"光着脚丫子到处走";在第三个孩子的眼中,一节电池则是"一只卷好的睡袋,随时准备送到朋友的房间内",等等。在游戏中,一只枕头可能就是一个婴儿,一片香蕉叶则是一座水上住宅。童年时代的奇妙就是通过比喻和隐喻的手法(即转换的手法)来表现的。加德纳注意到这些东西在感觉上和实际情况非常相似:手电筒中的电池看起来真的很像一个已经收拾好的睡袋;香蕉叶看上去虽不像是水上住宅,但在游戏中发挥着水上住宅的作用。大部

第五章 天堂/现实与美好

分儿童理解不了某些话语的特定意义，比如铁石心肠，或是莎翁将爱情比喻为仲夏夜。孩子们会被"铁石心肠"这样的比喻困惑，他们会突然变成现实主义者，认为这个"铁石心肠"的家伙，真的长着一颗石头心。在孩子们看来，莎翁的比喻牵强而晦涩难懂[20]。甚至连成年人也是凭直觉来理解莎翁的比喻，别无他法，因为运用逻辑思维没法理解作家这些词语所要表达的真正意图。

而今还有谁会沉浸在幻想中？是成年人。但是，上述例子中提及的幻想（更恰当的措辞应该是想象）的最终结果，并不是导致一种私密且梦幻般的、不能与他人分享的状态，而是以这些幻想展现出全新且生机勃勃的现实，而这是可以与他人分享的，就像是可以通过"仲夏之夜"这样的比喻，让大家体会到难以言说的恋爱之甜蜜与美妙。这种比喻是新奇的，是作者的发明创造，但是它又是那样轻松与自然。当人们第一次接触这种比喻时，也不禁会吃惊地认为这种比喻注定要产生，就好像它的存在是理所当然的，它就在我们的大脑里，诗人只是在灵感来临的时候**发现**了它。

再来看看孩子和成人的另一个区别。年幼的孩子通常会好奇地观察单个事物，比如雏菊，从而发现它所具有的重要意义，而成人却发现不了。然而，成人失去的这种好奇心可以通过艺术手段重新获得。雏菊仅仅是大千世界中不起眼的一员，当有人把它从田野里挖出来，放进一个小花瓶里，再为这个小花瓶配上一个美丽的基座时，人们就会注意到它，甚至去赞美它。孩子却不必通过这些步骤，因为他们有一种自然的倾向，倾向于将事物看成是独立的个体。孩子的世界是生动而美丽的，这个世界由无数个引人入胜的细节组成。他们的世界不是灰色的，不是实用主义的，不是由手段和目的构建的，在一个由手段和目的构建的世界中，这些目的也将很快变成手段，丧失其原有的关注与重视。并不是所有的成人的能力都被剥夺了，正如我前面说到的那样,他们可以通过艺术的手法重新创造出活泼生动的个体。他们可以创设出一定的语境,而这一般是孩子没有能力做到的。在不同的语境下,词义会发生变化,既可以缩小,也可以扩大。六十四岁的华兹华斯在一个孩子的相册中写下的一首诗,让我们来看一看他的这首诗是如何赞美"帮助"这一美德的:

> 持续给予微小的帮助乃真正的帮助;
> 无论来自卑微的朋友,还是聪明的造物主,均不可忽视!
> 雏菊,用自己投下的影子,
> 保护还未散去的露珠,使其免受阳光照射。[21]

放置于太阳和露珠这样的背景中,雏菊就成为一种有光辉意义的象征。它将自己的魅力撒向孩子,同样也撒向成人。但是,孩子与成人所感受到的雏菊的魅力并不一定相同。与孩子相比,成人更容易被这种魅力影响,其影响力的大小取决于成人的经验与语境的丰富程度。这时,一个恼人的问题就会摆在我们面前:雏菊所散发的魅力,或是我们正在见证的魅力,是不是老于世故的成年观察者自身的纯粹的主观想象?这样发问听上去好像不太严肃。这里要讨论的并不是"非此即彼"这类答案所能回答的简单现象,而是一个极其复杂、极其微妙的现象,其涉及范围很广,囊括了各种各样的物体和事件,既有物质上的也有心理上的,需要花费大量的篇幅去描述,而不是解释。或许一首诗歌,比如华兹华斯的诗歌,就能暗示出其涉及的范围之广。如果只让我用一句话来描述讨论的焦点是什么,也就是我们关注与理解的对象究竟为何物,我会这样说:它是一种共同的存在,涵盖了太阳、雏菊、露珠,还有人类个体。这里谈到的人类个体身材虽魁伟有力,但是令人遗憾的是,其身体也是脆弱而短暂存在的。在地球演变历史进程中的某个特定时刻，人类个体在身体上或审美、道德上相互之间存在联系[22]。

视觉经验与风景画

孩子喜欢画画，孩子在很小的时候就喜欢用大胆而抽象的线条在白纸上或墙上乱涂乱画。那么我们是否可以称呼他们是小画家？答案并非完全肯定，因为与其说他们喜爱艺术创作，不如说他们沉醉在自身制造出来的某种效果中。当孩子长到五六岁的时候，就会放弃成人所欣赏的抽象性，转而喜欢对树木、房屋、男人、女人等客观事物进行现实主义的描绘。为了能参与到公共的现实世界中，他们会放弃以自我为中心。他们似乎知道为了能与别人进行有效的交流，他们应该怎样画画才能得到别人的认可。如前所述，这样一种现实主义也同样适用于语言。当然，孩子必须继续使用语言，而他们会在不花费任何社会成本的情况下放弃画画。少年和成人，很顺利地进入由心理隐喻组成的魔幻世界当中，他们欣赏别人使用的新奇语句，并努力避免使用那些陈词滥调。孩子在步入成年后，一般都会放弃画画。这并不意味着他们从来没有获得对艺术的鉴赏力，从未学会观察客观事物的真与美。恰恰相反，孩子之所以会选择放弃画画，是因为到了一定的年龄，他们第一次学会注意存在于自然界和人类艺术中的真、善、美，他们也是第一次强烈地意识到要想将客观世界的真、善、美描绘出来，自己的本领还差得很远。这种放弃不失为一种明智之举[23]。

这里显示出这样一个发展过程：从小孩子以自我为中心且富于幻想的世界，到少年的现实主义世界，再到青年人和成年人的魔幻世界。即使成年后要进入魔幻世界，但成熟带给人的裨益还是要多于损失。我会再举一些例子继续展开这方面的论述。心理学家本川原

（Sylvia Honkaavara）曾经研究过五六岁的孩子是怎样理解风景画的，现在来看一下他的研究成果。当把一幅风景画展示给成人时，他们往往会作出诸如此类的评价：这一幅是"欢快的"，那一幅是"阴郁的"或"悲伤的"。相反，孩子会认为这样评价风景画让人难以理解。但是，如果他们的情绪真的受到风景画的感染，那就要另当别论了。当他们快乐地玩耍的时候，就会坚信游乐场也是快乐的；当他们感到不安全或是受到惊吓的时候，周围的风景就会变成怪物[24]。人们很自然地会将情绪带到现实世界中，无论大人、小孩都是如此。年长一些的人有一项特别的成就，他知道世界上存在着一些情绪，这些情绪不依赖他们而独自存在。因而，在他们感觉悲伤之时，就会选择外出，到野外去看一看在阳光照射下显得斑驳陆离的美丽森林。这是一种优美的风景，这种风景有一种力量，可以缓和他们悲伤的情绪，让他们的心情平静且快乐起来。或者，你可以想象一下，当一个心情平静的女子漫步于狭小而阴沉的峡谷时，她的心头会浮现一丝不安的感觉，并不是她真的感到不安，或许这种感觉是由峡谷上方的浮云投射下来的阴影所致。再举一个例子，一个小男孩厌倦了他的三轮车，将它遗弃在人行道旁。他的父亲看见了，带回了这个三轮车，他把三轮车放倒后，磨损得很严重的车轮仿佛露出被遗弃的可怜目光。怀有现实主义观点的孩子已经上床睡了，他的父亲却依然醒着，待在属于他这个成人的魔幻世界里。

"风景画"对于人类有特别的意义。世界本身很温暖，像"家"一样，但是却覆盖着一层冷色。人们或许会认为观赏风景是一种常见的，甚至是普遍的感知方式与体验方式，但是事实并非如此。父母知道孩子在家人停车欣赏风景的时候并没有多大耐心。在众多文化中，只有两种文化——欧洲文化和中国文化，将风景画视为主要的艺术类型之一[25]。由此可以看出，此方式并不普遍，它只是一种特殊

第五章 天堂／现实与美好

的观察世界的方法。但是这种方法一旦被发现，一旦为人所知，马上就会有更多的人对之大加赞赏，并去运用它。身为"欧洲之女"的美国发展了自己优秀的风景艺术；身为"中国之徒"的日本也很快发展了自己极富创造力的风景画，例如，18世纪日本浮世绘画家葛饰北斋（Hokusai）擅长的富士山风景画就非常具有创造性。此外，澳大利亚土著人的例子也可以提供令人折服的证据，证明风景画的自然魅力。他们的文化与欧洲文化、中国文化有本质上的区别。澳大利亚土著人中成长起来了众多才华卓著的风景画家。游客和鉴赏家所欣赏的正是他们的作品。看看那沐浴在阳光中的鹅卵石、幻影般的尤加利叶子，这一幕幕美丽的景色，很难让人联想起风景画的创作原来是与澳大利亚土著人的传统相违背的，也很难让人联想起这些风景画是土著人从欧洲引入的，只是现在已经完全与本土文化融合在一起了。毋庸置疑，当今世界大部分地区的人们都可以直接地理解和欣赏风景画。说不同语言的人们之间不能直接进行语言交流，但是他们可以通过共同欣赏美好的风景画来了解彼此。20世纪中期已经充分建立起对风景画的广泛欣赏，这既要归功于画廊和明信片的影响，更要归功于照相机的普及。一旦照相机足够便宜，在当地商店可以买到，又易于操作，它就会变成每一个游客难舍难分的伙伴。不计其数的照相机拍摄下了风景优美的道路、海滨、公园和荒地，照相机是不厌其烦的创造者，它记录下了风景优美的现实世界。

　　是什么给予风景画这么大的重要性，使之受到大家的广泛喜爱，而不仅仅像威斯康星州的居民喜欢的奶酪那样只是当地人的一种偏爱。阿普尔顿（Jay Appleton）一直强调，当用风景所具有的"庇护地"和"景色"这两种基本含义来理解与分析风景画时，风景画对于人类生存的重要性就一目了然了。因此，线索或许就是：生存。进行风景画创作时，人们是在安全的地点观测前方地带的危险与机遇[26]。换一个略为不同的说法，我认为风景画由"地点"和"空间"组成，地点稳定但受到限制，空间易变但很自由。这样，生活中的一些基本极性就呈现出来了[27]。虽然人们为了生存而苦苦挣扎，但人们绝没有丧失对风景画的追求。美学也是风景画存在的原因之一。从审美的角度来看，风景画满足了人们对于协调（竖直与水平、前景与背景、明亮与黑暗等基本二元体之间的协调）的需求。此外，在风景画中，人们在依附与分离之间找到了最大的满足，因为风景画既没有固守在某一个地方，又不是上帝眼中的广大世界，而是位于两者之间。正是从这个中间位置，一个人能看到并体会到人类的事业和命运，然而又不需要完全投入其中。虽然有时也需要全身心投入，但结果并不总是称心如意，因为全身心投入通常意味着丧失思考与反思的能力，丧失解脱自己——逃避的能力[28]。

听觉：音乐的神秘性

神圣的音乐——神圣和音乐这两个词有天然的亲和力，不神圣的音乐则有悖于音乐这个称号，而没有音乐的神圣必然使人感到呆板乏味、死气沉沉[29]。当一个人试图想象天堂是个什么样子的时候，一幅十分俗气的画面将会出现在其脑海中：宝石般的城市、美丽的花园、广袤的牧场。如果停下来仔细想一想，就会认为这一切简直令人难以置信。而天堂的音乐却是另外一回事。竖琴确实已经很古老了，但是它有可能会让音乐爱好者联想到天堂里会有巴赫的赋格曲，或是莫扎特的奏鸣曲。因为声音不是触手可及的东西，既不能使人描绘出清晰的图画，也不能使人叙述出清晰的故事，它似乎属于来世。然而，正是因为声音的这个特点，许多人会认为拥有纯音乐的天堂不现实，对他们来说，现实完全依赖于视觉和触觉的感知。测试现实的最

第五章 天堂/现实与美好

根本途径是触觉,其次是视觉。之后才是听觉,其位序远远落后于视觉。虽说眼见为实,道听途说不足为信,但眼睛也会骗人,比如在沙漠中看到的海市蜃楼;"听到的声音"是一种典型的幻觉。有一种观念,将宇宙视为一个充满各种欢乐声音的巨大乐器,可悲的是这一观念并不正确。天体音乐起源于古希腊,由文学作品(如莎士比亚的作品)的记载得知它在欧洲历史上又持续了一段时间,一直到文艺复兴时期,到了17世纪,人们才不再演奏这种天体音乐,这使得帕斯卡(Blaise Pascal)为外太空的永远沉寂而哀叹不已[30]。

与图画艺术相比,音乐显得更加神秘。毕竟,大多数的绘画艺术说到底就是一种再现。艺术家试图用感觉(这种感觉往往有些滞后)去捕捉大自然的美;创作原型无疑具有难以捕捉的美,无论它是一个苹果、一张面孔,还是一处壮丽的风景[31]。音乐家也试图再现大自然的声音,如鸟儿欢快的叫声、潺潺的流水声,但这些声音仅仅是大自然宏伟壮观乐曲中的小插曲,实际上,在大自然之外的世界根本就找不到与原始的声音一模一样的声音。虽然圣维克多山(Mont Sainte-Victoire)在塞尚(Paul Cézanne)的绘画中得以最好地再现①,但是自然界中却没有任何事物能在本质上与贝多芬的《田园交响曲》(*Pastoral Symphony*)相媲美。换句话说,《田园交响曲》不是一种发现,也不是一种模仿,而是一种纯粹的发明(对音乐爱好者来说),是一种既非随意也非传统的发明。但是,《田园交响曲》听起来就像它一直都存在于这世上似的。其实,完全没有必要以《田园交响曲》这样的宏伟巨制为例,因为任何音乐家都会受大自然声音的启发,并加以升华而创作出和谐优美的旋律。或许正因如此,人们才广泛地将音乐视为和谐的典范,尤其是社会和谐的典范。然而,只有在天堂,

---

① 塞尚是自然主义绘画大师,主张真实再现自然。——译者注

这种和谐才可能是最完美的，因为只有在天堂里音乐才会拥有至高无上的地位。

语言的发出可能很单调，而且因为语言只是从喉咙里发出，所以几乎不需要任何面部表情或是肢体语言的参与。然而，歌唱却能进一步发挥身体的优势。人在歌唱时身体的每个部分都得到了充分的调动。如果歌手不是很用力地转动他们的头部，那么正如巴尔赞（Jacques Barzun）所言，他们的面部就要极富表现力，这是由于他们内心强大的冲动需要他们用运动的形式来表现，并"通过他们的肺、喉咙、横膈膜"喷涌出来[32]。集体的合唱起到了巩固这个集体的作用，但是又不仅限于此，它还将这种巩固的作用延伸到人类所处的大自然环境，以及那些对人类至关重要的物质对象上。这种表述很空洞，难以准确地言明歌唱给歌手带来的满足感。歌手演唱的时候能敏锐地觉察到自己的身体状态，同时也能感觉到自己正与其他人、其他歌手融为一体，感觉到自己此时此刻正沉浸在这美好合唱的共鸣中。当回想时，歌手不得不承认这种感受已经融入日常生活中，但是它比日常生活给人的感觉更加真实，也更加让人难以忘怀。有趣的是，到了现代，合唱越来越少，并逐渐消失，于是教堂的唱诗班就引起了人们的注意，它让人们想到天堂的图景。在唱诗班里，人们除了颂唱之外，几乎不做其他的事情。

正如人们都会说话一样，人们也都会歌唱。虽然器乐自古就有，并且得到广泛地运用，但是仍不普遍。然而，人们确实认为应该将器乐发扬光大。一个人如果不会一种器乐，就必定会失去一门艺术，因为到目前为止，器乐，哪怕是最简单的，也与人类文化存在密切联系。器乐使声音得到延伸和扩展。人们感觉器乐是有生命的，它会说话。但是它说了些什么？因为歌曲有歌词，所以可以传达出特定的信息，让人能够理解；然而我们可以从乐器发出的声音中获取何种信

第五章 天堂／现实与美好

息？"河水流过水坝""一个为爱人的离去而暗自神伤的女子"等，都是人们不由自主地对音乐作品作出的牵强附会的理解。音乐家的面部表情和肢体动作可以提供一些暗示：眉毛上扬表达了对挑战的质问，肩膀下垂表达了对命运的屈服。对善于聆听的听众来说，这些解释远远不够——音乐高尚的主题与优美的旋律激发出他们美好的情感，他们似乎步入了一个神奇的美妙世界，这个世界比他们所了解的或通过其他方式所能了解的都更加悲哀，更加困惑，或者更加庄严，更加高尚[33]。

早期的音乐只是节日庆典中的一个组分，其余的组分有语言和肢体动作，语言可能升华为演讲，而肢体动作有可能转变为舞蹈。音乐的含义，也就是在此情此景下整个庆典的含义，这是不言而喻的，且无法解释或评价。富有激情的庆典活动无论如何也会消除必要的距离，它不需要人们去思考。即便当时的气氛并不能让人们完全投入其中，人们可以随意地加入或是随意地离开，也不会有人对这个既让人投入又让人烦心的活动说三道四、横加指责。在我们生活的这个时代，流行音乐趋向于把器乐与歌曲、舞蹈以及可能的一点儿叙事糅合在一起。摇滚乐不仅具有这种多元化的特征，而且充满着狂热的激情。与早期不同，即便有一群独立的观众，这些观众也不会站在一旁，而是会被隆隆作响的声音、耀眼的旋转灯和歌手那诱人的动作（通常是很性感的）吸引，一起狂野地舞动起来。这些不同的体验都会给人带来相同的巨大满足感，即自我迷失在一个巨大而强有力的整体中。自己微弱的声音、脆弱的个体全部融入这个巨大的整体中。这个巨大的整体正轰隆隆地作响，翻腾着无穷的力量。

如基维（Peter Kivy）所言，16世纪末在西方出现了一个奇特的现象，即一种纯音乐或"只是音乐"[34]。由于没有动作、舞蹈或歌词，特别是没有歌词（"歌词"是使用了既有外延又有内涵的词语），所以这种音乐才是"纯的"。因此,纯音乐是无伴奏的器乐。演奏纯音乐需要将音乐家和听众明确地分隔开来。听众被安排在指定的座位上,与演奏者处于不同的区域,他们只能聆听,不得在演奏期间随意站起来或走动,这种观念与前现代时期的做法完全不同。

到了18世纪,人们在特定的区域或是在专门设计的区域内聆听音乐,已经是一件理所应当的事情,当然现在也是如此。只有社会的非音乐制度发生一定的变化,才可能发生这样的观念转变。有一个词可以用来概括这些既互相关联又互相作用的变化,那就是"现代性"(modernity)。1700年前后出现了一种全新的音乐感应方式,即一种对交流的全新理解方式,一种对整体的全新感受方式,这与随着视觉艺术而兴起的早期风景画观念很相似。风景画很像"纯音乐",它要求观赏者处于一定的距离,而这种距离是现代性的一个关键的审美或道德元素。人们站在一旁观看,而不是沉浸于环境中,风景艺术鼓励纯粹的幻想,这种幻想与多维的感知力存在显著的差别。同样,在聆听音乐时,听众应该忘记声源,而幻想出一幅"呈现出来"的广阔的音景。从1600年开始,乐器的音域得到飞速的扩展,有的浑厚,有的高亢,它们创造出表现前景与背景的种种幻觉[35]。

分隔是联合的前奏,如果没有分隔——即没有真正的个体——也就没有真正的联合。钢琴家坐在明亮的舞台上,观众则坐在黑暗的观众席中,二者是独立的。钢琴家显然是独立的,但在黑暗的大厅中的每个观众也是独立的,虽然不那么明显。他们一方在演奏,另一方在聆听。好的聆听并非是被动的,相反,它需要自我控制和主动的专注,所以只有极少数人才能做到很好地聆听。我先前提到过的公众聊天,几乎不需要聆听,这与以歌舞为主的传统节目很相似,因为这种活动不需要特定的观众,几乎所有的成年人都可以在其中扮演一定的角色,即便那些没有扮演什么角色的人也有其他事情可做,比方说照

第五章 天堂／现实与美好

看小孩、追打家狗、与旁人聊天，没有人真正关注别人的话题，或是关注舞蹈的魅力。如果听众仔细地聆听音乐家所演奏的美妙乐曲，那么他就会感受到音乐世界的壮观与神奇，这会让他忘却当下现实世界的迫切需求与焦虑。若让我判断当今时代在音乐欣赏方面做出了哪些贡献的话，那就是它为人们提供了聆听的机会，让人们可以不止聆听一两分钟，而是长时间地聆听。

当贝多芬的奏鸣曲在音乐厅里响起的时候，听众会有何反应？毫无疑问，在行为和注意力方面，个体与个体之间显示出巨大的差别。有一些人打起盹来，还有一小部分人专注于看着美丽的邻座或是耀眼的吊灯，还有一些人或许在心里盘算着下周股票会不会下跌，等等。这些都是我们可以预料到的，因为我们自己就是这样做的。当然，其中也有一些人正全神贯注地聆听。在专注的听众看来，音乐是有血有肉的：甜蜜的多情，清醒的理智，亲密的熟悉，冷漠的疏远。音乐是秩序的缩影，充满了惊奇，受限于时空，但它却是永恒的，也是全世界的。或许最不可思议的一点就是，任何声音都要逊色于深邃的寂静。

发现和发明：能否二者兼得？

在生命存在了数十亿年之后，人类突然发现自身是由极长的大分子组成的。在科学中常会有诸如此类意想不到的发现。人类大脑中的灵光乍现允许我们有这样的自我认识，但这种自我认识并不一定会发生。文化的转向也是如此，除去在历史上的某一特定时刻或是在地球上的某一个小角落会发生这种转向，在历史的其他时期的确没有发生这种转向。欣赏纯音乐就属于这样的情况。纯音乐是关于生命与世间万物联系的一种全新的阐释方式，是宇宙中的一个新鲜事物。这个事物并非一定要产生，且事实是除了在17世纪地球的某一个小小的角落曾产生过这种音乐之外,其他时空并未出现过这种音乐。然而,迄今为止,纯音乐如同有关DNA的知识一样,是人类共同的、珍贵的文化遗产,它对每一个想拥有它的人敞开大门。

纯音乐不仅是一种发明,同时也是一种发现。人类是自然的一部分,这一部分已经"发现"了一种非词汇的音乐方式,通过这种方式,人类从情感上与自然的其他部分相联系。人类已经"发现"了一种非语言的音乐方式,可以通过这种方式来抒发情感。发现是相对于本来已经存在的事物而言的。纯音乐原本是世界上所没有的,但其基本元素原本就存在于世上。同DNA相比,甚至同更复杂的生命科学相比,纯音乐有可能变为现实,这是一种全新的认知形式。以此类推,若是同建筑学相比,情形又会如何?建筑学更像音乐而非有机化学,它是对存在于我们人类心灵深处的情感本质的一种发现与构建。建筑学一直被称为"凝固的音乐",建筑成为凝固音乐的可能性一直就存在。一座漂亮的大厦终于落成,在这幢大厦中,人类或许会感觉到自己本性中所怀有的深深渴望得到了满足,感觉到进入这幢大厦就像是进入自己的身体内部一样。伟大的音乐也会产生类似的效果。有一种观点认为,聆听巴赫的音乐是在逃避乱糟糟的现实生活,对于优秀的听众来说,不仅如此,他还会感觉到聆听巴赫的伟大作品就像是步入一座宏伟的殿堂,而且这个殿堂就像他自己的家一样,让他感到亲切与自然,这种感觉的确有些不可思议。

人际关系

培根曾经愤怒地说道:"我们只是一堆肉而已!"这种愤怒源于他对人类的灰心与绝望,他认为人类已经幼稚得无可救药,永远只知道在品质上装饰自己,因为他们相信这样做可以赢得大家的尊敬[36]。

第五章 天堂/现实与美好

尽管人类有权要求被特别对待与受到重视，但这种要求显然有些狂妄自大，因而在实际的人际交往中，人们完全不把对方放在眼里，这种状况实在是太司空见惯了。翻开人类的历史，我们会吃惊地发现残暴的行为比比皆是，我们这个时代已经制造了太多大规模的屠杀，如德国大屠杀、柬埔寨大屠杀、卢旺达大屠杀等。黑人遭受着奴役与剥削，被别人当作取乐的对象，被他人用来谋取私利。这种现象不只在专制的帝国存在，就是在民主的国家也同样存在——在依赖奴隶劳动的古希腊；在依赖移民、外国人以及残疾人劳动的现代民主国家。

当然，人与人之间也有尊重，但是这种尊重往往只是给予那些有权力、有威望的人；爱在流淌，但只限流向自己的家人、亲属或邻居；人类的尊严被认可，但是首先，甚至只有在自己的群体中被认可。人们普遍会用一些特别的、充满敬意的词汇来形容自己，以此暗示自己完美的道德品质，而用其他不及于此的词汇去形容他人[37]。美国人当前对白宫政府不信任的态度就反映了这种根深蒂固的思维方式。华盛顿的公务员是否会费心去帮助远在数千里之外的陌生居民？答案显然是否定的。但是，那些地方官员**会**费心地帮助自己社区的成员[38]。无论第"一"的"一"代表的是一个个体还是一个群体，人们都会对第一有所关注，这是事实。还有一个事实就是人们总是把自己想得很好，而对他人漠不关心，或把他人想得很坏。接受事实并由事实来引导，这就是现实。发表不同意见的人会被当作鼓吹逃避梦想的傻瓜，从而遭到公众的排斥。说来也很奇怪，世界上一些最伟大的思想家已经"鼓吹过这样的梦想"。斯多葛学派、犹太教、佛教和儒教①等集中出现在公元前600到前300年之间。这些全球性的宗教体系和哲学体系都提出了有益于人类的主张，认为所有期望得到启蒙和

---

① 在我国学术界有许多学者认为，儒家学说尚未成为一种宗教，但段义孚先生在此将之与其他宗教并列。——译者注

救赎的人都有可能得到启蒙和救赎。如果真能如此,那么所有的事情都应予以足够的重视,且被平等地对待。

让我们来看看由德国哲学家雅斯贝尔斯(Karl Jaspers)提出的"历史轴心期"的两大全球性信仰体系——儒教和犹太-基督教[39]。二者既有相同的价值观,又存在着显著的差异。是二者之一抑或是二者都揭示了事实的真相?它们是否都已经描绘出人际关系的理想图景?虽然实际情况并非如此,但是它们描绘的美好图景却能激发人们无限的向往。

儒教

儒教远不如犹太-基督教激进。其一,儒教承认,无论是在自然界还是在人类社会中,都具有等级结构,它认为两种结构是相互契合的,两者中的各个部分既相互呼应又相互融合。其二,儒教中存在对社会地位的绝对顺从,尽管对于每一个人来讲,尊敬、谦逊、孝顺无疑都是良好的品质,但是它们主要是给下等人规定的。其三,一直以来,家庭都是社会、国家甚至是宇宙的反映,家庭从实质上说是有等级的。儒教要求下级顺从上级,顺从地方长官,再往上就是顺从帝王。即使家庭的气氛尽善尽美,也会有教导式的家长式作风。而另一方面,儒教也进行了一些尝试,虽说是矛盾重重,但它毕竟进行了尝试,以摆脱传统的世界观。儒教提出了一些和现代自由、民主的思想相似的观点。例如,孔子曾说过"性相近也,习相远也"[40]。人们拥有相同的淳朴与善良的本性,拥有相同的学习能力,通过自律和教育,普通人也可以变得出类拔萃。"**君子**"(chün-tzu)一词,在英语中指的就是"出众者"或是"绅士",本义是指社会地位高的人,但是在儒教中,这个词意味着要品德正直、温顺、有礼貌,而这些是所有人后天可以习得的。儒教敬重那些经过努力而获得高位的人,而非那些从祖先那里继承高位的人。他们首先试图赋予**君子**一个最基本的含义——一种道德存在。但是问题也随之出现了:消除先前存在的不平等导致了知识阶级的出现,而知识阶级其实又是另一种不平等,因为在知识阶级中人们不是仅靠孜孜不倦的潜心钻研而获得成功,还靠天资聪慧。一些人似乎对优良的操行和端庄的举止有着直觉上的理解力,一些人似乎要通过反复地实践方可获得,还有一些人即使他们十分努力最终也无法获得。对此,孔子的言辞非常刻薄:"生而知之者,上也;学而知之者,次也;困而学之,又其次也;困而不学,民斯为下矣"[41]。

然而,如果是贤者来统治世界,孔子及其儒家弟子们并不会感到恐慌。让最优秀的人居于最高的位置上有什么不对?当然,前提是他们确实**是**最优秀的,不光有最优秀的行政技巧,更重要的是,他们也具备最高尚的道德。儒家清楚,知识精英在通过合法的手段升迁到他们理想的高位时,他们也会丧失其道德上的精神支柱,走上一条不受制约的贪婪之路,他们追逐声色犬马、财富名望,因此会变成腐败的统治者和让人无法忍受的傲慢官员。对于儒家而言,这种贪婪是道德败坏的核心。他们不懈地声讨它们,并当众指责这些腐败的、丧失道德的当权者。这样社会就重新建立起平衡。如果说儒教在老百姓中间倡导尊敬与顺从,那么它也同时在官员和上层阶层中间倡导克制与责任。只有那些享有特权的人才有可能丧失道德。农民和工匠们是没有机会放纵自己的,因此他们比较容易保持淳朴的善良品质(chih,质)。然而,这些品质很不稳定,人很容易在环境的影响下变得粗野与庸俗,除非时刻提醒自己要克制,要保持有教养的行为举止(wen,文)。中国社会中有这样一个信念:那些社会财富或经济财富不多的人可以通过教育实现道德由**质**到**文**的升华。有教养的举止值得

185 人们高度尊敬，儒教一直提倡要文明，但这也有风险，会滑向华而不实的世故圆滑[42]。

如果让我用一句话来概括儒教的精华，我会说它将人类生活和人际关系描绘成一幅神圣的舞蹈画面，与天堂拥有的宇宙舞蹈相类似。这里，我用"舞蹈"一词也许会让人产生歧义，因为在人们的心目中，舞蹈是热闹而狂乱的，而这并不是儒教追求的。在孔子及其追随者的思想中，关注的都是庄重的事情，并通过加入真诚的情感使得这种庄重变得生机勃勃。儒教中有两个关键词，那就是**仁**（jen）和**礼**（li），正是仁和礼使得这一神圣的舞蹈成为可能，并且富有朝气。**仁**是人们彼此之间自然的友爱。它表现在各种各样的人际关系中，但是在父母和孩子、长者和幼者之间表现得尤为显著。"礼"最初的意义是"祭祀"或是"祭祀礼仪"，后来表示人类恰当的行为举止。例如，从宫廷礼仪、外交礼节，到家庭内部或街上最普通的见面礼。仪式和典礼会有一定严格的规定，但要避免过度的华丽。孔子总是强调过度的华丽是一种不好的趋向。如果没有真诚的情感投入其中，一个仪式将会变得毫无价值。此外，如果实施礼仪的过程中困难重重，让人感觉很勉强，那么这个礼仪也不会有多高的价值，因为困难重重会让人产生一种被迫的感觉，而被迫的东西是不自然的。仪式要在一个高级的场合进行，在仪式中人们**自然**要遵循一定的复杂姿态和步调。如果一个人思维正常，那么学习礼仪应该不是一件难事。无论如何，人类的本性总是促使人们从事庄重的事情。儒教似乎又认为人们有获得体谅和礼貌习性的愿望，这些习性适用于各种场合，无论是高级的还是低级的。即使偶遇一位朋友并向他致意，也会优雅地传递一份快乐、一份敬意。习性或许是后天逐步培养起来的，但是一旦到了特定的场合就要求你不假思索地表现出来[43]。

186 在人与人的交往中有两点尤其值得注意。其一，是尊敬，也就是

第五章 天堂/现实与美好

说,在人际关系中一定要以尊敬的态度对待他人。问题不在于这个人到底值**不值得**你尊敬,或是为什么要礼貌地对待一个在社会上并不重要的人,问题在于尊敬是建立和谐的人际关系的一个不可缺少的珍贵品质。其二,虽然儒教并不反对轻松、快乐,孔子本人也曾轻松、快乐地在雨中高歌一曲。但是,他们强调的是人们的行为举止和人际关系要保持一定的严肃性,因为只有在严肃的氛围中人们才能获得神圣的宁静,而神圣的宁静会激发人们产生力量与美德,高居龙椅上的皇帝会尽力彰显这种力量与美德,这种美德也存在(可能存在)于每一个有思想的个体身上。

犹太-基督教

儒教是一种关于美德和人际关系的哲学,拥有理性的论证,但最终需要神圣感来支持。处于同时代的希腊思想家(比如杰出的苏格拉底)或许会赞同这一点,因为他们也拥有美德(善良)和人际关系的哲学,拥有理性的论证,但他们的学说最终是要由一种鼓舞人向上的卓越感来支持。基督教与它们不同,不同之处在于上帝在基督教中占有至高无上的地位;万能的上帝控制人际关系以及其他一切。或许有人会说,这是多么荒诞的观点!无论是过去还是现在,多数人都没有接受这种观点。实际上,只有当人们在被迫要保住脸面的时候,或是使生活更加容易控制的时候,他们才会重视生活中那些看得见摸得着的必需品,甚至会求助于上帝和神灵。万能的上帝已经远远超乎人们的想象和理解的能力范畴,为什么还要将管理这个世界的责任强加在他的头上?有时高高在上的抽象的上帝也会变成一个有形的人,在傍晚徐徐的凉风中,与我们的祖先一起散步,或者以天使的形象同雅各布(Jacob)①搏斗。在基督教神话中上帝还曾是一个生在马槽里的婴儿。这一切都使上帝变得更加不可捉摸。

超越万物的万能之神到处散发光芒、施展权威，解除世界的魔咒，将世界从鬼神出没的洞穴、黑暗的森林、神秘、巫术、梦幻中解放出来。因此，人类肩上的重担得以释放。但是在这一过程中产生的锲而不舍的完美主义却又在人类的肩上压上了更沉重的担子。完美主义本来早该被彻底地消灭，它之所以依然存在，是因为法律、制度、习俗、惯例、特许权和放任依然存在。而这些一直以来就是宗教的一部分。过去和现在，它们一直都在帮助焦虑的人们。然而，在犹太-基督教中，它们却不能保证可以拯救人类。拉比和牧师过去和现在一直都在强调，仅从字面上遵循信条还远远不够，这并不能确保上帝认为你做得对。在上帝看来，即使你照着规定的信条做了，但却不能领会其中真正的精神，那你的行为也是让人憎恨的(《以赛亚书》1.12-14)。虽然在神圣的安息日里信徒们不需要做事，但是如果在这一天，你不去帮助处在危难中的人，那上帝也不会原谅你(《路加福音》6.6-11)。

犹太-基督教倡导应该公平地对待穷人和弱者，不应该歧视他们。如今我们熟知这一点。但我们可能会忘记这样一个事实，那就是这种道德规范并没有被所有的地方认同，哪怕只是原则上的认同，过去如此，现在仍然如此。罗马的异教徒就不接受这种道德规范，现代的法西斯主义者也不接受，尽管（刚果）姆布蒂俾格米人的社区生活总体来说很温馨，但是他们也不认同这一点。在犹太-基督教中，即使是旁观者和陌路人也应该获得自己应得的一份。《希伯来书》(Hebrews)教导人们"不可摘尽葡萄园的果子，也不可拾取葡萄园中所掉的果子，要留给穷人和寄居者""若有外人在你们国中和

---

① 《圣经》中的人物，曾与上帝派来的天使搏斗，后皈依。——译者注

第五章　天堂/现实与美好

你同居,就不可欺负他。和你们同居的外人,你们要看他如本地人一样,并要爱他如己,因为你们在埃及之地也作过寄居者"[《利未记》(Leviticus) 19.10, 33-34]。以色列的耶和华是众民族之神,是每一个民族当中的每一个人的神,他关注一切生命,从下面这段他的主张中能看出他伟大、崇高的思想感情:

> 你们听见有句话说:"当爱你的邻居,恨你的仇敌"。只是我告诉你们,要爱你们的仇敌,为那逼迫你们的人祷告。这样,就可以作为你们天父的儿子。因为他叫日头照好人,也照歹人;降雨给义人,也给不义的人。你们若单爱那爱你们的人,有什么特别的呢?就是税吏不也是这样做的吗?你们若单请你们弟兄的安,你比别人又有什么长处呢?就是外邦税吏也会这样做吧?所以你们要完美,就要像你们的天父一样完美。(《马太福音》5.43-48)

这种极端的道德十分容易被人忽视。其他时代、其他地方的有理性的人,比如说孔子和亚里士多德,会认为这段言论是疯子的胡言乱语[44]。即使这些古人曾经一闪念,认为这个教义很伟大,但他们随即会认为这是不现实的,是施加在人类本性与美好愿望上的过度负担。其当代的继承者也会持否定的态度。然而自从基督教出现以来,要想不受它的影响那是不可能的。人类以自身的理性或朴素的常识而骄傲,对于基督教的呼吁,他们做不到完全充耳不闻。

闻名于世的道德理论对于特权和地位的看法存在着极大的分歧。一种说法认为富人应该施舍穷人,强者应该帮助弱者,身居高位者不应该藐视地位低下者;然而不知出于何故,还存在另外一种截然相反的说法:人们应该羡慕弱者以及地位卑微的人,甚至社会上的那些离经叛道之人,如声名有疑点的妇女,小偷,因为他们或许才是上帝真正的孩子。这种说法竟瓦解了罗马人宽宏大量的美德,这是一种只有伟人才能实践的美德!犹太教的革命者,拿撒勒人耶稣(Jesus of Nazareth)有时似乎一心想把事情完全颠倒过来:最先的将会是最后的,最后的将会是最先的。穷人比富人更多地得到保佑。孩子的聪慧在某种程度上连最聪明的成人都不能及。与乖孩子和正直的古代犹太法利赛教派的教徒相比,挥霍的孩子和悔悟的税吏更能得到上帝的怜爱和放纵[45]。

他还认为数量多不一定重要。例如,一个好心的牧羊人为了寻找一头迷途的羔羊,会将其余九十九头置于危险之中。整体必须准备为个体作出牺牲,而不是像人们一直认为的那样,个体必须为了整体的利益而牺牲。谁会受到如此的对待?是像国王一样身份高贵的人,还是任意一个人?其实,任何一个人都有可能是耶稣的化身,对某个人施善也就意味着对耶稣施善。请看下面这段描述:

> 于是王要向那右边的说:"你们这些蒙我父赐福的,可来承受那创世以来为你们所预备的国。因为我饿了,你们给我吃;渴了,你们给我喝;我作客旅,你们留我住,或是赤身露体,你们给我穿;我病了,你们看顾我;我在监狱里,你们来看我。"义人就回答说:"主啊,我们什么时候见你饿了,给你吃,或是渴了,给你喝?什么时候见你作客旅,留你住,或是见你赤身露体,给你穿?又什么时候见你病了,或是在监狱里,来看你呢?(《马太福音》25.34—40)

在前现代时期,互惠互利是人们道德行为的核心,这一点甚至延

第五章　天堂/现实与美好

伸到人类之上的众神、祖先和自然之神。它从本质上讲是非常有实际价值的，就像是在古代罗马那些古板的祈祷者所信奉的**互易**原则（我给你，你或许也会给我）。耶稣肯定会赞赏互惠互利，但是如果交换只是为了互惠互利，而不是出于真诚，那么这种交换就与他的真实用意相违背。"你们若单爱那爱你们的人，上帝为什么要奖励你？税吏不也是这么做的吗？"耶稣同时还建议："你摆设午饭或晚饭，不要请你的朋友、弟兄、亲属和富足的邻居，因为他们也会回请你以作报答。你摆设筵席，倒要请那些贫穷的、残废的、瘸腿的、瞎眼的，你就蒙福了！因为他们没有什么可报答你"（《路加福音》14.12-14）。我不清楚儒家的思想家会不会赞同这种观点，善良的人或明智的人会不会赞同这种观点。在现代的任何一个社会中，违背这种互惠互利原则的行为经常发生。我们这个时代的所有人都很清楚，我们现在所享受到的一切，从良好的健康状况、长久的寿命到思想上的鼓舞，都是承蒙可亲可敬的前辈恩赐。当然，在我们生病或需要做手术的时候，我们会对医学科学领域的各项发明深怀感激之情（只要想想其中很小的一项发明：氯仿麻醉）。给予我们恩赐的不仅仅是众多已故的先辈，还有曾在文化上给予我们支持与鼓励的人，以及那些素不相识的陌生人，在这种情况下我们就没有办法实现互惠互利。我们只能将我们已经拥有的物质财富和精神财富传递给他人——其他陌生人或是后代。至于在当今社会，消防员冒着生命危险去解救陌生人，老师献身于崇高的教育事业，还有福利工作者献身于社会公益事业，他们呕心沥血，不求工资以外的任何回报。还有那些领薪水的善良的撒马利亚会成员，他们所得到的薪水与他们的付出并不能相提并论。类似的事情经常发生。当然，在耶稣的思想中不存在这种互惠互利的世俗的"线性回报"。他努力使人们注意到从上帝那里得到的回报，试图打破狭隘的、互惠主义的、自私的精打细算。他之所以提出这种道德观点，似乎是预见了我们当今这个伟大时代人际交往的需求与实践。

孔子倡导礼（礼仪），礼最注重的便是人的外在行为。一个人的行为必须合乎礼仪，要有礼貌。诚然，孔子还认为正直的情感应该与正确的行为相随，但是他并不强调内心的状态和外在的表现之间一定要保持一致。总的来说，过去的人并不十分注重内在的自我，后来才产生了自我意识，并逐渐发展起来。早期现代主义者如蒙田（Mantaigne）和罗耀拉（Loyola）①等人对心灵的探寻达到了巅峰。像古希腊的传统一样，犹太教也一直强调外在的行为胜过内在的感情。拉比认为梦想与现实是两码事，幻想通奸并不等同于通奸这一事实[46]。但是，耶稣曾有一句著名的言论："只是我告诉你们：凡看见妇女就动淫念的人，这人心里已经与她犯奸淫了"（《马太福音》5.28）。耶稣的门徒保罗将耶稣的这一著名言论加以强化，他说："我若将所有的周济穷人，又舍己身叫人焚烧，却没有爱，仍然与我无益"[《哥林多前书》(Corinthians) 13.3]。这种坚持"内心"与"外在"一致性的驱动力是基于对伪善的极端反感，它暗示万能之神也会不明不白地受到欺骗。当然，事实并非如此，"掩盖的事，终会揭露；隐藏的事，终会被人知道。因此，你们在暗中所说的，将要在明处被人听见；在内室附耳说的，将要在房上被人宣扬。"（《路加福音》12.2-3）

耶稣经常用夸张的方式说话，一个很有名的例子就是，他曾宽恕某人的兄弟多达四百九十次。他所建立的道德准则常常远远超出常理，甚至完全颠倒了常理。他像艺术家一样随意地"发明"了这些道德准则，这些道德准则却很快被人们接受，甚至适度地被付诸实践。毕竟，它们并不是完全不可能做到，它们甚至可能提示我们人类的本质到底是什么，人类究竟能够变成什么。在西方世界中，越来越多地

---

① 耶稣教义的创始人。——译者注

第五章　天堂/现实与美好

方的人们认为严格的相互作用，无论是回报还是惩罚，都是不对的，甚至是不自然的，因为这种严格的相互作用限制了人们的热望所达到的道德高度。在西方世界，给弱者特权是一种很普遍的想法，即使不付诸实施。妓女也有金子般的心肠。处于社会最底层的阶级不仅也有公正、公平，而且还拥有他们这个阶级所拥有的其他美德（无私、勇气、诚实等）。在执行法律的时候应该调节尺度，公平地对待罪犯，因为从更广的意义上讲，他或她也是一个受害者[47]。耶稣曾预言"在烟雾缭绕的房间"里耳语的话也能在屋顶上喊出来，在他所处的那个时代，他对秘密的这种责难似乎有些荒诞，但是这却已经成为现代社会的一个公共的道德准则。自从新石器时代人们首次建起房屋、筑起高墙之时起，隐秘的行事方式既是必然的，也是不可避免的。如果我们能意识到这一点，我们就会觉得，在那个年代要求公开是多么的荒诞不经[48]。并不是秘密本身招致反对，任何正儿八经的讨论都要求一个安静而且隔离的空间。然而，无论秘密的初衷是什么，都很容易滋生出阴谋诡计的坏习性。

及时被实现的幻想，在它第一次出现的时候就已经不再是幻想了，因为就在点头与摇头之间，它已经播下了一颗将要收获果实的种子。的确，我认为将自我锁定在常理之中，锁定在当前行得通的事情之中，而否定成长的潜能，就好像否定了种子永远也长不成大树，毛毛虫永远也不会变成蝴蝶一样，这种自我锁定会促使幻想的产生。

"如果感觉之门得到净化……"

我们经常以昏昏沉沉的状态漫步在生命的旅程中，就像是得了伤风，看不清周围的世界。如果我们将所看到的画下来，那图画就好像出自幼稚的孩子之手。画树，则所有的树都千篇一律，树干笔直，枝叶茂密；画花，则所有的花都是雏菊。很罕见的是，在某些图画中世界受到强烈的蚀刻，被着上辉煌的颜色，就像是刚刚下过暴雨一般，出现转瞬即逝的新鲜，而且以永不磨灭的形式呈现出来。17世纪的特拉赫恩（Thomas Traherne）[①]一定有过这样的经验，并将之提升到一个神秘的高度，因为他这样写道："玉米富有光泽，不会枯萎的小麦永远新鲜。不会有人来收割它们，也没有人播种它们。在我的眼中，它们生来如此，永远如此。街上的尘土和石头像金子一样珍贵，那些门扉看上去就像是世界的尽头。当我最初透过一扇门扉瞥见那些绿树，我心神荡漾，它们的甜蜜和非凡的美丽使我心跳不已。多么奇妙的造物啊！"[49]

要像他这样看待世界，一个人需要做些什么？某些化学药物对此或许有所帮助。例如，美洲印第安人在其神圣的宗教仪式中要食用仙人掌的根部。仪式本身提升了他们神圣的意识，而仙人掌中含有一种振奋精神的物质，这种名叫酶斯卡灵的致幻剂会更进一步提升他们的这种意识。在现代世俗社会中，人们比以往任何时候都更依赖于用化学兴奋剂来保持头脑的清醒，比如在清晨饮用一杯咖啡，其中的咖啡因可以让人从朦胧的睡意中清醒过来。令人好奇的是，我们虽然了解化学药物可以让人清醒，却忘了科技也有能力产生这类效果。比方说通过眼科手术可以成功地去除患者的白内障；当我在森林中漫步，眼前模糊不清，而一旦我戴上了眼镜，马上就可以清清楚楚地看到整个世界！然而，在早先的时候，人们由于视力上的缺陷以及视力差异，只能生活在个人的世界中，现在多亏有了眼镜这种设计精巧的工具，我们才能生活在一个既生动又可以与他人分享的世界中。

从历史的角度看，艺术一直承担着将生活从忧郁中解脱出来的

---

① 英国17世纪诗人。——译者注

第五章 天堂/现实与美好

责任。在它的指引和刺激下,那些趋于平淡的事物或事件呈现出全新的面貌,迸发出全新的火花。写实艺术拥有的这种力量并不比象征艺术小。但是现实主义却始终遭遇这样一种尴尬的处境:他们描绘的画面都呈现出一种丑陋的颜色,被做成单调的图画复制品,或是当作没有活力的旅行杂志的封面。求助于幻想也不能解决问题,因为幻想出来的世界与平常的经验世界相距甚远。难道艺术就必须是现实的吗?想想19世纪和20世纪吸引了无数读者的两类文学艺术:童话故事和科幻小说。二者都充满了神奇,都尽可能地引领读者远离单调的现实生活。然而它们之间还是存在重要的差别。其一,科幻小说的奇妙之处在于它的不可预测性和奇幻性,而典型的现代童话故事的奇妙之处不止于此。在童话故事中有许多为人们所熟悉的事物,既有面包、树桩,还有挤奶女工和伐木工人之类的"普通"人,它通过将人们置于一个广阔的时空背景中(在这个时空背景中充满了各种各样令人愉快的事物),而达到奇妙的效果。其二,童话故事满足了人们一种深切的渴望,即与生物还有石头、空气、水、火等世间万物交流,而不仅仅是控制它们,这一点与科幻小说大相径庭[50]。在某种意义上,语言之类的工具使所有的事物获得了生命,山有"脸面",桌子有"腿",风在"咆哮",因此与它们进行交流或它们之间进行交流看起来就不是不可能的了。从童话故事中人们能很明显地体会到这一点。要想创作一部好的童话故事,作家就要仔细地观察生活,并找出纷繁复杂的生命个体之间的细微差别,从而展现这些生命个体的独特才华。童话故事中的人物往往有很强的道德感,而这一点又与科幻小说有所不同。童话故事是通过道德镜头来观察行为的,英雄行为就是帮助他人的行为,而不是蛮勇[51]。尽管科幻小说会把好人和坏人形容得很到位,但是它们并没有探索善良和罪恶的本质,就如同下列作品一样。这些作品包括托尔斯泰的《人靠什么活着》(*What Men Live By*,

1881年)、王尔德(Oscar Wilde)的《快乐王子》(The Happy Prince, 1888年),还有托尔金(J. R. R. Tolkien)的《指环王》(The Lord of the Rings, 1954—1955年)[52]。

相关性与无关紧要

"纯洁的幻想"对人类的诱惑力在于它将某些突然呈现出重要性的物体偶像化,或是高度评价某些狂喜的经历,使它们从其他事物中脱颖而出。如果一个人不去崇拜某事物,那就是想与之融合。而关联,不同于崇拜或融合,它茕茕孑立,显得与众不同。辉煌的物体总是孤零零地立在那里,每一个都期望得到全部的关注。正如赫胥黎描述的那样:"我看到了这些书(它们个体的存在及其意义),但是我却丝毫没有关心它们在空间上所处的位置。"[53]让人兴奋、使人产生幻觉的药物并不能使食用者变得更好、更聪明,原因之一就在于它除了会对人体系统造成严重的化学伤害之外,还会使人对事物结构和模式扩展中的一些特定的细节产生执恋。从这一点上我们就可以理解,为什么艺术作品要比药物更能让人产生纯洁的感受。食用苯丙胺会让人产生迷醉的幻觉,尽管艺术品不会让人产生这种迷醉的幻觉,但艺术品可以将事物或事件置于一个特定的背景当中,使得欣赏者同样在精神上得到满足和陶醉。艺术品并没有明确声明,而只是暗示事物之间的关联性,对于这种范围更广的关联性的感知,不仅可以使人们得到精神上的享受,还可以得到感官上的享受。如同前文提到的一样,对于英国诗人华兹华斯来说,一朵雏菊不仅是孤芳自赏的一朵花,还是更大系统的一分子,这个更大的系统包括太阳、草地,还有露珠等。的确,雏菊有着特别的奇妙性和道德的崇高性,这要归功于它在其他事物中所处的位置、相对的大小、距离,所有这些都会产生作用。默

第五章 天堂/现实与美好

多克认为，艺术品可以使人变得更加高尚，仅仅是它能使人沉静下来并投入忘我的专注中，这一点就足以使人变得更好[54]。不幸的是，这种专注的美德基本上被锁定在艺术世界内部，而没有欣然地转移到艺术世界之外的事和人。换言之，人们往往用造就艺术魅力的内在关联性与复杂性来看待诗歌、图画或是音乐，将其视为封闭的而非与外界有联系的实体。

毋庸置疑，将注意力集中在艺术风格上会忽视艺术品细节的丰富多彩。当某人赞美宇宙是如何完美、如何和谐的时候，以单个个体形式存在的天体就会在他的眼中失去光彩。当一个人试图了解所有城市体系的时候，每个城市本身就会变成抽象的点或圈，它在整个城市体系中对宏观经济起着不同程度的调控作用。当一个人努力构建共同理想的时候，他所想到的是对他人所要承担的义务和职责，而绝不会是他自己，除非在某一个短暂的时刻，整个集体都要围绕着他来运转时，他才会想到他自己。细节所具有的具体特征消失了、湮灭了，这会让人感到不安，因为我们就是这样的细节。人类创造出大量种类繁多的可爱事物，其中也包括人类个体，很多人从这些事物中体会到极大的快乐，对于这些人而言，自然科学尤其要受到质疑，因为自然科学将抽象提升到这样一个状态，在这个状态下关联意味着全部，而其他诸多细节几乎都无关紧要。

灰烬与尘埃

细节的无关紧要，是世界上所有伟大的宗教和哲学的核心教义，这里所指的细节也包括人类个体。培根再三强调"我们只是一堆肉而已"，他试图以此刺痛现代红男绿女身上那种趾高气扬的自负。这种说法不会比《圣经》中的说法更刺耳。《圣经》教导说，我们如同生长的"草"一样,是上帝的创造物(《圣歌》90)。而《圣经》中的说法又不如英国圣公会的共同祈祷文中的说法那般刺耳,在每一次葬礼上英国圣公会公共祈祷文都提醒大家,我们的身体只不过是"灰烬与尘埃"。从这一方面来说,佛教或许最为极端。佛教劝诫和尚将身体视为"千疮百孔的破包,塞满了各种杂物,是一副充斥着脏东西的臭皮囊"[55]。至于灵魂,它不会永远存在。佛教的确教导大家,人类这种实体所拥有的信仰是人类最有力的幻觉之一[56]。

现代科学充其量也只是当今这个时代最严肃的宗教。它教给人们什么是必然性,教会人们细节是无关紧要的。这两点是每一位科学家都要接受的严格原则。科学可以使人感到安心,因为它提示了万物发展的必然性,而不是虚妄的希望。有些哲学为了迎合人类的需要而将自由的观点夸大了,很多人会拒绝接受这样的哲学,爱因斯坦就是其中一员。他不相信人类会拥有哲学意义上的自由,对他而言,"每个人的行为不仅受到外界的强制,而且要适应内在的必然"。德国哲学家叔本华(Arthur Schopenhauer)有一句著名的格言:"人虽然能够做他所想做的,但不能要他所想要的。"从青年时代起,这句格言就给了爱因斯坦实实在在的启示。在他自己或别人面临困难的时候,这句格言总使他得到安慰,它还是宽容这种美德得以持续的源泉。它使自己本着宽大为怀的态度减轻容易使人气馁的责任感,也可以防止人们过于严厉地对待自己和他人。它产生了一种幽默的人生观[57]。爱因斯坦永不疲倦地提醒自己,从事物的更大尺度上考虑,自己是无足轻重的,其中的潜台词是,别的人类个体也是无足轻重的。在1930年12月10日那场恐怖的暴风雪中,他感觉到自己如同宇宙万物当中一个微小的粒子,好像被完全地"溶解并融入自然中"。同时他又感到自己很快乐[58]。他的反应有些像佛教徒,或者他怀有的只是一种深深的宗教情结。

第五章 天堂/现实与美好

美国心理学家斯金纳（B. F. Skinner）为这种宗教情结树立了又一个榜样。斯金纳信奉宗教？这似乎是个很奇怪的看法，因为众所周知他是一个讲究实际的行为科学家。是的，但是我认为用"顽强"一词来形容他是精确的，因为正是讲究实际的个性为他贴上了信奉宗教的标签。斯金纳应该不会反对这个标签。我来解释一下。大多数人都很乐意承认自己是自由的，只比天使和万物的造物主上帝略逊一些。而斯金纳却持有不同的看法，他认为人从本质上讲是遗传基因和环境历史的玩物。这是一种科学的观点。但是，斯金纳又提醒我们这种科学观点也是"肯培（Thomas à Kempis）①所说的自我否定的行为"。斯金纳引用《路加福音》中的话："凡想保全生命的，必丧失生命；凡丧失生命的，必救活生命"（《路加福音》17.33）。之后，他又说，这种观点符合科学精神，"被叔本华纳入世俗哲学（叔本华认为消灭意志可得到最终的自由），康拉德（Joseph Conrad）②也在文学作品《秘密的分享者》(Secret Sharer)中教导大众说，真正的自我拥有来自自我放弃"，而且"真正的自我当然是东方神秘主义热衷探讨的伟大主题"。有人就斯金纳的自传采访了他，他用一句评论总结了这次采访，既像出自于宗教苦行僧的口吻，又含有科学的意味。这句评论是这样的："如果说我对人类行为的评述是正确的话，那么我已经为一介草民撰写了自传"[59]。

只有源于深度的自我发现，那么"我是一介草民"的观点才是有益的。显然，如果别人这样来称呼自己，感觉就不会很好，反而会造成毁灭性的打击。发现与总结自己是微不足道的，预示着自己有特权、有机会，也有能力去欣赏由非人力量控制的广阔时空，因为一个人只有在意识到时空背景是广袤而壮阔的时候，才会有这种发现和

---

① 文艺复兴时期欧洲宗教作家。——译者注
② 英国小说家，擅长写海洋冒险小说。——译者注

总结，即我认为我这样一个微小的个体不但渺小得近似为零，而且还非常不自由。请注意一点：斯金纳没有将自由也一起否定，他只是希望这种极小的自由能够被认可，甚至于他还承认，在心理学的层面上，这种认可可能导致冒险和真正的发现。宗教思想家一直极力主张个体不要太重视自己的生命，而应认为生命可以随意供大家支配，因为只有当个体对生命不太在意时，他才能希冀在更高的层次上获得生命。相反，如果一个人不断地吹嘘"我是大人物"，那么他就会给自己划定一个界限，把自己限制住，并锁定在大人物身份上，其实这个大人物就是一个肉体与一个高社会地位混合在一起的累赘，而他碰巧就是那位大人物而已。存在主义哲学主张人类的中心不是实在，而是虚无！除非迅速或是仓促地填满空虚（周期性出现的一种诱惑），否则空虚会容许甚至是迫使人类个体去占满世界，因为人们需要通过这种方式来逃避空虚。很快这个世界（宇宙）就是一切，个体也就变得无关紧要。用宗教语言来形容，尽管个体没有湮灭，但是已经被神吸收。个体处于天堂之中。

上帝与邻居：最终的逃避，逃向现实

从根本上讲，儒教是一种人道主义学说，因为它关注的焦点是存在于这个世界上的人际关系的本质。然而，还有其他两种东西（和概念）存在于儒教当中，它们的历史要比儒教本身久远得多，其一是神圣感，其二则是一种信念，这种信念认为应该将社群的概念由生者延伸到死者，延伸到先祖，延伸到未出生的人。在世界上的各种宗教中，基督教在强调人类关系方面，以及强调人类关系所能达到的高度（这一高度与控制人类关系的章程与条例的数量不同）方面表现得与众不同。在这一点上，基督教与儒教极其相似，比如说基督教的教

第五章 天堂/现实与美好

义认为圣人之间的交流可以由活着的时候一直延续到死后。16世纪和17世纪的耶稣会士就注意到这两种学说的共性,从而劝诱某些中国人皈依他们的宗教信仰[60]。但是,基督教无论如何都不是人道主义的。人们只注意基督教对行为的种种规定,这些规定是如此极端,以至于若将之运用于世俗的人们,将很不现实。只有在宗教背景下,这些规定才有意义。在基督教的宗教背景下,上帝会以邻居的面目出现,生病的男人、贫穷的女人或是身陷囹圄的罪犯都有可能是救世主耶稣的化身。基督教既不是人道主义的宗教,也不是自然宗教,因为它试图让我们明白,人类最终的家园不是在地球上,而是在其他的某个地方,它将人们的注意力直接指向天国。它走出了以往自然宗教和鬼怪信仰的俗套,而与目前世界上还存在的种种怀旧宗教信仰有些相似。与早先的基督教徒理解的一样(这种理解并没有随着时间的流逝而完全消失),他们首要的责任既不是关心别人,也不是无休止地工作以使人类社会正常地运转,其最重要的教义不是"爱人如己",而是"尽心,尽性,尽意,爱主你的神"(《马太福音》22.37-39)。马大(Martha)和马利亚(Mary)的故事是这样的:马大邀请耶稣到她的家中,她在厨房中忙忙碌碌以尽地主之谊;马大的妹妹马利亚,在耶稣脚前坐下,听他布道。当马大因妹妹不帮忙而抱怨时,主就回答道:"马大!马大!你为许多事思虑烦扰,但是却不知不可少的事只有一件。马利亚已经选择那上好的福分,这是不能夺去的。"(《路加福音》10.38-42)

什么是现实和美好?什么才会给人带来幸福?在阿努伊(Jean Anouilh)①所写的戏剧《安提戈涅》(*Antigone*)中②,克瑞翁(Creon)

---

① 也译作阿诺伊,法国戏剧家。——译者注
② 此戏剧改编自古希腊悲剧作家索福克勒斯的作品。安提戈涅是俄狄浦斯的女儿,她一个兄长因反叛城邦而亡,国王克瑞翁将之曝尸,安提戈涅不顾禁令安葬了兄长,因而被处死。——译者注

给他侄女安提戈涅的答案是:"生命就是在你脚边嬉戏玩耍的孩子,就是你手中紧紧抓住的物体,就是你在傍晚闲坐的花园里的靠椅……请相信我,在你们年迈时唯一的一丁点儿可怜的安慰就是发现我刚刚对你们说的话是对的。"这听上去似乎很有道理,不是吗?还有什么比身边这些实实在在的事物更能让人感到幸福呢?如果一个人从这些真实的物体旁经过,却对之熟视无睹,而去追逐不切实际的空想,那么,他最后将一切成空。然而,安提戈涅愤怒地回应了她叔叔的这番言论,"我鄙视你的幸福!鄙视你的人生观!"[61]

克瑞翁所描绘的图景中缺少了两种组分——对邻居的仁慈和对自然的尊敬。如果他意识到这一点,他一定很乐意将这两种组分补充进去。一旦将这两种组分补充进去,那么这幅美好生活的图景将如此人性、如此仁慈、如此实用,而且可以实现,会对古往今来的人(包括现代社会那些思维异常冷静的红男绿女)产生不可抗拒的吸引力。这是在我们这个时代中从部落长老、敏感的世俗人文主义者到热心的环境保护主义者的共同愿望。然而,不论是脾气暴躁的小安提戈涅,还是沉浸在高度发达的宗教或哲学传统中的东西方思想家,他们都不会去关心这种图景,他们宁愿将它排在其他愿望的后面。

前面我已经提及一个非常奇怪的事实,那就是人类用许多恶毒的,且事实上并不存在的事物,把自己生存的世界搞得更加糟糕、更加恐怖。我们若能跳出自身之外,客观地看待自己身上这种深深的忧虑和恐惧,也许能更好地控制它们。这种做法确实发挥出一定的作用,然而那种奇怪的感觉依然萦绕在我们心头,挥之不去。依据我们的常识来看,下面这种现象不是更加令人奇怪吗?无论是在过去的历史中,还是在当今的时代,世界上一些最好最严肃的思想体系已经作出总结,它们认为所有具体的细节——日常生活中的感官享受,所有明确的重大事情,包括可持续的农业发展、地球环保事业——都是暂

第五章 天堂/现实与美好

时的,是幻觉,充其量也只是暗示。而真正现实的,也是人们最终逃往的目标就是虚无(天堂),是美好,是幸福的感觉,是目眩的太阳,甚至可能是温伯格(Steven Weinberg)①提出的最终自然统一论,人们不是期望着这些事物具有无与伦比的美吗?[62]

想要达到最终逃往的这个目标看起来是自私的。早期佛教中的苦行僧潜心修行,为的是从因果轮回中解脱出来。这些苦行僧们并不是有同情心的人。同样,那些全神贯注于科学研究事业的科学家们也是如此。他们忽略个人的、家人和朋友的需求,只是一味地让家人和朋友等待,等待他们有朝一日能揭开罩在科学身上的薄纱,成就发现之美。什么是仁爱?是帮助那些有物质需求的人,还是同伴?难道说帮助他们就是有意义的事情,就是伟大的善行吗?东方宗教和哲学从本质上否定了这一点。他们将终极注意力锁定在别处,而不包括社会服务。道教的确是超道德的,因为超然的道认为正确和错误、真实和谎言的差别无关紧要,那么,什么构成了善良和自我牺牲的基础[63]?在这一点上,佛教似乎与其他东方哲学尤为不同。然而,真是这样吗?佛教同情众生,但是这种同情不是源于换位思考的能力,也不是源于包容一切的、互相依赖的自然哲学,而是源于以转世轮回为核心的玄学系统。按照佛教的观点,一个人在晚饭时享用的鸡可能是其过世的祖母,众生都在因果轮回中苦苦挣扎,承受着本不应该承受的痛苦。后来,出于同情,佛陀大彻大悟,成为一个无欲无求的典范,从此摆脱与生俱来的欲望之苦。他既没有选择成为进入天国的菩萨,也没有成为一个社会工作者;相反,他坐在那里,双目紧闭,将视线投向内心。保持纯粹的平和与不执着。这是摆脱无休止因果报应的唯一方式[64]。在西方的古希腊和古罗马,人们并不认为帮助不幸

---

① 美国物理学家,因提出基于对称性自发破缺机制的电弱理论而获得1979年诺贝尔物理学奖。——译者注

者是自己应承担的道德义务与责任。基督教一直在强调这种服务，过去如此，现在依然如此。但是，正如我在前面叙述的那样，即使是基督教，也一直提倡沉思默想的生活方式，而不是积极活跃的生活方式。

伟大的哲学传统和宗教传统中存在一种怜悯之音，谴责那些只追求看不见的上帝，而忽视了现实存在的、与之为邻的人类个体。之所以要谴责这些个体，原因之一在于那些真正需要关心的人由于没有得到关心而偏离了生活的正轨；原因之二在于信奉上帝的行为太容易流于形式，而且很容易让个体陷进去，不能自拔；原因之三在于个体是出于一种自私的心理来寻找精神的价值，而这个出发点是不对的。因此，手头宽裕的人、有能力的人应该施舍并照顾穷人和弱者、受伤者和病人，并且要牢记，从某种意义上讲他们是在改变他人贫穷、孱弱、受伤和病痛的处境。然而，从伟大的传统观点来看，这些职责更像是家务琐事，而不像是人类的终极目的。毕竟，任何事情都应该得到维护，并定期修整，无论是一间房子、一个人，还是极度不平衡的社会都应如此。一旦认识到这不是天堂的真实所在，人们都大为震惊。从天堂的定义看，天堂里没有穷人和病人，没有剥削阶级，没有家务劳动，没有物质上的担忧，没有对错，没有地球上的世俗生活。此外，它还使人类个体产生归属之感、美德之感和重要之感。在天堂里，帮助他人仍是中心，并以前所未有的精力来付诸实践，但是这种帮助属于精神或智力范畴，就比如说，由于更加了解上帝，所以年长的天使会拥有比年幼的天使更大的快乐，这种快乐就属于精神或智力范畴。

天堂是什么样子？基于人类讲求实际的本性，我们往往会用细节来构想天堂的样子。细节本身或许很好，但是由于我们的想象力不够丰富、不够有力，所以我们很容易将这些细节神圣化。这样说来，如果运用伟大的抽象性和否定性的思维方式来拟想上帝和天堂或许更好

第五章 天堂/现实与美好

一些,尽管这种抽象性和否定性会产生一种审美或情感方面的强烈吸引力,即虚无的宁静,数学方程式的简洁美,但是它却阻止了人类崇拜偶像,阻止了人类产生无可救药的占有欲望。

那么,到底什么才是伟大的逃避?我下面要叙述我最喜欢的一则故事。它讲述的是米利都的泰勒斯(Thales of Miletus)①的故事。泰勒斯一边走,一边仰视天空,全神贯注地进行天文学方面的探究,一不留神"扑通"一声掉进一口水井里。据说聪明的色雷斯(Thracian)②女仆这样打趣他:"您只顾仰望天空,怎么能看到脚下的土地?"[65]泰勒斯体验到了宇宙世界的高度和深度,而色雷斯女仆却能在地面上安全地行走。他们两个人,谁的处境更好一些?是不是任何一个人都能做到像泰勒斯与马利亚这样的终极逃避,而使自己的处境更好一些?我认为人人都可以做到,因为这与天资无关,也不是社会经济环境问题,而是每个人是否愿意从正确的角度来看问题。

---

① 古希腊哲学家、科学家,生于希腊爱奥尼亚的米利都。——译者注
② 色雷斯人主要分布在东欧、北亚,属印欧语系族群。——译者注

注　释

第一章　大地／自然与文化

[1] 本章早先的版本发表于《历史地理学》(*Historical Geography*)，1997年第25卷，第10~24页。当时的题目是"逃避主义：开启文化—历史地理的另一把钥匙"(Escapism: Another Key to Culture-Historical Geography)。我感谢编辑霍尔舍尔（Steven Hoelscher）和蒂尔（Karen Till）允许我使用本文。

[2] 斯廷格（Christopher Stinger）和甘保尔（Clive Gamble）著：《寻找尼安德特人：揭开人类起源之谜》(*In Search of the Neanderthals: Solving the Puzzle of Human Origins*)。纽约：泰晤士和哈德逊出版社，1993年。

[3] 赫希曼（Albert Hirschman）:《脱离、呼吁和忠诚》(*Exit, Voice and Loyalty*)。剑桥：哈佛大学出版社，1970年。

[4] 歌德（Goethe）说："万事开头难。"澳大利亚的一位历史学家将这一格言运用到他的国家："在澳大利亚，每一个开端不仅困难重重，同时还印刻着人类苦难和悲惨的伤痕。"见克拉克（C. H. M. Clark）的作品《澳大利亚史文献选（1851—1900年）》(*Select, Documents in Australian History, 1851-1900*)，第94页（悉尼：奥格斯和罗伯逊出版社，1955年）。关于美国边疆生活的严酷状况，参见迪克（Everett Dick）的著作《土地的诱惑：公共土地的社会史——从联邦条约到新政》(*The Lure of the Land: A Social History of the Public Lands from the Articles of Confederation to the New Deal*)（林肯：内布拉斯加大学出版社，1970年）。

[5] 特恩布尔（Colin Turnbull）:《任性的仆人》(*Wayward Servants*)。伦敦：

注　释

艾尔和斯波蒂斯伍德出版社，1965年，第20~21页。

[6] 克兰狄能（Inga Clendinnen）：《解读阿兹特克》（*Aztec: An Interpretation*）。剑桥：剑桥大学出版社，1995年，第29~32页。

[7] 甚至早在商朝时期，中国人就已经具备了自信和乐观的生活态度。关于这方面的介绍，可以参见吉德炜（David N. Keightley）①的"商朝晚期占卜"（Late Shang Divination）一文，该文收于小罗斯蒙特（Henry Rosemont Jr.）编的《早期中国人宇宙观之探讨》（*Explorations in Early Chinese Cosmology*），第22~23页（加利福尼亚州，加里夫：学者出版社，1984年）。

[8] 史华兹（Benjamin Schwartz）：《古代中国人的思维世界》（*The World of Thought in Ancient China*）。剑桥：哈佛大学出版社，1985年。芬格莱特（Herbert Fingarette）：《孔子：奉为神圣的世俗》（*Confucius: The Secular As Sacred*）。纽约：哈珀火炬图书出版社，1972年。关于帝王祭天的例子可参见威廉姆斯（S. Wells Williams）的《中世纪王朝》（*The Middle Kingdom*）修订版的第1卷，第467~468页（纽约：查尔斯·斯克里布纳之子出版社，1907年）。

[9] 古贝尔（Pierre Goubert）：《路易十四与两千万法国人》（*Louis XIV and Twenty Million Frenchmen*）。纽约：万神殿图书公司出版社，1970年，第1卷，第78~81页、第216页。

[10] 17世纪的英国生活不稳定，有一个生动的事例可说明这一点。它讲的是一位既是牧师又是农民的人及其家庭的故事。参见麦克法兰（Alan Macfarlane）的著作《十七世纪牧师拉尔夫·约瑟林的家庭生活》（*The Family Life of Ralph Jossselin, A Seventeenth-Century Clergyman*）。剑桥：剑桥大学出版社，1970年。

[11] 奥尔格（Stephen Orgel）：《权力的幻觉：英国文艺复兴时期的政治剧院》（*The Illusion of Power: Political Theater in the English Renaissance*）。伯克利：加利福尼亚大学出版社，1975年，第51~55页。

---

① 也译作凯特利。——译者注

[12] 怀特海（Alfred North Whitehead）:《科学和现代世界》(*Science and the Modern World*)。纽约：门特书局出版社，1959年，第42~43页。

[13] 桑达尔斯（N. K. Sandars）:《吉尔伽美什史诗》(*The Epic of Gilgamesh*)。米德尔塞克斯郡，哈蒙德斯沃斯：企鹅出版社，1964年，第30~31页。

[14] 道格拉斯（Mary Douglas）:"卡塞河流域的勒勒人"(The Lele of Kasai)。载于福德（Daryll Forde）主编的《非洲世界》(*African Worlds*)，伦敦：牛津大学出版社，1963年，第1~26页。

[15] 奥斯特格伦（Robert C. Ostergren）:《一个移植的社区：来自大西洋彼岸的瑞典移民在美国中西部地区北部的定居经历》(*A Community Transplanted: The Trans-Atlantic Experience of a Swedish Immigrant in the Upper Middle West*)。麦迪逊：威斯康星大学出版社，1988年。

[16] 克伦农（William Cronon）编:《不寻常的土地：关于自然的再开发》(*Uncommon Ground: Toward Reinventing Nature*)。纽约：诺顿出版社，1995年。埃弗顿（Neil Evernden）:《自然的社会创造》(*The Social Creation of Nature*)。巴尔的摩：霍普金斯大学出版社，1992年。

[17] 英格尔曼（Paul Engelmann）编:《维特根斯坦信札及论文集》(*Letters from Ludwig Wittgenstein, with a Memoir*)。牛津：布莱克威尔出版社，1976年，第97~99页。

[18] 纪立生（Gillian Gillison）:"基米人大脑中的自然印象"(Images of Nature in Gimi Thought)。载自麦克玛（Carol MacCormack）和史翠珊（Marilyn Strathern）合编的《自然、文化和性别》(*Nature, Culture and Gender*)，第1~44页（剑桥：剑桥大学出版社，1980年）。

[19] 关于刚果森林中的姆布蒂俾格米人对于边界的概念，参见特恩布尔的著作《姆布蒂俾格米人：一个民族志调查》(*The Mbuti Pygmies: An Ethnographic Survey*)，它属于美国自然历史博物馆人种史学论文，第50卷，第3部，第165页（纽约：美国自然历史博物馆出版社，1965年）。

[20] 史翠珊:"没有自然，没有文化：哈根案例"(No Nature, No Culture: The Hagen Case)。参见麦克玛和史翠珊合编的《自然、文化和性别》，第174~222页；同时参见古迪（J. R. Goody）的著作《野蛮思维的驯化》

注　释

(*The Domestication of the Savage Mind*)（剑桥：剑桥大学出版社,1977年）。

[21] 特纳（Victor Turner）：《神圣的过程：结构和反结构》(*The Ritual Process: Structure and Anti-Structure*)。伊萨卡：康奈尔大学出版社，1961年。

[22] 伊里亚德（Mircea Eliade）：《神圣与世俗：宗教的本质》(*The Sacred and the Profane: The Nature of Religion*)。纽约：哈珀火炬图书出版社，1961年。

[23] "中间景观"是18世纪提出的一个观点。由于马克斯（Leo Marx）的努力，该观点在20世纪后半叶成为理解人地关系的一个有力工具。见其著作《花园中的机器：美国的科技田园观》(*The Machine in the Garden: Technology and the Pastoral Ideal in America*)。纽约：牛津大学出版社，1964年，第100~103页。

[24] 段义孚："权力和任性的花园"（Gardens of Power and Caprice）。载自《支配与情感：制造宠物》(*Dominance and Affection: The Making of Pets*)。纽黑文：耶鲁大学出版社，1984年，第18~36页。

[25] 芬利（John M. Findlay）："迪士尼乐园：地球上的极乐之地"（Disneyland: The Happiest Place on Earth）。选自《魔幻地带：西方城市景观和1940年之后的美国文化》(*Magic Lands: Western Cityscapes and American Culture after 1940*)。伯克利：加利福尼亚大学出版社，1992年，第56~116页。

第二章　动物性／掩饰与超越

[1] 麦克法夸尔（Larissa MacFarquhar）："脸面时代：整容手术是否可以将人变成一件艺术作品？"（The Face Age: Can Cosmetic Surgery Make People into Works of Art）。载自《纽约客》(*New Yorker*)，1997年7月21日，第68~70页。

[2] 注意"人类"一词本身的意义就相当模糊不清。我们常常忘记"人类"（human）与"腐殖质"（humus）、"谦卑"（humility）等词的词根（hum）是一样的。

[3] 维耶（Edward Moffat Weyer）：《爱斯基摩人：其环境和社会习俗》(*The Eskimos: Their Environment and Folkways*)。纽黑文：耶鲁大学出版社，

1932年，第72页。

[4] 特恩布尔："俾格米人的教训"（The Lessons of the Pygmies）。载自《科学的美国人》（Scientific American），1963年1月，第1~11页。杜斐（Kevin Duffy）：《森林之子》（Children of the Forest）。纽约：杜德-米德出版公司（Dodd, Mead & Co.），1984年，第161~166页。

[5] 特恩布尔：《围墙之后：穿越中国的旅行》（Behind the Wall: A Journey through China）。伦敦：海内曼出版社，1987年，第182~184页。

[6] 关于古罗马的纵酒狂欢有个冠冕堂皇的解释，可参见彼特罗纽斯（Petronius）所写的"与特立马乔进餐"（Dinner with Trimalchio），选自《讽刺文集》（The Satyricon），由埃罗史密斯（William Arrowsmith）翻译成英文（纽约：门特书局出版社，1960年，第38~84页）。

[7] 沙玛（Simon Schama）："疯牛和英国人"（Mad Cows and Englishmen）。载自《纽约客》，1996年4月8日，第61页。

[8] 费得林（Nich Fiddes）：《肉食：一个自然的标志》（Meat: A Natural Symbol）。伦敦和纽约：劳特利奇出版社，1991年，第16页。

[9] 民族志方面的例子可参见以下文献：道格拉斯所写的"卡塞河流域的勒勒人"。该文发表在福德编的《非洲世界》（伦敦：牛津大学出版社，1963年，第1~26页）。吉利森所写的"基米人大脑中的自然印象"（载自麦克玛和史翠珊合编的《自然、文化和性别》。剑桥：剑桥出版社，1980年，第143~173页）。肖斯达克（M. Shostak）所著的《妮萨：一名昆族女子的生活与心声》（Nisa: The Life and Words of a !Kung Woman）（米德尔塞克斯郡，哈蒙德斯沃斯：企鹅出版社，1983年）。契农（N. Chagnon）所著的《雅诺马莫人：暴躁的人类》（Yanomamo: The Fierce People）（伦敦：霍尔特、莱因哈特和温斯顿出版社，1977年，第29页、第33页）。

[10] 曼耐尔（Stephen Mennell）：《饮食礼仪大全：中世纪到当代英法的饮食与风味》（All Manners of Food: Eating and Taste in England and France from the Middle Ages to the Present）。牛津：布莱克威尔出版公司，1987年，第31~32页。

[11] 库柏（Charles Cooper）：《历史与文献记载中的英国餐桌》（The English

注 释

  Table in History and Literature）。伦敦：山姆普森·罗，马斯顿及其有限公司，第3页。

[12] 张光直（K. C. Chang）主编：《中国文化背景下的饮食：基于民族志和历史的透视》（*Food in Chinese Culture: Anthropological and Historical Perspectives*）。纽黑文：耶鲁大学出版社，1977年，第7~10页。

[13] 同上，第37~38页。

[14] 安德森（E. N. Anderson）：《中国饮食》（*The Food of China*）。纽黑文：耶鲁大学出版社，1988年，第114页。

[15] 孔子：《论语》（*Lun Yu*），引自《四书》（*The Four Books*），理雅各（James Legge）英译［纽约：佳作再版公司（Paragon Reprints），1966年，第130页］。

[16] 牟复礼（Frederick W. Mote）："元朝与明朝"（Yuan and Ming）。载自张光直主编的《中国文化背景下的饮食》，第238页。

[17] 葛瑞芬（Jasper Griffin）：《生与死的信使》（*Homer on Life and Death*）。牛津：克来尔顿出版社，1986年，第19~20页。

[18] 塞内特（Richard Sennett）：《公众人物的垮台》（*The Fall of Public Man*）。剑桥：剑桥大学出版社，1975年，第182页。

[19] 李文森（Joseph R. Levenson）：《梁启超与现代中国思想》（*Liang Ch'i-Ch'ao and the Mind of Modern China*）。伯克利：加利福尼亚大学出版社，1970年，第117~118页。

[20] 古勒维治（Philip Gourevitch）："来自卢旺达的信件：有计谋的种族屠杀之后"（Letter from Rwanda: After the Genocide）。载自《纽约客》，1995年12月18日，第78~94页。

[21] J. 玛奎（Jacques J. Maquet）：《卢旺达不平等的许诺：关于中非王国政治关系的一个研究》（*The Promise of Inequality in Ruanda: An Study of Political Relations in a Central African Kingdom*）。伦敦：牛津大学出版社，1961年，第10页、第18~19页。我在以下两段中也引用了该作品。

[22] 在李文森与舒尔曼（Franz Schurmann）的《中国：一个解释性的历

史》(*China: An Interpretive History*)(伯克利：加利福尼亚大学出版社，1971年，第114~115页）中所引的诗歌。

[23] 东布罗夫斯基（Daniel A. Dombrowski）：《素食主义哲学》(*The Philosophy of Vegetarianism*)。阿默斯特：马萨诸塞大学出版社，1984年，第19~74页。

[24] 拜纳姆（Caroline Walker Bynum）：《神圣的盛宴和神圣的斋戒：在中世纪妇女眼中饮食的宗教意义》(*Holy Feast and Holy Fast: The Religious Significance of Food to Medieval Women*)。伯克利：加利福尼亚大学出版社，1987年，第33~47页。

[25] 诚然，东亚学者型艺术家的工作室看起来完美无瑕，但这只意味着他们更需要更巧妙的掩饰。

[26] 布鲁姆（Allan Bloom）：《爱情和友谊》(*Love and Friendship*)。纽约：西蒙与舒斯特出版公司，1993年，第45页。

[27] 古德尔（Jane Goodall）：《冈贝的黑猩猩：行为模式》(*The Chimpanzees of Gombe: Patterns of Behavior*)。剑桥：哈佛大学出版社，1986年，第138页。

[28] 同上，第447~448页。

[29] 刘易斯（Clive Staples Lewis）：《过分拘谨和哲学》(*Prudery and Philosophy*)。载自胡珀（Walter Hooper）编的《现代关注》(*Present Concerns*)，圣迭戈：哈考特·布雷斯·朱万诺维奇出版公司（Harcourt Brace Jovanovich），1986年，第88~89页。

[30] 引证自特利灵（Lionel Trilling）的《真挚与真实性》(*Sincerity and Authenticity*)（剑桥：哈佛大学出版社，1972年，第5页）。

[31] 高本汉（B. Karlgren）："古代中国的某种表示丰饶的标志"（Some Fecundity Symbols in Ancient China）。载自《远东古物博物馆馆刊》(*Bulletin, Museum of Far Eastern Antiquities*)，1930年第2期，第1~21页。

[32] 布伦戴尔（Otto J. Brendell）："希腊／罗马世界中色情艺术的范围与气质"（The Scope and Temperament of Erotic Act in the Greco-Roman World）。载自鲍维（Theodore Bowie）与克里斯坦森（Cornelia V. Christenson）合编的《色情艺术》(*Erotic Art*)，纽约：基础书籍出版

注　释

社①，1970年，第12页。

[33] 戴维斯（David Brion Davis）："伊斯兰教的奴隶"。载自《纽约书评》（*New York of Books Review*），1990年10月11日，第36页。评论的对象是刘易斯的《中东地区的种族和奴隶制：一个历史追问》（*Race and Slavery in the Middle East: An Historical Enquiry*）（纽约：牛津大学出版社，1990年）。

[34] 蒙塔古（Ashley Montagu）：《触摸：人类皮肤的重要性》（*Touching: The Human Significance of the Skin*）。纽约：哈珀与罗出版公司，1978年。

[35] 梅（Rollo May）：《爱与愿望》（*Love and Will*）。纽约：诺顿出版社，1969年，第75页。

[36] 莱辛（Doris Lessing）：《金色笔记》（*The Golden Notebook*）。纽约：西蒙与舒斯特出版公司，1962年，第479~480页。

[37] 利格特（John Liggett）：《五官奥妙》（*The Human Face*）。纽约：斯坦因和戴出版社，1974年。

[38] 斯克鲁顿（Roger Scruton）：《性欲：性的道德哲学》（*Sexual Desire: A Moral Philosophy of the Erotic*）。纽约：自由出版社，1986年，第26页、第150~151页、第154页。

[39] 辛格（Irving Singer）：《追求爱》（*The Pursuit of Love*）。巴尔的摩：霍普金斯大学出版社，1994年，第19~20页。

[40] 阿尔贝隆尼（Francesco Alberoni）：《坠入爱河》（*Falling in Love*）。纽约：蓝登书屋，1983年，第29页、第30页、第35页。

[41] 贾科维雅克（Jankowiak）编：《浪漫的激情：是否是一种普遍的经历？》（*Romantic Passion: A Universal Experience?*）。纽约：哥伦比亚大学出版社，1995年。

[42] 卢曼（Niklas Luhamann）：《爱作为一种激情：隐私被编撰成法律》（*Love As Passion: The Codification of Intimacy*）。剑桥：哈佛大学出版社，1986年，第21页。

---

① 也译作基础读物出版社、基础文库。——译者注

[43] 帕斯（Octavio Paz）：《双重的火焰：爱和性欲》(*The Double Flame: Love and Eroticism*)。纽约：哈考特·布雷斯公司出版社，1995年，第19页。

[44] 库玛拉斯旺米（Ananda K. Coomaraswamy）：《印度和锡兰的艺术和工艺品》(*The Arts and Crafts of India and Ceylon*)。纽约：午时出版社，1964年，第65页。

[45] 克拉克（Kenneth Clark）：《裸体画：理想形式的一个研究》(*The Nude: A Study in Ideal Form*)。普林斯顿：普林斯顿大学出版社，1990年，第307页。

[46] 马丁（Robert Bernard Martin）：《杰拉尔德·曼利·霍普金斯：一种极其隐私的生活》(*Gerard Manley Hopkins: A Very Private Life*)。纽约：普特南出版社，1991年，第114页。

[47] 布朗（Peter Brown）：《身体和社会：早期基督教中男人、女人和性的再结合》(*The Body and Society: Men, Women, and Sexual Renunciation in Early Christianity*)。纽约：哥伦比亚大学出版社，1988年，第47~48页、第53~64页。

[48] 沃纳（Marina Warner）：《她所有的性孤独：处女玛丽的传奇和礼拜》(*Alone of All Her Sex: The Myth and the Cult of the Virgin Mary*)。纽约：维塔奇书局出版社，1983年，第54~55页。

[49] 伍尔芙（Virginia Woolf）：《弗吉尼亚·伍尔芙的日记》(*The Diary of Virginia Woolf*)。贝尔（Anne Olivier Bell）编，纽约：哈考特·布雷斯·朱万诺维奇出版公司，1980年，第3章，第117页。

[50] 伊壁鸠鲁（Epicurus）："致美诺书信"（Letter to Menoeceus）。参见贝利（Cyril Bailey）的《伊壁鸠鲁：现存的遗迹》(*Epicurus: The Extant Remains*)（牛津：牛津大学出版社，1926年）。

[51] 查尔丁（Teilhard de Chardin）：《神圣的环境：关于内心世界的一篇散文》(*The Divine Milieu: An Essay on the Interior Life*)。纽约：哈珀出版社，1960年。

[52] 引证自沃森（Burton Watson）的：《中国的抒情诗体：2—12世纪的词》(*Chinese Lyricism: Shih Poetry from the Second to the Twelfth Century*)。纽约：哥伦比亚大学出版社，1971年，第49~50页。

[53] 默多克（Iris Murdoch）：《美好的主权》(*The Sovereignty of Good*)。纽约：

注　释

Schocken Books，1971年，第49~50页。

[54] 小阿伦德（Alexander Alland Jr.）：《文化进程中的适应：医学人种学的一种方法》（Adaptation in Cultural Evolution: An Approach to Medical Anthropology）。纽约：哥伦比亚大学出版社，1970年，第160页。

[55] 博尔赫斯（Jorge Luis Borges）：《同博尔赫斯的二十四次谈话（含名为〈访谈录〉的诗选，（1981—1983年）》（Twenty-four Conversations with Borges, Including a Selection of Poems: Interviews, 1981-1983），由阿里法诺（Roberto Alifano）选编。马萨诸塞州，霍萨托尼克：拉斯科出版商，1984年，第4页。

[56] 载自《纽约时报》（New York Times），1984年2月24日。

[57] 胡克（Sidney Hook）："实用主义和生活的魔幻之感"（Pragmatism and the Tragic Sense of Life）。载史密斯（John E. Smith）编的《当代美国哲学》（Contemporary American Philosophy）。伦敦：艾伦-昂温出版社，1970年，第179页。

[58] 波普尔（Karl R. Popper）与埃克尔斯（John C. Eccles）：《自我及其头脑》（The Self and Its Brain）。海德堡、伦敦与纽约：施普林格出版集团，1981年，第556页。

[59] 波伊斯（John Cowper Powys）：《快乐的艺术》（The Art of Happiness）。伦敦：John Lane, Bodley Head，1935年，第46~47页、第74页。

[60] 戈加蒂（Oliver St. John Gogarty）："面对死亡"（To Death）。载自《奥利弗·圣约翰·戈加蒂诗歌集》（The Collected Poems of Oliver St. John Gogarty）。纽约：得文-阿代尔出版社（Devin-Adair），1954年，第191页。

[61] 马格里奇（Malcolm Muggeridge）：《重新发现耶稣》（Jesus Rediscovered）。纽约：双日出版社，1969年，第106页。

[62] 巴特（Karl Barth）：《政府的职责》（The Task of the Ministry）。载自厄普代克（John Updike）的《分类齐全的散文》（Assorted Prose）。纽约：诺夫出版社，1965年，第282页。

[63] 鲍斯韦尔（James Boswell）：《塞缪尔·约翰逊的生活》（Life of Samuel Johnson）。芝加哥：大英百科全书出版社，1952年，第394页。

[64] 引证自巴迪（W. Jackson Bate）的：《塞缪尔·约翰逊》(*Samuel Johnson*)。纽约：哈考特·布雷斯·朱万诺维奇出版公司，1979年，第451~452页。

[65] 克雷默（S. N. Kramer）：《闪族人》(*The Sumerians*)。芝加哥：芝加哥大学出版社，1963年，第263页。

[66] 《奥德赛》(*Odyssey*)，第24~25页及其以后。参见鲍勒（C. M. Bowra）的《希腊人的经验》(*The Greek Experience*)（纽约：门特书局，1957年，第50~52页）。

[67] 达文（Dan Davin）："五扇变暗的窗户：乔伊斯·卡里的回忆"（Five Windows Darken: Recollections of Joyce Cary）。载自《相遇》(*Encounter*)，1975年7月，第33页。

[68] 詹姆士（E. O. James）：《宗教的起源：一个介绍性与科学性的研究》(*The Beginnings of Religion: An Introductory and Scientific Study*)。伦敦：哈钦森大学出版社，1950年，第129页。

[69] 雷斯缪舍（Knud Rasmussen）：《伊格鲁利克爱斯基摩人的思想文化》(*Intellectual Culture of the Iglulik Eskimos*)。第五次图勒北极远征[①]（Thule Expedition）的报道，1921—1924年，第7卷第1期（哥本哈根：Gyldendalske Boghandel, Nordisk Forlag，1929年，第73~75页）。

[70] 贝瑞（John W. Berry）："提姆人与爱斯基摩人的知觉技巧"（Temne and Eskimo Perceptual Skills）。载自《哲学国际期刊I》,（*International Journey of Psychology I*）1966年，第1卷，第207~209页。

[71] 这是一个关于死后沉闷社会生活和建筑的例子。参见艾亨（Emily M. Ahern）的《一个中国乡村死者的祭典》(*The Cult of the Dead in a Chinese Village*)（斯坦福：斯坦福大学出版社，1973年）。

[72] 塞耶斯（Dorothy Sayers）："但丁笔下天堂的特性"（Character-ization of Dante's Paradise），载自刘易斯编的《致查尔斯·威廉姆的散文》(*Essays Presented to Charles William*)（密歇根州，大急流城：伊尔德曼斯出版公司，1966年，第30~31页）；贝克（E. J. Becker）：《对中世纪天堂和地狱景象比

---

① 也译作图勒探险。——译者注

注　释

较研究的一个贡献》（*A Contribution to the Comparative Study of the Medieval Visions of Heaven and Hell*）（巴尔的摩：约翰墨菲出版社，1899年）；迈克丹尼尔（Colleen McDannell）和朗（Bernhard Lang）：《天堂：一种历史》（*Heaven: A History*）（纽黑文：耶鲁大学出版社，1988年）。

[73] 马辛-德里克（Irene Masing-Delic）：《废除死亡：俄国21世纪文献中的一个拯救性神话》（*A Salvation Myth of Russian Twentieth-Century Literature*）。斯坦福：斯坦福大学出版社，1992年。

第三章　人／分离与冷漠

[1] 斯皮克尔（Stuart F. Spicker）编：《身体哲学》（*The Philosophy of the Body*）（芝加哥：Quadrangle Books，1970年），布伯（Martin Buber）：《我与你》（*I and Thou*）（纽约：Scribner's，1958年）；范德比尔（Paul Vanderbilt）：《景观和他者之间》（*Between the Landscape and Its Other*）（巴尔的摩：霍普金斯大学出版社，1993年）。

[2] 李（Dorothy Lee）："文图人思想中的语言反映"（Linguistic Reflection of Wintu Thought）和"文图印第安人的自我概念"（The Conception of the Self among the Wintu Indians）。载自《自由和文化》（*Freedom and Culture*）。新泽西州的英格尔伍德克里夫：普伦蒂斯-霍尔出版社（Prentice-Hall），1959年，第121~130页、第130~140页。梅贻宝（Y. P. Mei）："中国社会思维中的个体"（The Individual in Chinese Social Thought）。载自摩尔（Charles A. Moore）编《东西方的个体地位》（*The Status of the Individual in East and West*）。火奴鲁鲁：海湾大学出版社，1968年，第333~348页。斯涅耳（Bruno Snell）：《思维的发现：欧洲思想的希腊根源》（*The Discovery of the Mind: The Greek Origins of European Thought*）。剑桥：哈佛大学出版社，1953年，第60页。段义孚：《分隔的世界与自我：群体生活与个体意识的研究》（*Segmented Worlds and Self: Group Life and Individual Consciousness*）。明尼阿波利斯：明尼苏达大学出版社，1982年，第82页、第139~167页。

[3] 这一章引用了我以前的论文"孤立的自我：冷漠世界中的人类分离"（Island Selves: Human Disconnectedness in a World of Indifference）。载

自《地理评论》(*Geographical Review*), 1995年, 第85卷第2期, 第229~239页。感谢美国地理协会允许我引用此文。

[4] 威廉姆斯 (Roger Williams): 《你是独一无二的》(*You Are Extraordinary*) (纽约: 蓝登书屋, 1967年); "滋养的个性" (Nutritional Individuality), 载自《人类自然》(*Human Nature*), 1978年7月, 第46~53页。

[5] M. 奈茨 (M. Neitz) 与 J. 奈茨 (J. Neitz): "控制正常红绿色视觉的色素基因的数量和比例" (Numbers and Ratios of Visual Pigment Genes for Normal Red-Green Color Vision)。载自《科学》(*Science*), 1995年2月17日, 第267卷, 第1013~1018页。

[6] 哈达玛 (Jacques Hadamard): 《数学领域中的发明哲学》(*The Psychology of Invention in the Mathematical Field*)。普林斯顿: 普林斯顿大学出版社, 1949年, 第115页。

[7] 加扎尼加 (M. S. Gazzaniga): 《自然的思维: 思维的生物起源、情感、性、语言和智力》(*Nature's Mind: The Biological Roots of Thinking, Emotions, Sexuality, Language, and Intelligence*)。纽约: 基础书籍出版社, 1992年。

[8] 厄普代克 (John Updike): 《自我意识》(*Self Consciousness*)。纽约: 诺夫出版社, 1989年, 第105页。

[9] 鲍恩 (Elizabeth Bowen): "常青藤羁绊了双脚" (Ivy Gripped the Steps)。载自《故事集》(*Collected Stories*)。伦敦: 乔纳森·开普出版社, 1980年, 第707~708页。

[10] 亨利 (Jules Henry): 《通向疯狂的道路》。纽约: 蓝登书屋, 1971年, 第88页。

[11] 加缪 (Albert Camus): 《工作笔记 (1942—1951年)》(*Carnets, 1942—1951*)。伦敦: 哈米什·汉密尔顿出版社, 1966年, 第37页。

[12] 世界是冷漠的。这一观点最初由科拉柯夫斯基 (Kolakowski) 在其著作《传奇的展现》(*The Presence of Myth*) (芝加哥: 芝加哥大学出版社, 1989年) 中提出。

[13] 尼科尔森 (Harold Nicolson): 《战争岁月: 从1939年到1945年》(*The War Years, 1939—1945*)。纽约: 雅典娜神庙出版社, 1967年, 第30页。

注　释

[14] 格拉肯（Clarence J. Glacken）:《罗得岛海岸的痕迹：从古代到十八世纪末西方思想中的自然与文化》(*Traces on the Rhodian Shore: Nature and Culture in Western Thought from Ancient Times to the End of the Eighteen Century*)。伯克利：加利福尼亚大学出版社，1967年，第375~428页。

[15] 这方面有很多的实例，其中一个就是赫恩（Vicki Hearne）关于马匹感知力和智力的相关报道。参见她的著作《亚当的任务：呼唤动物的名字》(*Adam's Task: Calling Animals by Name*)（纽约：诺夫出版社，1986年）。

[16] 纳什（Roderike Nash）:《自然的合理性：环境伦理学的历史》(*The Rights of Nature: A History of Environmental Ethics*)。麦迪逊：威斯康星大学出版社，1989年。埃弗顿（Neil Evernden）:《自然的社会创造》(*The Social Creation of Nature*)。巴尔的摩：霍普金斯大学出版社，1992年。

[17] 诺沃特尼（Karl A. Nowotny）:《世界观史文集：色彩和世界趋势》(*Beiträge zur Geschichte des Weltbilders: Farben und Weltrichtungen*)。载自《维也纳文化史与语言学文集》(*Wiener Beiträge zur Kurlturgeschichte and Linguistic*)，1969年，第17卷（维也纳：Verlag Ferdinand Berger & Sohne，1970年）。要了解关于地球上相距甚远的两地的两个案例的研究情况，参见奥堤兹（Alfonso Ortiz）的《普韦布洛人的新透视》(*New Perspectives on the Pueblos*)（阿尔伯克基：新墨西哥大学出版社，1972年），以及韩德森（John B. Henderson）的《中国宇宙观的发展和衰败》(*The Development and Decline of Chinese Cosmology*)（纽约：哥伦比亚大学出版社，1984年）。

[18] 刘易斯：《失乐园的序言》(*A Preface to Paradise Lost*)。伦敦：牛津大学出版社，1960年，第22~31页。在这里，我情不自禁地要讲述另一个关于冷漠的故事，这个故事在我的脑海中久久盘旋，挥之不去。这个故事就发生在当代，故事梗概如下：四个朋友乘游艇到地中海旅行。那天风和日丽，海面平滑如镜。游艇飘浮着停在海面上。午饭前，几个朋友决定在海里游会儿泳。他们在水中快乐地嬉戏，饿意渐生，他们想到船舱的桌子上还摆着鸡肉和美酒，便决定爬上游艇。但是，令其极度恐慌的是，他们无法爬上游艇，因为游艇没有下锚，而且游艇外面没有拴着绳

索，无法让他们拽着上船，因而他们最终全部溺水而亡。我仿佛看到他们垂死前那绝望的目光，渐渐下沉的臂膀也带走了生的希望。此时，天空依然湛蓝，海洋依然宁静，它们冷漠地观看这一悲剧的发生。小说家斯通（Robert Stone）听到这个真实的悲剧之后，表达了他"极度的惊讶"。出于我的需要，我对这个故事做了适度的加工。参见韦伯（Bruce Weber）的"见证危险的眼睛"（An Eye for Danger），载自《纽约时代杂志》（*New York Times Magazine*），1992年1月19日，第19页。

[19] 我认为人们在日常生活中渴望身体接触。但而今，身体接触却让人倍感压抑。例如，在纽约交通高峰期的轻轨中和拥挤不堪的公交车中，或是在日本交通流量非常大的时段。一个评论家的相关评论提醒我注意到了这一点。

[20] 亨利（Jules Henry）：《林中民族：巴西高原的坎刚部落》（*Jungle People: A Kaingang Tribe of the Highlands of Brazil*）。纽约：库尔诺出版社，1941年，第18、33页。特恩布尔："姆布蒂不同性别间潜在冲突的仪式化"。载自里柯克（C. E. Leacock）与李（R. Lee）编的《初级社会群体的政治与历史》（*Politics and History in Band Societies*）。剑桥：剑桥大学出版社，1982年，第137页。

[21] 苏克康德（Victor Zuckerkandl）：《操控音乐家》（*Man the Musician*）。普林斯顿：普林斯顿大学出版社，1973年。

[22] 特恩布尔："局限性：主体与客体经验的合成"（Liminality: A Synthesis of Subjective and Objective Experience）。载自谢克纳（Richard Schechner）和阿佩尔（Willa Appel）编的《以表现为手段：剧院与仪式的跨文化研究》（*By Means of Performance: Intercultural Studies of Theatre and Ritual*）。剑桥：剑桥大学出版社，1990年，第56页。

[23] 苏克康德：《操控音乐家》，第27~28页。

[24] 格雷（J. Glenn Gray）：《勇士：战争中人类的反思》（*The Warriors: Reflection on Men in Bettle*）。纽约：哈珀火炬图书出版社，1967年，第45页。

[25] 吉布森（James William Gibson）：《勇士的梦想：越南战争之后美国的暴

力与男子气概》(*Warrior Dreams: Violence and Manhood in Post-Vietman America*)。纽约：希尔和王出版社，1994年，第108~109页。

[26] 伍德（Denis Wood）与拜克（Robert J. Beck）：《家庭规则》(*Homes Rules*)。巴尔的摩：霍普金斯大学出版社，1994年。

[27] 关于地方与人类之间关系的研究，萨克（Robert David Sack）所作的分析最严格，也最为广泛。参见萨克：《人类地理学：作用、意识与道德关注的框架》(*Homo Geographicus: A Framework for Action, Awareness, and Moral Concern*)。巴尔的摩：霍普金斯大学出版社，1997年，第60~126页。

[28] 段义孚："语言与地方的营造"（Language and the Making of Place）。载自《美国地理联合会会刊》(*Annals of the Association of American Geographers*)，1994年第2期第81卷，第684~696页。"城市与人类的语言"（The City and Human Speech），载自《地理评论》(*Geographical Review*)，1994年第2期第84卷，第144~151页。

[29] 比阿特丽斯·B. 怀廷（Beatrice B. Whiting）与约翰·W. B. 怀廷（John W. B. Whiting）：《六种文化背景下的儿童：心理文化研究》(*Children of Six Cultures: A Psycho-Cultural Analysis*)。剑桥：哈佛大学出版社，1975年，第170~171页。

[30] 斯坦纳（George Steiner）："拥有语言的动物"（The Language Animal）。载自《相遇》，1969年8月，第7~24页。

[31] 费尔南德斯（James Fernandez）："表达文化中隐喻的使命"（The Mission of Metaphor in Expressive Culture）。载自《当代人类学》(*Current Anthropology*)，1974年第15卷，第119~145页。

[32] 尤纳斯（Hans Jonas）：《生活现象：面向哲学生物学》(*The Phenomenon of Life: Toward a Philosophical Biology*)。纽约：哈珀与罗出版公司，1966年，第11~12页。

[33] 贝利（John Bayley）编：《托尔斯泰作品简本》(*The Portable Tolstoy*)。纽约：维京出版社，1978年，第37~38页。维斯根斯坦曾花大力气阅读过托尔斯泰的作品，他或许受到这个俄国人的影响，才会作出以下表述："如

217 果一个事物很重要，也很有意义，那么为什么它又让主体感到颇为费解呢？并不是说主体在理解这一事物之前一定要进行什么特殊的训练，这一事物之所以让人费解是因为大多数人在理解事物与他们想要看到的事物之间存在着矛盾性的冲突，正是这种冲突使事物变得让人难以理解。因此，最浅显易懂的事物往往就变得最让人难以理解。你必须用意志去战胜困难，而不是用智力去战胜困难。"载自《文化和价值》(*Culture and Value*)（芝加哥：芝加哥大学出版社，1980年，第17页）。

[34] 格林（Julian Green）：《日记（1928—1957年）》(*Diary, 1928-1957*)。纽约：加罗尔与格拉夫出版社（Carroll and Graf），1985年，第63页。据他描述，由于生物个体之间存在着巨大的差异，一个人不可能和一条狗进行深层次的交流。人与人之间没有如此巨大的差异，然而，虽然人类拥有共同的语言，但是人与人之间不能经常进行有效的交流，其中的原因似乎是由于人的自负（人类在道德上的一个缺陷）。

[35] 狄尔曼（Ilham Dilman）：《爱与人类的分离》(*Love and Human Separateness*)。牛津：布莱克威尔出版社，1987年。

[36] 从20世纪60年代开始，一些重点大学社会学科和人文学科的研究生的知识取向已转向左翼和马克思主义。

[37] 引自托尔肯（Barre Toelken）的《民俗的动力》(*The Dynamics of Folklore*)[波士顿：霍顿·米夫林出版社（Houghten Mifflin），1979年，第96页]。席尔科（Leslie Marmon Silko）曾讨论过景观与群体本身、个体本身之间的紧密关系。参见他的"内部景观和外部景观：普韦布洛人的迁移故事"（Interior and Exterior Landscapes: The Pueblo Migration Stories），此文载自汤普森（George F. Thompson）编《美国的景观》(*Landscape in America*)（奥斯汀：得克萨斯州立大学出版社，1995年），第155~169页。

[38] 布里格斯（Jean L. Briggs）："因纽特人价值社会化的诸方面"（Aspects of Inuit Value Socialization），人类信使国立博物馆系列，载自《加拿大民族志通讯》(*Canadian Ethnology Service Paper*)，第56期。渥太华：加拿大国立博物馆，1979年，第6页。

[39] 厄普代克（John Updike）：《兔子富了》(*Rabbit Is Rich*)。纽约：诺夫出

注 释

版社，1981年，第116页。

[40] 雷斯缪舍（Knud Rasmussen）："伊格鲁利克爱斯基摩人的思想文化"（Intellectual Culture of the Iglulik Eskimos）。载自《第五次图勒北极远征报道》（1921—1924年），第7卷第2~3号。哥本哈根：Gyldendaslske Boghandel，Nordisk Forlag，1930年，第19、69页。

[41] 同上，第59页。

[42] 特鲁里（John Drury）：《天使与污泥》（Angels and Dirt）。纽约：麦克米伦出版社，1974年，第52页。

[43] 奥登（W. H. Auden）："死亡的回声"（Death's Echo）。载自门德尔松（E. Mendelson）编的《诗集》（Collected Poems）。纽约：古典书局（Vintage Books），1991年，第102~103页。

[44] 默多克（Iris Murdoch）：《一个会说话的孩子》（A Word Child）。伦敦：查托与温都斯书局（Chatto and Windus），1975年，第45页。

[45] 列维-施特劳斯（Claude Levi-Strauss）与厄尔邦（D. Erbon）：《与列维-施特劳斯的对话》（Conversations with Claude Lévi-Strauss）。芝加哥：芝加哥大学出版社，1991年，第102~103页。

[46] 科斯格罗夫（Denis Cosgrove）和丹尼斯（Stephen Daniels）："图像和景观"（Iconography and Landscape）。载自科斯格罗夫和丹尼尔斯合编的《图像和景观》（The Iconography of Landscape）。剑桥：剑桥大学出版社，1988年，第1~10页。

[47] 赫胥黎（Aldous Huxley）："没有修饰过的景观"（Unpainted Landscape），载自《相遇》，1962年10月，第41~47页。

[48] 丹托（Arthur C. Danto）：《艺术的哲学剥夺》（The Philosophical Disenfranchisement of Art）。纽约：哥伦比亚大学出版社，1986年，第89~91页。贡布里希（E. H. Gombrich）：《艺术与幻觉：图画再现心理学的研究》（Art and Illusion: A Study in the Psychology of Pictorial Representation）。伦敦：菲登出版公司，1962年，第9~12页。

[49] 奥登："马赛美术馆"（Musée des Beaux Arts）。载自《作者精选作品集》（A Selection by the Author）。米德尔塞克斯郡，哈蒙德斯沃斯：企鹅出版

社,1958年,第61页。

第四章 地狱／想象的扭曲与限制

[1] 尤纳斯(Hans Jonas)著、伏格(Lawrence Vogel)编:《死亡和道德:在奥斯威辛之后寻找美好》(*Mortality and Morality: A Search for the Good after Auschwitz*)。埃文斯顿:西北大学出版社,1996年,第13页。

[2] 科恩(Norman Cohen):《欧洲的心魔:由大猎巫运动引发的探究》(*European's Inner Demons: An Enquiry Inspired by the Great Witch-Hunt*)。纽约:基础书籍出版社,1980年,第81页。

[3] 桑塔亚纳(George Santayana):《社会中的理性》(*Reason in Society*)。载自《理性的生命》(*The Life of Reason*),1905年第2卷,第2次印刷。纽约:多佛出版社,1980年,第81页。

[4] 威尔森(Colin Wilson):《性冲动的起源》(*Origins of the Sexual Impulse*)。伦敦:亚瑟·贝克出版社,1963年,第167页。

[5] 洪堡(Wilhelm von Humboldt):《无职无权的人文主义者》(*Humanist without Portfolio*)。底特律:韦恩州立大学出版社,1963年,第383~384页。

[6] 格雷(J. Glenn Gray):《勇士:对战争中人类的反思》(*The Warriors: Reflections on Man in Battle*)。纽约:哈珀火炬图书出版社,1967年,第51页。

[7] 对残忍一词有多种解释,其中一种较为煽动性的解释请参见罗塞特(Clement Rosset)的《快乐的残忍:一种面向真实的哲学》(*Joyful Cruelty: Towards a Philosophy of the Real*)(纽约:牛津大学出版社,1993年)。

[8] 托马斯(Elizabeth Marshall Thomas):《与世无争的人》(*The Harmless People*)。纽约:古典书局,1965年,第51~52页。

[9] 《无情的大地》(*Terre Inhumanie*),引自加缪(Albert Camus)的《加缪手记(1942—1951年)》(*Carnets, 1942-1951*)(伦敦:哈米什·汉密尔顿出版社,1966年,第142页)。

[10] 厄普代克(John Updike):《自觉》(*Self-Consciousness*)。纽约:诺夫出版社,1989年,第150页。当然,人类将痛苦理性化,作为获得真相的一种手段,这种做法超越了动物。彼得(Edward Peters):《痛苦》(*Torture*)

注　释

费城：宾夕法尼亚大学出版社，1996年。

[11] 索夫斯基（Wolfgang Sofsky）：《恐怖的秩序：集中营》（*The Order of Terror: The Concentration Camp*）。普林斯顿：普林斯顿大学出版社，1996年，第225~226页、第237页。

[12] 这一例子引自人类学家兼哲学家杜斐（Kevin Duffy）的《森林之子》（*Children of the Forest*）（纽约：杜德-米德出版公司，1984年，第50页）。他曾考察过姆布蒂俾格米人的生活，与公认的权威特恩布尔相比，他距离我们的年代更近一些。

[13] 著名作家奈保尔（V. S. Naipaul）生于特立尼达岛。他写道："我们不再嘲笑特立尼达岛人的无能，这种感觉确实棒极了。""黑人曾经嘲笑别人的无能。这是相当残忍的事情。我记得在太子港的一家电影院中，大家在看新闻影片。当看到德国集中营的场面时，黑人观众却嘲笑集中营中那些黑人狱友，这令我感到十分震惊。"载自朱萨瓦拉（Feroza Jussawalla）编的《与奈保尔的谈话录》（*Conversations with V. S. Naipaul*）（杰克逊：密西西比大学出版社，1997年，第120页）。

[14] 特恩布尔：《林中民族》。纽约州，花园城：双日出版社，1962年，第100页。

[15] 格兰伯（Nelson Graburn）："加拿大因纽特人中存在的严重虐待儿童现象"（Severe Child Abuse among the Canadian Inuit）。载自谢勒-休斯（N. Scheper-Hughes）主编的《幸存的孩子们：善待儿童和虐待儿童的人类学视角》（*Child Survival: Anthropological Perspectives on the Treatment and Maltreatment of Children*）。荷兰多德雷赫特：雷代尔出版公司，1987年，第211~226页。巴克什（Michael Baksh）："文化生态学与秘鲁亚马孙流域马其固加印第安人的变迁"（Cultural Ecology and Change of the Machiguenga Indians of the Peruvian Amazon）（加利福尼亚大学洛杉矶分校博士论文），1984年，第99~100页。我在此要感谢埃德格尔顿（Robert B. Edgerton），上述文章均来源于埃德格尔顿的《病态的社会：挑战原始和谐的神话》（*Sick Societies: Challenging the Myth of Primitive Harmony*）（纽约：自由出版社，1992年，第79~90页）。

[16] 我将这种见解归功于卡西迪（Frederic Cassidy）。他是威斯康星-麦迪逊

大学的一名语言学家，参见我的《人、地方与事物》(Person, Place and Thing) 的一个章节"社区和地方：一个质疑的观点"(Community and Place: A Skeptical View)，第50页。该书收入黄树德 (Shue Tucr Wong) 主编的《地学与人类》(Geoscience and Man)，第31卷（巴吞鲁日：地学出版物，路易斯安那州立大学出版社地理学与人类学部，1992年）。"事实上，有限度的侵略有助于社区的形成"，请参见吉尔摩 (David Gilmore) 的《侵略与社区》(Aggression and Community)（纽黑文：耶鲁大学出版社，1987年）。

[17] 引自奈特 (James A. Knight)：《为了金钱的爱：人类行为与金钱》(For the Love of Money: Human Behavior and Money)。费城：利平科特出版公司，1968年，第161页。

[18] 斯皮克曼 (J. C. Speakman)：《分子》(Molecules)。纽约：麦格劳-希尔出版公司，1966年，VI。

[19] 吉布森：《勇士的梦想：越南战争之后美国的暴力与男子气概》。纽约：希尔和王出版社，1994年，第109~112页。

[20] 萨特 (Jean-Paul Sartre)：《圣热内》(Saint Genet)。纽约：巴西木出版社，1963年，第360~361页。

[21] 麦库洛夫 (David McCullough)：《马背上的早晨》(Mornings on Horseback)。纽约：西蒙与舒斯特出版社，1981年，第88页。

[22] 韦尔斯福德 (Enid Welsford)：《一个傻子：他的社会史与文学史》(The Fool: His Social and Literary History)。伦敦：费伯·费伯出版社，未注明出版日期，第135页。蒂茨-肯拉特 (E. Tietze-Conrat)：《艺术中的侏儒与小丑》(Dwarfs and Jesters in Art)。伦敦：费顿出版社，1957年，第80页。

[23] 曹雪芹：《石头记》(The Story of the Stone)①。米德尔塞克斯郡，哈蒙德斯沃斯：企鹅出版社，1980年，第3卷，《哀世之音》(The Warning Voice)，第157页。

---

① 即《红楼梦》。——译者注

注　释

[24] 休格特（Frank E. Huggett）:《楼梯下的生活：维多利亚时代英国的仆人》（*Life below Stairs: Domestic Servants in England from Victorian Times*）。伦敦：约翰·默里书业出版社，1977年，第27页。

[25] 小摩尔（Barrington Moore Jr.）:《不公平：顺从与反抗的社会基础》（*Injustice: The Social Bases of Obedience and Revolt*）。纽约州，怀特普莱恩斯：M. E. 夏普出版公司，1978年，第55~64页。

[26] 参见道威尔（John W. Dower）的《不仁之战：太平洋战争中的种族与强权》（*War without Mercy: Race and Power in the Pacific War*），第200页的卡通画与相应的文字部分（纽约：万神殿图书公司出版社，1986年）。

[27] 卢克莱修（Lucretius）著、莱瑟姆（Ronald Latham）译：《论事物的本质》（*On the Nature of Things*）第2册。米德尔塞克斯郡，哈蒙德斯沃斯：企鹅出版社，1951年，第60页。关于毁灭之美（从食肉动物沉着冷静地捕捉到猎物，并吃得一干二净［梭罗（Thoreau）语］，到海难中船只的残骸）的总体说明，参见哈丽（Philip Hallie）的《善与恶、助与害的故事》（*Tales of Good and Evil, Help and Harm*）（纽约：哈珀柯林斯出版公司，1997年），第118~129页。

[28] 小怀特（Lynn White Jr.）:"死亡与魔鬼"（Death and the Devil）。载自金斯曼（Robert S. Kinsman）主编的《文艺复兴时期更加黑暗的景象》（*The Darker Vision of the Renaissance*）。伯克利：加利福尼亚大学出版社，1974年，第32页。

[29]《时代杂志》（*Time Magazine*），1976年12月13日，第78页。

[30] 俄国作家曾就公开处决的道德（不道德）展开过激烈的讨论。参见杰克逊（Robert Louis Jackson）:《与陀思妥耶夫斯基的对话：无法对抗的问题》（*Dialogues with Dostoevsky: The Overwhelming Questions*）。斯坦福：斯坦福大学出版社，1993年。

[31] 克瑞士威尔（Tim Cresswell）:《地方之中/地方之外：地理学、意识形态与犯罪》（*In Place/Out of Place: Geography, Ideology, and Transgression*）。明尼阿波利斯：明尼苏达大学出版社，1996年。萨克著的两部作品：《人类的领土：理论与历史》（*Human Territoriality: Its Theory and History*）（剑

桥：剑桥大学出版社，1986年）和《人类地理学：行为、意识与道德关注的一种框架》（巴尔的摩：霍普金斯大学出版社，1997年，第90~91页、第156~160页）。

[32] 赛托蒂（Tepilit Ole Saitoti）：《马塞勇士的世界》（*The Worlds of a Maasai Warrior*）。伯克利：加利福尼亚大学出版社，1988年，第73页。

[33] 萨克：《人类地理学》。第32页、第127~141页。

[34] 冯友兰（Fung Yu-lan）：《中国哲学简史》（*A Short History of Chinese Philosophy*）。纽约：麦克米伦出版社，1959年，第71~72页。孟子："夫夷子信以为人之亲其兄之子为若亲其邻之赤子乎？"《孟子》中记有夷子观察后说的话："爱无差等。"[《孟子·滕文公上》（*Mencius*）]。正如史华兹所言，"孟子只承认一种可能，即一个人在家的温暖怀抱中会自然而然地流露出爱，尽管这种爱的力量会逐渐减弱，但一般人都会产生这种爱"，见《古代中国的思维世界》。剑桥：哈佛大学出版社，1985年，第259页。

[35] 弗兰克（Frederick Frank）在巴雷内一边谈论着他在加蓬各部落中的考察经验，一边与史威泽（Albert Schweitzer）一起工作。他写道："我与不同部落的人们建立了轻松而和睦的关系，凭借这种关系，我发现了令人困惑的部落内部关系。对于他们而言，另一个部落的人没有资格从他们那里祈求同情。如果你本人就是一个撒玛利亚会成员，你就会想象到作为一个同情并援助苦难的善人应该怎么做。但是，手足情深般地帮助他人的做法并不普遍适用于这些部落。一个人从棕榈树上摔下来，受了重伤，如果这个人与你同属一个部落，你就会毫不犹豫地背起他到附近的村庄里医治；如果不属于同一个部落，你就会袖手旁观，看着他死去。"参见《我与史威泽在一起的日子》（*My Days with Albert Schweitzer*）[纽约：莱昂斯·伯福德（Lyons Burford）出版公司，未注明出版日期，第97页、第81~82页]。在美洲印第安人看来，康涅狄格州的马杉图克特-皮奎特部落有着发达的赌博业，是该民族中最富裕的一个部落。但是，他们从不帮助贫穷的同胞；相反，他们还指望白人出于慈善与慷慨之心给他们基金。见博耶（Paul Boyer）："贫穷、卑微、富裕的印第安

注　释

人"（Poor Little Rich Indians）。载自《部落学院：美洲印第安人高等教育期刊》（*Tribal College: Journal of American Indian Higher Education*），1994—1995年冬季刊，第4~5页。

[36] 斯通（Lawrence Stone）针对杜希曼（Barbara Tuchman）所作的一篇评论"一面遥远的镜子：充满着不幸的14世纪"（A Distant Mirror: The Calamitous Fourteenth Century）。载自《纽约书评》（*New York Review of Books*），1978年9月28日，第4页。

[37] 惠特曼（Walt Whitman）："自我之歌"（Song of Myself），第51句。载自《草叶集》（*Leaves of Grass*），纽约：Signet Classics，1960年，第96页。

[38] 这里还有一个残酷的例子不太为人所知，它说的是："特遣队在俄国境内的辛菲罗波尔地区执行命令，他们收到命令必须在耶稣像的面前杀死三千名犹太人与吉普赛人。他们以超快的速度执行了这一命令，以便于大家都可以去参加耶稣复活的庆典。"参见托多罗夫（Tzvetan Todorov）：《面对极端：集中营中的道德生活》（*Facing the Extreme: Moral Life in the Concentration Camps*）。纽约：荷尔特出版社，1996年，第148~149页。

[39] 赫钦士（Robert Hutchins）："科学家的道德"（The Scientist's Morality）。载自《少数派》（*Minority of One*），1963年11月，第25页。

[40] 莱维（Primo Levi）：《溺死者与被救者》（*The Drowned and the Saved*）。纽约：高峰出版社，1988年，第57~58页。

[41] 摩根·福斯特（Edward Morgan Forster）：《此情可问天》（*Howards End*）①。纽约：古典书局，1989年，第195页。

[42] 奥斯蒙德（Humphrey Osmond）："精神分裂症与移情作用"（Schizophrenics and Empathy）。载自《精神医院》（*Mental Hospitals*），建筑学附录，1957年4月第8期，第23~30页。

[43] 奥本海默（J. Robert Oppenheimer）："艺术与科学的前景"（Prospects in the Arts and Sciences）。载自《人类获取知识的权利》（*Man's Right to Knowledge*）。纽约：哥伦比亚大学出版社，1954年，第114~115页。

---

① 也译作《霍华德庄园》。——译者注

[44] 文德莱（Helen Vendler）：《济慈颂诗集》（*The Odes of John Keats*）。剑桥：哈佛大学出版社，1983年，第26、85页。

[45] 黑尔巴特（Anthony Heilbut）：《托马斯·曼：性爱与文学》（*Thomas Mann: Eros and Literature*）。纽约：诺夫出版社，1996年，第21~22页。

[46] 惠特曼："自我之歌"，第32句。载自《草叶集》，第73页。

[47] 沙图克（Roger Shattuck）：《禁止的试验：法国南部阿韦龙省野孩子的故事》（*The Forbidden Experiment: The Story of the Wild Boy of Aveyron*）。纽约：法勒、斯勒劳斯和吉鲁（FSG）出版社，1980年，第182页。

[48] 伊格奈蒂夫（Michael Ignatieff）："他的艺术是他掌握的一切"（His Art Was All He Mastered）。载自《纽约时代杂志书籍评论》（*New York Times Book Review*），1988年8月29日，第24页。

[49] 奥威尔（George Orwell）：《巴黎和伦敦的内外》（*Down and Out in Paris and London*）。纽约：伯克利出版社，1959年，第16页。

[50] 茨威格（Ferdynand Zweig）：《追求友情》（*The Quest for Fellowship*）。伦敦：海内曼出版社，1965年，第132页。

[51] 哈蒙（William Harmon）编《最佳五百首诗歌》（*The Top Five Hundred Poems*）（纽约：哥伦比亚大学出版社，1992年，第1081页）。该书将雪莱的诗歌"致云雀"（To a Sky Lark）放在英语类诗歌排名中的第140位。

[52] 沙图克：《禁止的试验》，第180页；妮可苏（Marjorie Hope Nicolson）：《去月球旅行》（*Voyages to the Moon*）。纽约：麦克米伦出版社，1948年。

[53] 沃尔（Robert Wohl）：《飞翔的爱：1908—1918年飞行与西方的想象》（*A Passion for Wings: Aviation and the Western Imagination, 1908-1918*）。纽黑文：耶鲁大学出版社，1994年，第1908~1918页。

[54] 圣埃克-苏佩里（Antoine de Saint-Exupéry）：《风、沙与星星》（*Wind, Sand, and Stars*）。米德尔塞克斯郡，哈蒙德斯沃斯：企鹅出版社，1966年，第24页。

[55] 载自《明尼阿波利斯明星论坛报》（*Minneapolis Star and Tribune*），1983年6月13日，以及《时代杂志》，1996年11月4日，第80页。

[56] 埃科（Umberto Eco）：《在超现实中旅行》（*Travels in Hyperreality*）。纽

注　释

约：哈考特·布雷斯·朱万诺维奇出版公司，1990年。布希亚（Jean Baudrillard）：《美国》（*America*）。纽约：沃索（Verso）出版社，1988年。同时参见马尔克斯（Greil Marcus）："夸张的四十年：批评与迪士尼主题公园"（Forty Years of Overstatement: Criticism and the Disney Theme Parks），载自玛灵（Karal Ann Marling）编的《迪士尼主题公园的设计：文艺复兴的建筑》（*Designing Disney Theme Parks: The Architecture of Reassurance*）。蒙特利尔：加拿大建筑中心，1997年，第210~217页。

[57] 达顿（Robert Darnton）："鹅妈妈的含义"（The Meaning of Mother Goose）。载自《纽约书评》（*New York Review of Books*），1984年2月2日。它是关于《民间故事类型：分类与书目》（*The Types of Folk-Tale: A Classification and Bibliography*）的一篇评论文章。

[58] 段义孚与霍尔舍（Steven D. Holescher）："迪士尼：在世界文化中所处的地位"（Disneyland: Its Place in World Culture）。载自玛灵编的《迪士尼主题公园的设计》，第191~198页。

第五章　天堂／真实与美好

[1] 以下这段引文来自爱因斯坦（Albert Einstein）的论述，让我们也来思考一下："科学家的宗教感情表现为以下形式：他们对自然法则的协调一致充满了狂热的好奇，这表现出他们超常的智力，以至于与之相比，人类所有的系统性思想与行动都显得无关紧要"。载自《观念与意见》（*Ideas and Opinions*）（纽约：蓝登书屋，1948年，第43页）。

[2] 尼科尔森（Marjorie Hope Nicolson）：《打破循环》（*The Breaking of the Circle*）。纽约：哥伦比亚大学出版社，1962年。

[3] 内哈特（John G. Neihardt）：《布拉克·埃尔克演讲录》（*Black Elk Speaks*）。林肯：内布拉斯加州大学出版社，1961年，第198页。

[4] 托尔敏（Stephen Toulmin）：《预见与理解：抵达科学目的地的询问》（*Foresight and Understanding: An Enquiry into the Aims of Science*）。纽约：哈珀火炬图书出版社，1963年。

[5] 小怀特：《永动机》（*Machine ex Deo*）。剑桥：麻省理工学院出版社，1968

年，第17页。

[6] 郝基斯（Andrew Hodges）：《阿兰·图灵：谜》（*Alan Turing: The Enigma*）。纽约：西蒙与舒斯特出版公司，1983年，第207页。

[7] 苏斯曼（G. J. Sussman）与威兹德姆（Jack Wisdom）："太阳系的无秩序性进化"（Chaotic Evolution of the Solar System），载自《科学》（*Science*），1992年7月3日，第257期，第56~62页。杰亚瓦德哈纳（Ray Jayawardhana）："追寻银河系无序的年轻时代"（Tracing the Milky Way's Rough-and-Tumble Youth）。载自《科学》，1992年11月28日，第258期，第1439页。

[8] 钱德拉塞卡（Subrahmanyan Chandrasekhar）：《真实与美好：科学中的美学与动机》（*Truth and Beauty: Aesthetics and Motivations in Science*）①。芝加哥：芝加哥大学出版社，1987年，第54页。

[9] 彭罗斯（Roger Penrose）：《宇宙、量子和人类心灵》②（*The Large, the Small, and the Human Mind*）。剑桥：剑桥大学出版社，1997年。

[10] 霍尔（Stephen Hall）："新闻与评论"（News and Comments）。载自《科学》，1993年3月12日，第259期，第1533页。

[11] 墨菲（Robert E. Murphy）：《社会生活中的辩证法：人种学理论的警示与偏移》（*The Dialetics of Social Life: Alarms and Excursions in Anthropological Theory*）。纽约：基础书籍出版社，1965年。

[12] 阿里叶（Philippe Ariès）：《童年时代：家庭生活的社会历史》（*Centuries of Childhood: A Social History of Family Life*）。纽约：古典书局，1965年。

[13] 费尔南德斯（James Fernandez）："表达文化中隐喻的使命"（The Mission of Metaphor in Expressive Culture）。载自《当代人类学》（*Current Anthropology*），1974年第2期，第15卷，第122~123页。

[14] 查安斯（Paul Chance）："我不认识这个我"（The Me I Didn't Know）。载自《哲学的今天》（*Psychology Today*），1987年1月，第20页。

[15] 关于香港的风水问题，请参见黄维罗尼亚（Veronica Huang）的文章"矛

---

① 也译作《莎士比亚、牛顿和贝多芬》。——译者注
② 东方出版中心出版了该书的汉译本。——译者注

注　释

盾交织的香港高楼大厦"（Hong Kong's Tower of Assorted Trouble）[载自《华尔街日报》（*Wall Street Journal*），1976年12月12日，第1页]，以及斯金纳（Stephen Skinner）的《当今地球风水手册》（*The Living Earth Manual of Feng-Shui*）（伦敦：阿卡纳/企鹅出版社，1989年，第32~33页、第130~131页）。至于新加坡与马来西亚的风水问题，请参见格罗夫斯（Derham Groves）的《风水与西方建筑仪式》（*Feng-Shui and Western Building Ceremonies*）（新加坡：Tynron Press，1991年，第14~17、19~23页）。

[16] 无论是真是假，关于进步方面的文献可谓是汗牛充栋。参见加斯提尔（Raymond Duncan Gastil）的《进步：历史进程中的批判性思考》（*Progress: Critical Thinking about Historical Change*）（康涅迪格州，韦斯特波特：普拉格尔出版社，1993年）。

[17] 据报道，罗素（Bertrand Russell）曾经说过物理也属于数学范畴，这不是因为我们对物理世界的了解很多，而是因为我们对其知之甚少，我们只能测知其数学特性。库斯特勒（Arthur Koestler）在《创造的表演》（*The Art of Creation*）中作了以上相关报道（纽约：麦克米伦出版社，1964年，第251页）。

[18] 哈里（Philip P. Hallie）：《残忍的矛盾》（*The Paradox of Cruelty*）。康涅狄格州，密德尔顿：卫斯理大学出版社，1969年，第46页。

[19] 谢克纳（Richard Schechner）与阿皮尔（Willa Appel）编：《通过表现的手段：剧院与仪式的跨文化研究》（*By Means of Performance: Intercultural Studies of Theatre and Ritual*）。剑桥：剑桥大学出版社，1990年。美国女哲学家兰格（Susanne Langer）认为舞蹈具有迷幻的魔法："在舞蹈中，各种权力在空间和时间的框架中变得十分明显……舞蹈具有真正的独创性目标，它可以使权力世界非常明显地展现在大家面前。"为什么当舞蹈不再与信仰纠缠在一起，丧失了自己魔力般的目的时，它还依然这么重要？兰格的答案是："舞蹈的永恒魅力在于它使人心醉神迷，远古如此，现在还是如此；但是，而今舞蹈没有将舞者从一个世俗的地位上升到一个神圣的地位，而是舞者将舞蹈从以前的'现实'状态

转为一种浪漫的艺术形式。"〔《感觉与形式：一种艺术理论》（*Feeling and Form: A Theory of Art*）。纽约：查尔斯·斯克里希纳之子出版社（Charles Scribner's sons），1953年，第199页、第210~212页。〕

[20] 加德纳（Howard Gardner）：《艺术、思维与大脑》（*Art, Mind and Brain*）。纽约：基础书籍出版社，1982年，第86页、第93页、第97~100页。

[21] 华兹华斯："致孩子的诗：写在她的相册中"（To a Child Written in Her Album）。载自海顿（John O. Hayden）编的《诗集》（*Poems*）。伦敦：企鹅出版社，1989年，第2卷，第780页。

[22] 斯托奈赫特（Newton P. Stallknecht）：《思维的奇异之海：对华兹华斯人类与自然的哲学视角的研究》（*Strange Seas of Thought: Studies in William Wordsworth's Philosophy of Man and Nature*）。布鲁明顿：印第安纳大学出版社，1958年。

[23] 加德纳：《艺术、思维与大脑》，第88~90页。

[24] 本川原（Sylvia Honkaavara）："表象心理学"（The Psychology of Expression），载自《英国心理学报（专论增刊）》（*British Journal of Psychology Monograph Supplements*），1961年第32期。剑桥：剑桥大学出版社。

[25] 赫胥黎："没有修饰过的景观"。载自《相遇》，1962年第19期。

[26] 阿普尔顿（Jay Appleton）：《景观的经验》（*The Experience of Landscape*）（再版）。奇切斯特：约翰·威利出版社，1996年。

[27] 萨克（Robert D. Sack）：《社会思维中的空间概念》（*Conceptions of Space in Social Thought*）。伦敦：麦克米伦出版公司，1980年。段义孚：《经验透视中的空间与地方》（*Space and Place: The Perspective of Experience*）。明尼阿波利斯：明尼苏达大学出版社，1977年。

[28] 关于景观有很多非常好的文献。例如，奥尔维格（Kenneth R. Olwig）的"恢复景观独立存在的本质"（Recovering the Substantive Nature of Landscape），载自《美国地理联合会会刊》，1996年第4期，第86卷，第630~653页；汤普森（George F. Thompson）编的《美国的景观》（*Landscape in America*）（奥斯汀：得克萨斯州立大学出版社，1995年）；科斯格罗夫的《帕拉第奥式建筑景观》（*The Palladian Landscape*）（大学园：宾夕法尼亚州立大学

注　释

出版社，1993年）；科斯格罗夫与丹尼尔斯编的《图像和景观》（剑桥：剑桥大学出版社，1988年）；沙玛《景观与记忆》(Landscape and Memory)（纽约：诺夫出版社，1995年）；杰克逊（John Brinckerhoff Jackson）所著的《发现乡土景观》(Discovering the Vernacular Landscape)（纽黑文：耶鲁大学出版社，1984年）。

[29] 中国文明与欧洲文明中在音乐方面的成就举世瞩目。在中国，人们认为音乐起源于天庭，不仅给人类社会带来和谐，还给整个宇宙带来和谐。一个儒家学者或官员不仅要了解礼、中庸和行为的规范，还要精通乐（音乐）理。这一点可参见《礼记·乐记》第17册［载《东方圣书》(The Scared Books of the East)。牛津：克拉伦登出版社（Clarendon Press）①，1884年］，以及《中国香港的音乐》(The Music of Hong Kong)（香港：崇基书院院刊，香港中文大学），第7页。在欧洲，有一种观念认为，宇宙的和谐就是宇宙的音乐。这种观念可以追溯到毕达哥拉斯时代，而且在学术圈中的影响一直延续到17世纪。这使我想起古代的一种信仰，这种信仰认为音乐有建造城市的力量："魔术家……能够建造音乐之石。这一神话的一个来源就是，底比斯（Thebes）的墙壁是由音乐建筑而成的"。参见斯坦纳（Steiner）的"攻击下的城市"（The City under Attack）［载自罗伯特·博伊斯（Robert Boyers）与玛格丽特·博伊斯（Peggy Boyers）编的《杂文读者》(The Salmagundi Reader)。布鲁明顿：印第安纳大学出版社，1983年］，第4页。在伟大的基督教思想家当中，奥古斯丁认为诗歌，甚至于圣歌，标志着人类堕入不完美与短暂的寰臼中；但是与其他艺术堕落的悲惨境地相比，音乐堕落的程度要轻得多，"因为相对而言，音乐不太受迷信的影响。现实世界就像我们眼前的这个样子，它是有限的，活灵活现的，可见的，因而也是可模仿的。"参见多诺霍（Denis Donoghue）的《沃伦波因特》(Warrenpoint)（纽约：诺夫出版社，1990年），第82页。对当代人而言，文艺评论家斯坦纳（George Steiner）认为，"音乐所创造的灵魂达到最完美的状态。对于他而言，音

---

① 也译作牛津大学出版部印刷所，原为克拉伦登伯爵创办。——译者注

乐是'有机'的音乐；简而言之，音乐是'人类科学中神秘而崇高的一项成就'"。参见小斯科特（Nathan A. Scott Jr.）和沙普（Ronald A. Sharp）编的《阅读乔治·斯坦纳》（Reading George Steiner）（巴尔的摩：霍普金斯大学出版社，1994年），第253页。在该书的第284页中，斯坦纳引用了伟大的人类学家列维－斯特劳斯的表达，这个表达更加明确且引人注目："悦耳音调的发明……仍然是神秘的、至高无上的科学之源"。

[30] 詹姆斯（Jamie James）：《宇宙天体的音乐：音乐、科学与宇宙的自然秩序》（The Music of the Spheres: Music, Science, and the Natural Order of the University）。纽约：哥白尼出版社，1993年。

[31] 让我们来看一下伟大的艺术家们是如何一遍又一遍地重复工作的。他们试图捕捉到世界真实的一面。伦勃朗（Rembrandt）坚持不懈地努力着，他在画自画像时找到了自我。莫奈（Monet）画了九幅有关塞纳河早晨的作品，它们几乎完全相同。石涛（Shih-t'ao）在画黄山时运用了七十二种视角。而这些是音乐远远达不到的。

[32] 巴尔赞（Jacques Barzun）："音乐是否无法讲述？"（Is Music Unspeakable?）。载自《美国学者》（American Scholar），1996年春季号，第196页。

[33] 布雷南（Gerald Brenan）：《旱季的思考》（Thoughts in a Dry Season）。剑桥：剑桥大学出版社，1978年，第77页。

[34] 基维（Peter Kivy）：《只有音乐：纯音乐经验中的哲学反省》（Music Alone: Philosophical Reflection on the Purely Musical Experience）。伊萨卡：康奈尔大学出版社，1990年。

[35] 谢弗（R. Murray Schafer）:《世界的转变》（The Turning of the World）。纽约：诺夫出版社，1977年，第115~118页、第156页。

[36] 普兰特（David Plante）："培根的本能"（Bacon's Instinct）。载自《纽约客》，1993年11月1日，第96页。

[37] 新墨西哥西北部的五种文化给我们提供了一个极好的例子："每个文化群体的自我印象都富有民族优越感。所有有关自身的术语都被定义为'人'或是'人们'，而将他者排除在真正的人性之外，或者将其定义为

注　释

下等的人性。纳瓦霍人（Navahos）将自己称为戴南族（dineh），'戴南'从字面上讲就是'人'的意思；祖尼人（Zuni）自称为阿西威（ashiwi），从字面上讲就是'血肉之躯'或是'煮熟的东西'的意思；摩门教徒（Mormons）一直保留古老的遗训，他们已经适应了古老的希伯来语称谓——'被选择的人'；然而，西班牙裔美国人认为自己是 la gente，这是一个敬语，意思是'人'，他们以局外人来审视，因而更加宽容；得克萨斯人使用'真正的''上等的'这些美国人惯用的自我肯定的字眼，他们代表着唯一的、真正意义上的'白种人'。"参见沃特（Evon Vogt）和阿尔伯特（Ethel Albert）编的《悬崖上的人：五种文化的价值研究》（*People of Rimrock: A Study of Values in Five Cultures*）（剑桥：哈佛大学出版社，1966年），第26页。

[38] 关于不同规模的社区与地方的讨论，可参见恩特里金（J. Nicholas Entrikin）的《地方的中间状态：指向现代地理学》（*The Betweenness of Place: Towards a Geography of Modernity*）（巴尔的摩：霍普金斯大学出版，1991年），第62~83页。

[39] 雅斯贝尔斯（Karl Jaspers）：《历史的起源与目标》（*The Origin and Goal of History*）。纽黑文：耶鲁大学出版社，1953年，第1~21页。

[40]《论语·阳货》（*Analects*），引自孟旦（Donald J. Munro）的《早期中国"人"的概念》（*The Concept of Man in Early China*）（斯坦福：斯坦福大学出版社，1960年，第13页）。

[41] 韦利（Arthur Waley）编译：《儒家学说选集》（*The Analects of Confucius*）。伦敦：艾伦-昂温出版公司，1983年，第16册第9章，第206页。

[42] 史华兹：《古代中国的思想世界》。剑桥：哈佛大学出版社，1985年，第83页。

[43] 芬格莱特（Herbert Fingarette）：《孔子：永远的圣人》（*Confucius: The Secular As Sacred*）。纽约：哈珀火炬图书出版社，1972年，第1~5页。芬格莱特使用的表达是"神圣的仪式"，而不是"神圣的舞蹈"，同时他将"神圣"解释为魔力，为了慎重起见，我没有使用这一说法。

[44] 亚里士多德是一个非常有理性的人。相反，苏格拉底则喜欢诽谤他人。苏格拉底与耶稣有很多共同之处，他们做事都不图回报，反对以牙还牙的报复。参见斯坦纳的《没有热情》(*No Passion Spent*)（芝加哥：芝加哥大学出版社，1996年），第380~381页。

[45]《圣经》中关于浪子回头的故事一定会让儒家学者震惊。

[46] 非德勒（Leslie Fiedler）："上帝的重生与人类的死亡"（The Rebirth of God and the Death of Man）。参见罗伯特·博伊斯与玛格丽特·博伊斯合编的《杂文读者》（布鲁明顿：印第安纳大学出版社，1983年），第376页。

[47] 海克斯特（J. H. Hexter）：《犹太–基督教的传统》（第2版）(*The Judaeo-Christian Tradition*, 2nd ed.)。纽黑文：耶鲁大学出版社，1995年。史密斯（Page Smith）著：《重新发现基督教：现代民主与基督教伦理的历史》(*Rediscovering Christianity: A History of Modern Democracy and the Christian Ethnic*)。纽约：圣玛尔定出版社，1994年。

[48] 威尔逊（Peter J. Wilson）：《人种的教化过程》(*The Domestication of the Human Species*)。纽黑文：耶鲁大学出版社，1988年。

[49] 引自高朗茨（Victor Gollancz）编的《别致的一年》(*A Year of Grace*)（米德尔塞克斯郡，哈蒙德斯沃斯：企鹅出版社，1955年），第75~76页。

[50] 托尔金（J. R. R. Tolkien）："神话故事研究"（On Fairy-Stories）[①]。参见刘易斯编的《致威廉姆斯的文章》(*Essays Presented to Charles Williams*)（密歇根州，大急流城：伊尔德曼斯出版公司，1966年），第44~45页。

[51] 孟勒夫（C. N. Manlove）：《幻觉的本质》(*On the Nature of Fantasy*)。参见施勒宾（Roger C. Schlobin）编的《幻想文学和艺术美学》(*The Aesthetics of Fantasy Literature and Art*)（圣母市：圣母大学出版社，1982年），第30~31页。现代神话传说说教色彩浓厚；十七、十八世纪流传的奇异的民间传说却不是这样，这些民间传说很可能是现代神话传说的基础。参见丹顿（Robert Darnton）的作品"鹅妈妈的含义"（载自《纽约书评》，1984

[①] 托尔金，英国作家，其代表作《魔戒》三部曲蜚声四海。《论童话故事》是1939年托尔金应邀所做的演讲。——译者注

注　释

年2月2日，第45~46页）。

[52] 刘易斯的科幻小说是一个著名的例外。他的三部曲，即《沉寂的星球》（*Out of the Silent Planet*，1938年）、《皮尔兰德拉星漫游》（*Perelandra*，1943年）、《黑暗之劫》①（*That Hideous Strength*，1945年），都是神学科幻小说著作，善良与邪恶是故事的核心。

[53] 赫胥黎：《感觉、天堂与地狱之门》（*The Doors of Perception and Heaven and Hell*）。纽约：Perennial Library，1990年，第20页。

[54] 默多克（Iris Murdoch）：《好的主权》（*The Sovereignty of Good*）。纽约：舍肯出版社（Schocken Books），1971年，第64~65页、第69页、第85~88页。

[55] 阿兰（George Francis Allen）：《佛的哲学：巴利藏经精选及导论》（*The Buddha's Philosophy: Selections from the Pali Canon and an Introductory Essay*）。纽约：麦克米伦出版社，1959年，第122~134页。

[56] "众所周知，佛被视为无我论，或是非人格化的大师。"参见《佛教辞典——佛教术语与教义手册：三界智比丘》（*Buddhist Dictionary—Manual of Buddhist Terms and Doctrines: Nyanatiloka*），《岛屿寺院出版物，第1部》（*Island Hermitage Publications I*）。斯里兰卡，科伦坡：Frewin and Co.，1950年；孔睿（Edward Conze）的《印度的佛教思想》（*Buddhist Thought in India*）（安阿波：密歇根大学出版社，1967年），第122~134页。

[57] 爱因斯坦（Albert Einstein）：《世界如我所见》（*The World As I See It*）（纽约：Covici, Friede，1934年），第238页。

[58] 杜卡斯（Helen Dukas）和霍夫曼（Banesh Hoffmann）：《爱因斯坦谈人生》（*Albert Einstein: The Human Side*）。普林斯顿：普林斯顿大学出版社，1989年，第23页。

[59] 同斯金纳（Burrhus Frederic Skinner）的会面情况，可参见《今日心理学》（*Psychology Today*），1983年9月刊，第30页、第32页。

[60] 加拉格尔（Louis Joseph Gallagher）译：《利玛窦中国札记》（*China in the*

---

① 译林出版社已出版这三部曲的汉译本。——译者注

Sixteenth Century: The Journals of Matthew Ricci, 1583-1610》①。纽约：蓝登书屋，1953年。

[61] 阿努伊（Jean Anouilh）：《两幕剧：安提戈涅和欧律狄克》（*Antigone and Eurydice: Two Plays*）。伦敦：马萨诸塞出版社，1951年，第56页、第58页。克瑞翁（Creon）劝告安提戈涅，对永恒的渴望如果超出了单纯的美好，就要重新评价这种渴望是否正确。参见牛津神学家克尔神父（Fergus Kerr）的《不朽的渴望：超越人性的版本》（*Immortal Longings: Versions of Transcending Humanity*）（圣母市：圣母大学出版社，1997年）。

[62] 温伯格（Steven Weinberg）：《终极理论之梦：科学家对自然根本原则的探求》（*Dreams of a Final Theory: The Scientist's Search for the Ultimate Laws of Nature*）②。纽约：古典书局，1994年。

[63] 克里尔（Herlee Glessner Creel）：《道教是什么？》（*What Is Taoism?*）。芝加哥：芝加哥大学出版社，1970年，第3页。

[64] 丹托：《神秘主义与道德：东方思想与道德哲学》（*Mysticism and Morality: Oriental Thought and Moral Philosophy*）。纽约：哥伦比亚大学出版社，1987年，第26页、第39页、第77页。

[65] 柏拉图：《泰阿泰德篇》（*Theaetetus*），第174a页。

---

① 加拉格尔根据1615年的拉丁文译本转译为英文。2001年，广西师范大学出版社以其为母本，将其翻译为中文。——译者注
② 2003年由湖南科技出版社出版中译本。——译者注

致　　谢

　　因为这部作品可能是我的最后一部学术著作，所以我对那些在我漫长的职业生涯中帮助过我的所有人致以谢意。要感谢所有人似乎不太可能，因为我甚至不记得那位教我最基本汉字的保姆姓甚名谁。所以在这里我不可能感谢所有人。然而，我要借此机会，在允许的篇幅里尽可能多地表达我的谢意。

　　首先，感谢半个世纪前曾经作为我导师的人，他们是牛津大学的贝金赛尔（R. P. Beckinsale），加州大学伯克利分校的格拉肯（Clarence Glacken）、凯斯里（John Kesseli），莱利（John Leighly）、帕森斯（Jim Parsons）、罗斯特卢德（Erhard Rostlund），以及索尔（Carl Sauer）。我还要感谢热诚地帮助过我的朋友和同事，他们是印第安纳大学的芬特姆（Arlin Fentem），新墨西哥大学的戈登（B. L. Gordon）、杰克逊（J. B. Jackson），多伦多大学的梅（Joe May），加州州立大学的斯坦纳（Michael Steiner），明尼苏达大学的博彻特（John Borchert）、哈特（John Fraser Hart），莱特那（Helga Leitner）、卢克曼（Fred Lukermann）、马瑟（Cotton Mather）、米勒（Roger Miller）、波特（Philip Porter）、谢波德（Eric Sheppard），巴黎索邦大学的克拉维尔（Paul Claval），加利福尼亚大学洛杉矶分校的恩特里金（Nick Entrikin），伦敦大学学院的洛温塔尔（David Lowenthal），宾夕法尼亚州立大学的古尔德（Peter Gould），以及威斯康星-麦迪逊大学的每一个人！我真心地向他们致以最真挚的谢意。在这里，我还要感谢以下这五位我最需要感谢的人，他们是诺克斯（Jim Knox）、奥斯特格林（Bob Ostergren）、鲁赫（Sharon Rush）、萨克（Bob Sack）和韦尔（Tom Vale）。除了威斯康星-麦迪逊大学的这几位地理学家外，我还想感谢贝尔科维兹（Leon Berkowitz）、比策（Lloyd Bitzer）、克罗农（David Jean Cronon）、柯蒂（Merle Curti）、德雷恩（Betsy Draine）、埃默森（Don Emmerson）、奥努可-蒂尔尼（Emiko Ohnuki-tierney）、史密斯（Francis Schrag Don Smith），因为他们对逃避主义这个主题表示出一定的兴趣。"一定的兴趣"听起来似乎并不怎么对逃避主义这个观点表示认可，但是对于我来说却意义重大。我还要感谢一些学生，是他们不厌其烦地告诉我"哪里存在着逃避"，他们是明尼苏达大学的邦曼（Mark Bounman）、科恩（Philippe Cohen）、柯里（Michael Curry）、格雷伯（Linda Graber）、希基（John Hickey）、麦格里维（Patrick Mcgreevy）、奥韦格（Kenneth Olwig）、维内斯（April Veness）；威斯康星-麦迪逊大学的亚当斯（Paul Adams）、鲍登（Tim Bawden）、布格特Ⅱ（Tom Boogaart Ⅱ）、克瑞士威尔（Tim Cresswell）、霍尔舍（Steven Hoelscher）、詹宁斯（Carol Jennings）、库尔特（Matthew Kurta）、奥尔曼森（Eric Olmanson）、里普斯（Jemuel Ripley）、蒂尔（Kanren Till）、沃（Richard Waugh）、齐默尔曼（Jeff Zimmerman），以及"逃避主义"研讨会上的诸位成员。

这部学术著作的幕后英雄是编辑。一直以来，我遇到的编辑都非常出色而且尽职尽责。在我学术生涯的最后十五年中，《地理评论》（*Geographical Review*）的前任编辑麦克马尼思（Douglas R. McManis）一直给予我极大的支持和鼓励。《逃避主义》得以出版与美国地方研究中心主席、霍普金斯大学出版社的编辑汤普森（George Thompson）的大力支持分不开。在我性情乖戾的晚年岁月中，我努

致　谢

力与艰涩的文风作斗争（这一文风在年轻的学者当中很流行），力图行文言简意赅。本书的责任编辑雅丝（Mary Yates）是我最好的同盟军。

最后我还要感谢两个房间，把它们置于最后并不意味它们不重要。它们是明尼苏达大学社会科学大楼的548号房间，以及威斯康星-麦迪逊大学科学大楼的243号房间。我一直把它们当作我的大脑。身处它们之外，我的思想处于一片空白；处于其间，我就能够积极地思考和写作。在我的论著中，地方精神受到大家的一致称赞（当然也有批评）；也许这听上去像是在推卸责任，但我想表达的是，对于一个地理学家来说，这在情理之中。

索 引

（索引中的页码为原著中的页码，即本书页边码）

A

Abstinence 节制，第43~47页

Academia 学术：and nature 与自然，第23~24页

Accident 意外事故：and death 与死亡，第66页

Achilles 阿喀琉斯，第70页

Addams, Charles 查尔斯·亚当斯，第164页

Africa 非洲，第18页，第106页，第135~136页，第137页，第222页注释35

Afterlife 死后的生活，第69~71页，第71~74页，第113~150页，第153~203页

Agriculture 农业，第16页，第25~26页，第37~38页，第45~46页，第72页

Ambrose, Saint 圣·安布罗斯，第62页

American Indians 美洲印第安人，第104~105页，第107页，第124页，第137页，第155~156页，第168页，第193页，第222页注释35，第228页注释37

Anglicans 英国国教徒，第55页

Animal House《动物屋》（电影名），第42页

Animality 动物性，第31~76页

Animals 动物：children and 孩子与，第162~163页；cruelty to 对动物残酷，第118页，第119页，第121页，第123~124页；as escape 作为逃避，第144~145页；human as 人类作为，第126~129页；people and 人与，第86~88页，第99~100页，

索　引

第217页注释34；and reality 与现实性，第6页

Annunciation, The《圣母领报》（见其中祭坛装饰），第102页

Anouilh, Jean 让·阿努伊，第200页

Anthropomorphization 人格化，第89~90页

Antigone 安提戈涅，第200页，第201页

Antigone（Anouilh）《安提戈涅》（阿努伊的作品），第200页

Aphrodite 阿芙洛狄忒，第54页

Apparitions 鬼魂，第115~117页

Appleton, Jay 杰伊·阿普尔顿，第174页

Aquinas, Thomas 托马斯·阿奎那，第42页

Architecture 建筑（构成了环境与城市），第11~12页，第25页，第49页，第94~96页，第103~104页，第114页，第125页，第136页，第181页

Aristotle 亚里士多德，第155页，第188页，第229页注释44

Art 艺术：children and 孩子与，第172页；combining sex and religion 性与宗教相结合，第60页；compared to music 与音乐相比，第176页，第179页；landscape painting 风景绘画，第109~110页，第173~175页；and perception 与感知，第194页，第195~196页；and reality 与现实性，第228页注释31。See also Literature 参见"文学"条目

Astronomy 天文学，第89页

Auden, W. H. 威斯坦·休·奥登，第60页，第106~107页，第110页

Augustine, Saint 圣·奥古斯丁，第62页，第227页注释29

Australia 澳大利亚，第168页，第174页，第205页注释4

Awareness 意识，第158~160页

Aztecs 阿兹特克，第11~13页

B

Babel, Isaac 艾萨克·巴别尔，第125页

Bach, Johann Sebastian 约翰·塞巴斯蒂安·巴赫，第175页，第181页

Bacon, Francis 弗朗西斯·培根，第153~154页，第181~182页

Bacon, Nathaniel 纳撒尼尔·培根，第15页

Bantu 班图人，第123页

Barth, Karl 卡尔·巴特，第69页

Barzun, Jacques 雅各·巴尔赞，第177页

Beethoven, Ludwig Van 路德维希·凡·贝多芬，第176页，第180页

Black Elk 布拉克·埃尔克，第155~

156页

Bloom, Allan 阿兰·布鲁姆，第49页

Body, human 人类身体，第61~62页，第92页

Bonding 联系，第96~100页

Borges, Jorge Luis 豪尔赫·路易斯·博尔赫斯，第67页

Boyle, Robert 罗伯特·波义耳，第15页

Brothers Karamazov, The（Fyodor Dostoyevsky）《卡拉马佐夫兄弟》①（陀思妥耶夫斯基的作品），第139页

Brueghel, Pieter 皮耶特·勃鲁盖尔，第110页

Buddha 佛，第197页，第230页注释56。See also Buddhism 参见"佛教"条目

Buddhism 佛教，第37页，第197页，第201页，第202页。See also Religion 参见"宗教"条目

Bystanders: and voyeurism 旁观者：与窥探，第132~133页

C

Camus, Albert 艾伯特·加缪，第86页

Cary, Joyce 乔伊斯·卡里，第70页

Castes 世袭阶级，第130页

Catholicism 天主教，第55页。See also Christianity 参见"基督教"条目

Ceremony 仪式，第96页，第106页

Cézanne, Paul 保罗·塞尚，第176页

Chandrasekhar, S. 苏布拉马尼扬·钱德拉塞卡，第157页

Chaos 混沌，第104~108页

Chekhov, Anton 安东·契诃夫，第102~103页

Children 孩子：and animals 与动物，第162~163页；and art 与艺术，第172~173页；and imagination 与想象，第163~164页；and language 与语言，第169~171页；and movement 与运动，第167页；Western attitudes toward 西方对待孩子的态度，第161~162页

Chimpanzees 黑猩猩，第50~52页

China 中国：attitude toward death in 对待死亡的态度，第65页；Christian proselytizing in 改信基督教的情况，第199页；eating habits in 中国的饮食习俗，第35页，第40~41页；and fecundity 与生育，第54页；and garden 与花园，第26页；gender differences in 中国的性别差异，第43页；humans as pets in 在中国，人

---

① 春风文艺出版社出版其汉译本。——译者注

类作为宠物，第129页，中国的景观绘画，第109页，第173页；music in 中国的音乐，第227页注释29；and nature 与自然，第11~13页；sex and religion 性别与宗教，第60页；treatment of strangers in 对待陌生人，第136~137页；and vegetarianism 素食主义，第45页

Christianity 基督教，第186~192页，第199~200页；attitude toward human body, 对待人体的态度，第62页；and death 与死亡，第66~67页；and eating 与饮食，第42页，第46~47页，第47~48页；and fecundity 与生育力，第55~56页；and limits of human life 与人的寿命极限，第74页；and music 与音乐，第227页注释29；treatment of less fortunate 对待不幸的人，第202页。See also Jesus; Religion 参见"耶稣""宗教"条目

Clark, Kenneth 肯尼斯·克拉克，第60页

Clement of Alexandria 亚历山大大帝时期的克莱门，第47页

Communication 交流，第96~100页，第100~104页，第217页注释34

Communism 共产主义，第75~76页

Confucianism 儒教，第183~186页，第188页，第191页，第199页，第229页注释45

Confucius 孔子，第41页，第137页，第183~186页，第188页，第191页

Conrad, Joseph 约瑟夫·康拉德，第198页

Construction 建筑，第48~49页

Copernicus 哥白尼，第89页，第155页

Creon 克瑞翁，第200页

Crick, Francis 弗朗西斯·克里克，第160页

Cruelty 残忍，第48~49页，第117~120页，第120~122页，第122~124页，第149页，第219页注释10、注释13。See also Violence 参见"暴力"条目

Culture 文化：and connectedness 与连通性，第91页；and death 与死亡，第64页；defined 定义，第5页；and escape 与逃避，第27页，第81~82页；farmers and 农民与，第25~26页；and imagination 与想象，第113页；and nature 与自然，第5~6页，第19~22页，第81页；and self-image 与自我印象，第228~229页，注释37

Czapski, Joseph 约瑟夫·查普斯基，第120页

D

Dance 舞蹈，第166~167页，第168~169页，第226页注释19

Dante 但丁，第72页

da Vinci, Leonardo 莱昂纳多·达·芬奇，第15页，第147页

Death 死亡，第62~76页；and afterlife 与死后的生活，第69~71页；conquest of 征服，第74~76页；and dying 与垂死，第62~63页；and food 与食物，第64页；gifts of 礼物，第66~68页；in movies 电影中，第126页；and nature 与自然，第74~76页；and power 与能量，第134页；shadows of 死亡的阴影，第63~66页

"Death's Echo" (W. H. Auden)《死亡的回声》（威斯坦·休·奥登的作品），第106~107页

Demeter 德墨忒尔，第54页

Descartes, Rene 勒内·笛卡尔，第15页

Destruction 破坏，第48~49页，第117~118页。See also Cruelty; Violence 参见"残忍""暴力"条目

Disconnectedness 分离：of people 人类的，第81~82页，第91~92页

Descovery 发现，第180~181页

Disney theme parks 迪士尼主题公园，第27页

Displacement 转移，第134~137页

Dissociation 分离，第137~139页

Drugs 药物，第193页，第195页

Dying 垂死，参见"死亡"条目

E

Earth 地球，第5~27页

Eating 饮食，第33~49页；in China 在中国，第35页，第40~41页；compared to dying 与垂死比较，第62~63页；compared to sex 与性比较，第50页，第56页，第62~63页；and ethnic conflict 与种族冲突，第44~45页；and gender 与性别，第41~43页；prestige of abstinence from 因饮食节制而获得的声望，第43~47页；in Rome 在罗马，第36页，第38~39页；as social rite 作为社交礼仪，第38~39页；and spirituality 与神圣性，第47~48页；and taboos 与禁忌，第135~136页；and utensils 与餐具，第99页；and violence 与暴力，第120页，第121页，第125页。See also Food; Meat 参见"食物""肉食"条目

Ecology 生态学，第88页。See also Environment; Nature 参见"生态环

索 引

境""自然"条目

Ecstasy 欢娱,第59~60页

Einstein, Albert 阿尔伯特·爱因斯坦,第155页,第156页,第157页,第197页,第224页注释1

Elizabeth I 伊丽莎白一世,第42页

England 英格兰,第36~37页,第129页,第168页。See also Europe 参见"欧洲"条目

Enkidu 恩基都,第18页

Environment 环境:built 建筑,第18页,第94~96页;语言将人类与环境连在一起,第99~100页。See also Nature 参见"自然"条目

Epicurus 伊壁鸠鲁,第64页

Eroticism 色情,第56~59页

Escape 逃避:and afterlife 与死后的生活,第73页;animality and 动物性与,第144~145页;and culture 与文化,第27页,第81~82页;death as 以死亡作为逃避,第143~144页;defined 定义,第5页,第31页;and imagination 与想象,第134~137页;masochism as 以性受虐狂作为逃避,第146页;and migration 与迁徙,第8~9页;nature and 自然与,第17~19页,第131页;poverty as 以贫穷作为逃避,第145~146页;reality and 现实性与,第22~24页,第199~203页;

storytelling as 以讲故事作为逃避,第148~150页

Eskimos 爱斯基摩人,第34页,第71页,第105~106页,第124页

Ethnography 民族志,第33~35页,第50页

Euclid 欧几里得,第156页

Europe 欧洲:dissociation of real from ideal in 在欧洲现实从理想中分离出来,第137页;dwarfs and midgets as pets in 在欧洲将矮子与侏儒当作宠物,第128~129页;eating habits 饮食习俗,第36~37页,第38~39页,第42~43页;and environment 与环境,第18页;and garden 与花园,第26~27页;land scape painting in 欧洲的风景画,第109页,第173页;medieval theology in 欧洲中世纪的神学,第116页;music in 欧洲的音乐,第176页,第227页注释29;and paternalism 与家长式作风,第131页;premodern and early modern 前现代与现代早期,第13~15页;sex and religion in 欧洲的性与宗教,第60页;voyeurism in 在欧洲的窥探,第133页。See also West, the; specific countries 参见"西方""特定国家"条目

Existentialism 存在主义,第198~199页

240

249

F

Fairy tales 童话故事，第148~149页，第194~195页，第230页注释51

Fantasies 幻想，第146~148页，第148~150页，第155~158页，第194~195页

Farmers 农民，第25~26页，第72页。See also Agriculture 参见"农业"条目

Fasting 禁食，第43~47页

Fear 恐惧，第115~116页

Fecundity 生育力，第54~56页

Feng-shui 风水，第164页

Flying 飞翔，第146~148页

Fornteyn, Margot 玛戈特·芳婷，第168~169页

Food 食物，第33~49页；and death 与死亡，第64页；and Eskimos 与爱斯基摩人，第34页；and gender 与性别，第37~38页；and health 与健康，第40~41页；and Pygmies 与俾格米人，第35页。See also Eating 参见"饮食"词条

Forest People, The (Colin Turnbull)《森林人》(科林·特恩布尔的作品)，第122~124页

Forster, E. M. 爱德华·摩根·弗斯特，第142页

Foucault, Michel 米歇尔·福柯，第103页

France 法国，第13~14页，第133页。See also Europe 参见"欧洲"条目

Frank, Frederick 弗雷德里克·弗兰克，第222页注释35

Freud, Sigmund 西格蒙德·弗洛伊德，第71页

G

Gabon 加蓬，第222页注释35

Galileo 伽利略，第15页，第155页

Gardens 花园，第26~27页，第72页，第76页

Gardner, Howard 霍华德·加德纳，第169页

Gender 社会性别，第37~38页，第41~43页，第126页

Geographers 地理学家，第7页，第8页

Gibson, James William 詹姆斯·威廉·吉布森，第126页

Gide, Andre 安德烈·纪德，第102页

Gilgamesh, Epic of《吉尔伽美什史诗》，第18页

Gilmore, Gary 加里·吉尔摩，第133页

Gimi 基米人，第20页

God 上帝，第199~203页；in Judeo-

索 引

Christianity 犹太-基督教中的，第186页；and science 与科学，第154~155页，第156~157页。See also Jesus; Religion 参见"耶稣""宗教"条目

Goethe, Johann Wolfgang von 约翰·沃尔夫冈·冯·歌德，第115页，第205页注释4

Gogarty, Oliver St. John 奥利芙·圣·约翰·戈加蒂，第68页

Good 美好的：concept of 概念，第113~114页；fantasies of 美好的幻想，第148~150页；and reality 与现实性，第153~155页；worth of isolated 偶然善举的价值，第139~140页

Gordon, General Charles 查尔斯·戈登将军，第164页

Gramsci, Antonio 安东尼奥·葛兰西，第103页

Greece, ancient 古代希腊：and afterlife 与死后的生活，第70页；attitude toward human body in 对待人体的态度，第61~62页；and fecundity 与生育力，第54页；and music 与音乐，第176页；treatment of less fortunate in 对待不幸的人，第202页；and vegetarianism 与素食主义，第45~46页。See also Europe 参见"欧洲"条目

Green Revolution 绿色革命，第17页

Group 群体，第93~94页

H

Hadamard, Jacques 雅克·哈达玛，第84页

Hamlet 哈姆雷特，第185页

"Happy Prince, The" (Oscar Wilde)《快乐王子》（奥斯卡·王尔德的作品），第195页

"Harmless People, The" (Elizabeth Marshall Thomas)《与世无争的人》（伊丽莎白·马歇尔·托马斯的作品），第118~119页

Hartley, Robert 罗伯特·哈特利，第163页

Harvey, William 威廉·哈维，第15页

Hawking, Stephen 斯蒂芬·霍金，第155页

Hawthorne, Nathaniel 纳撒尼亚尔·霍桑，第53页

Health 健康，第40~41页

Hearing 听力，第175~180页

Heaven 天堂，第153~203页。See also Afterlife Hebrews 参见"死后的生活"条目

Hebrews 希伯来人，第70页

Hegel, G. W. F. 格奥尔格·威廉·弗

里德里希·黑格尔，第8页

Hell 地狱，第113~150页。See also Afterlife 参见"死后的生活"条目

Henry Ⅷ 亨利八世，第36页，第42页

Hinduism 印度教，第60页

Hokusai, Katsushika 葛饰北斋，第174页

Home 家，第7页

Homer 荷马，第42页，第70页，第90~91页

Honkaavara, S. S. 本川原，第173页

Hook, Sidney 西德尼·胡克，第67页

Hopkins, Gerard Manley 吉拉德·曼利·霍普金斯，第60~61页

Humans and humanity 人类与人性：and acceptance of one's place 与接受自己的位置，第129~132页；and animality 与动物性，第31~33页；and communication with other animals 与其他动物的交流，第217页注释34；defined 定义的，第5~6页，第208页注释2；and destruction 与毁坏，第117~118页；and eroticism and love 与色情和爱情，第56~59页；and landscape painting 与风景绘画，第108~110页；and reality 与现实性，第6页；and relationships 与人际关系，第114页，第181~183页；and self-image 与自我印象，第228~229页注释37；and speech and bonding 与语言和纽带，第96~100页；and violence 与暴力，第125页，第126~129页。See also People 参见"人"条目

Humboldt, Wilhelm von 威廉·冯·洪堡，第117~118页

Hunter-gatherers 狩猎采集者，第20~21页，第37~38页，第71~72页，第92页

Hunting 狩猎，第34页，第35页，第37~38页

Hutchins, Bobert 罗伯特·哈钦斯，第139页

Hutu 胡图，第44~45页

Huxley, Aldous 奥尔德斯·赫胥黎，第118页，第195页

Huyghens, Christian 克里斯琴·哈格汉斯，第15页

I

Icarus 伊卡洛斯，第147页

Icarus (Pieter Brueghel)《伊卡洛斯》（彼得·勃鲁盖尔的作品），第110页

Idealism 理想主义，第24~27页

Idols 偶像，第140~142页

Iglulik Eskimos 伊格鲁利克爱斯基摩人。See also Eskimos 参见"爱斯

基摩人"条目

Iliad《伊利亚特》,第42页

Imagination 想象:children and 孩子与,第163~164页;and cruelty 与残忍,第118~120页,第120~122页;distortion and limitations of 想象的扭曲与局限,第113~115页;and escape 与逃避,第134~137页

Immortality 永恒,第71~74页,第147~148页

Imperialism 帝国主义,第131页

India 印度,第54页,第60页,第130页

Indians 印第安人。See American Indians 参见"美洲印第安人"条目

Indifference 冷漠,第81~82页,第85~86页

Individualism 个人主义,第82~84页

Inuit 因纽特人。See Eskimos 参见"爱斯基摩人"条目

Invention 发明,第180~181页

Isidore of Seville, Saint 圣·塞维利亚的伊西多尔,第47页

Islam 伊斯兰教,第55页,第66~67页,第72页。See also Religion 参见"宗教"条目

J

James, William 威廉·詹姆斯,第144页

Japan 日本,第43页,第53页,第131页,第174页

Jaspers, Karl 卡尔·雅斯贝尔斯,第183页

Jerome, Saint 圣·杰罗姆,第62页

Jesus 耶稣,第47~48页,第60页,第61页,第76页,第188页,第189页,第190页,第191页,第192页,第200页,第229页注释44。See also Christianity; Religion 参见"基督教""宗教"条目

John of the Cross, Saint 圣十字若望,第60页

Johnson, Samuel 塞缪尔·约翰逊,第39页,第69页,第164页

Jonas, Hans 汉斯·尤纳斯,第115页

Judeo-Christianity 犹太-基督教,第186~192页。See also Christianity; Religion 参见"基督教""宗教"条目

K

Kant, Immanuel 伊曼努尔·康德,第166页

Keats, John 约翰·济慈,第143~144页

Kepler, Johannes 约翰尼斯·开普勒,第15页

Kivy, Peter 彼得·基维,第178页

Krishna 克利须那神，第60页

Kuan Han-ch'ing 关汉卿，第41页

L

Landscape 景观：and human separateness 与人类的分离，第108~110页；importance of 景观的重要性，第175页；middle 中间景观，第24~27页，第207页注释23；painting 风景画，第109~110页，第173~175页，第179页；and visual sophistication 与视觉经验，第172~175页

Langer, Susanne 苏珊妮·兰格，第226页注释19

Language 语言，第96~100页，第100~104页，第169~171页

Last Supper 最后的晚餐，第47~48页

Lazarus 拉撒路，第76页

Leibniz, Gottfried Wilhelm von 戈特弗里德·威廉·莱布尼茨，第15页

Lele 勒勒人，第18页，第20页

Lenin, V. I. 弗拉基米尔·伊里奇·列宁，第75~76页

Levi, Primo 普利摩·莱维，第139页

Lévi-Strauss, Claude 克洛德·列维-施特劳斯，第107页，第227页注释29

Lewis, C. S. 克利夫·史戴普·刘易斯，第52页，第90~91页，第230页注释52

Li Chi (Book of Rites)《礼记》，第40~41页

Life 生命：and movement 与运动，第166~169页

Literature 文献，第33~35页，第60页，第194~195页。See also Art 参见"艺术"条目

Locke, John 约翰·洛克，第15页

Lord of the Rings, The (J. R. R. Tolkien)《指环王》（约翰·罗纳德·鲁埃尔·托尔金的作品），第250页

Love 爱，第56~59页，第86页，第114页，第185页，第188页，第200页

Loyola, Ignatius of, Saint 圣·依纳爵·罗耀拉，第191页

Lucidity 清晰，第22~24页

Lucretius 卢克莱修，第132页

M

Machiguenga Indians 马其固加印第安人。See American Indians 参见"美洲印第安人"条目

Magic 魔力，第14~15页，第153~154页

Mann Thomas 托马斯·曼，第144页

Maquet Jacques 雅克·玛奎，第44页

Martini, Simone 西蒙·马尔蒂尼，第

索　引

102页

Marx, Karl 卡尔·马克思，第75~76页，第103页

Marx, Leo 利奥·马克斯，第207页注释23

Mary and Martha story 马利亚和马大的故事，第200页，第203页

Masochism 性受虐狂。See Sadomasochism 参见"被虐待性变态"条目

Maturation 成熟，第161~165页

Mbuti Pygmies 姆布蒂俾格米人，第34~35页，第112~124页，第187页，第219页注释12

Meat 肉食，第35~38页，第39~40页，第45~46页。See also Eating 参见"饮食"条目

Mencius 孟子，第221~222页注释34

Metamorphoses (Ovid)《变形记》(奥维德的作品)，第144页

Michelangelo 米开朗基罗，第60页，第165页

Middle landscapes 中间景观，第24~27页，第207页注释23

Migration 迁徙，第8~9页，第19页，第73页

Mineral realm 无机界，第89~91页

Mitterand, François 弗朗索瓦·密特朗，第23页

Monet, Claud 克劳德·莫奈，第228页注释31

Monkeys 猴子，第50~52页

Montaigne, Michel de 米歇尔·德·蒙田，第191页

Movement 运动，第166~169页

Movies, violence in 电影：电影中的暴力，第126页

Mozart, Wolfgang Amadeus 沃尔夫岗·阿玛多伊斯·莫扎特，第175页

Muggeridge, Malcolm 马尔科姆·马格里奇，第68页

Murdoch, Iris 艾里斯·默多克，第66页，第107页，第196页

Music 音乐，第92~93页，第175~180页，第181页，第227~228页注释29

N

Naipaul, V. S. 维迪亚达·苏莱普拉萨德·奈保尔，第219页注释13

Napoleon 拿破仑，第141页

Natural philosophers 自然哲学家，第15~16页

Nature 自然：and academia 与学术界，第23~24页；Aztecs and 阿兹特克与，第11~12页；Chinese and 中国人与，第11~12页；conquest of 征服自然，第74~76页；and culture 与文化，第5~6页，第19~22页，第81页；and death 与

死亡，第74~76页；defined 定义的自然，第19~20页；and escape 与逃避，第17~19页，第131页；Europeans and 欧洲人与，第13~15页；indifference of 自然的冷漠，第215页注释18；people and 人与，第89~91页；and power 与力量，第127~128页；and reality 与现实性，第6页；and science 与科学，第87~88页，第165~166页；and society 与社会，第9~11页；and violence 与暴力，第125页。*See also* Environment; Science 参见"环境""科学"条目

Navajos 纳瓦霍人，*See* American Indians 参见"美洲印第安人"条目

Nereids 涅瑞伊得斯，第60页

Newton, Isaac 艾萨克·牛顿，第15页，第155页，第156页

Nicholas of Cusa 库萨的尼古拉斯，第153页

Nicolson, Harold 哈罗德·尼科尔森，第87页

Nilus 尼罗斯，第47页

North America 北美，第18页，第174页。*See also* West, the 参见"西方"条目

Nothingness 虚无，第195~196页，第196~199页

O

Obscenity 淫秽，第50~53页

Oneness 整体性，第94~96页

Oppenheimer, J. Robert J. 罗伯特·奥本海默，第143页

Order 秩序，第104~108页

Orwell, George 乔治·奥威尔，第145页

Out of the Silent Planet《沉寂的星球》，第230页注释52

Ovid 奥维德，第144页

P

Painting, landscape 景观绘画，第109~110页，第173~175页，第179页

Pascal, Blaise 布莱斯·帕斯卡，第15页，第176页

Pastoralism 田园主义，第45~46页

Pastoral Symphony (Ludwig van Beethoven)《田园交响曲》（路德维希·凡·贝多芬的作品），第176页

Paternalism 家长式作风，第131~132页

Paul Saint 圣·保罗，第62页，第191页

People 人，第80~110页。*See also* Humans and humanity 参见"人类与

人性"条目

Perception 感知,第193~195页

Perelandra (C. S. Lewis)《皮尔兰德拉星漫游》(克利夫·史戴普·刘易斯的作品),第230页注释52

Pets, human as 人类作为宠物,第128~129页

Peyote 仙人掌,第193页

Philosophers, natural 自然哲学家,第15~16页

Plants 植物,第39页,第40页,第86~88页

Plato 柏拉图,第46页,第61页,第157页

Popper, Karl 卡尔·波普尔,第67~68页

Pornography, and violence 色情文学与暴力,第126~127页

"Poupée, La" (Francois Rabelais)《玩具娃娃》(弗朗索瓦·拉伯雷的作品),第149页

Poverty 贫穷,第145~146页

Power 力量:and cruelty 与残忍,第121~122页;and death 与死亡,第134页;and destruction 与毁坏,第117页;and nature 与自然,第127~128页;and reality 与现实性,第156页;and gender 与社会性别,第58页

Powys, John Cowper 约翰·考珀·波伊斯,第68页

Presley, Elvis 埃尔维斯·普雷斯利,第141页

Primitive 原始的:defined 定义的,第122页

Procreation 生殖,第49~50页

Prospero 普洛斯比罗,第14页

Pueblo Indians 普韦布洛印第安人。See also American Indians 参见"美洲印第安人"条目

Pygmies 俾格米人。See also Mbuti Pygmies 参见"姆布蒂俾格米人"条目

Pythagoras 毕达哥拉斯,第46页,第47页

R

Rabelais, Francois 弗朗索瓦·拉伯雷,第149页

Rasmussen, Knud 克努德·拉斯默森,第105~106页

Reading 阅读,第52页

Reality 现实性:and art 与艺术,第228页注释31;and awareness 与意识,第158~160页;defined 定义的现实性,第6~7页;and escape 与逃避,第22~24页,第199~203页;and the good 与美好,第153~155页;and middle landscape 与中间景

观，第24~27页；and power 与能量，第156页

Relatedness 相关性，第195~196页

Relationships, human 人际关系，第114页，第181~183页

Religion 宗教：and dissociation of real from ideal 现实从理想中分离出来，第137页；and eating 与饮食，第42页；and humanity 与人性，第182~183页；and idols 与偶像，第141~142页；and science 与科学，第197~198页，第224页注释1；and science fiction 与科幻故事，第230页注释52；and sex 与性，第59~60页。See also God; Spirituality; specific religions 参见"上帝""精神性""特定宗教"条目

Rembrandt 伦勃朗，第228页注释31

Ritual 仪式，第21页，第23页，第38~39页，第40~41页，第48页，第91页，第96页，第106页，第142页，第168页，第178页

Romanticism 浪漫主义，第88页，第90页

Rome 罗马，第36页，第38~39页，第128~129页，第187页，第202页。See also Europe 参见"欧洲"条目

Romeo and Juliet《罗密欧与朱丽叶》，第168~169页

Roosevelt, Theodore 西奥多·罗斯福，第128页

Royal Society of London 伦敦皇家协会，第100页

Russell, Bertrand 伯特兰·罗素，第225页注释17

Russia 俄国，第125页，第221页注释30。See also Soviet Union 参见"苏联"条目

Rwanda 卢旺达，第54~55页

S

Sacchari, Girolamo 吉罗拉莫·萨凯里，第156页

Sadomasochism 被虐待性变态，第126~129页，第146页

Santayana, George 乔治·桑塔亚纳，第117页

Sartre, Jean-Paul 让-保罗·萨特，第125页，第127~128页

Schopenhauer, Arthur 亚瑟·叔本华，第197页，第198页

Schwartz, Benjamin 本杰明·史华兹，第221~22页注释34

Science 科学：and agriculture 与农业，第26页；and anthropomorphization 与神人同形同性论，第89~90页；and awareness 与意识，第160页；and fantasy 与幻想，第155~158页；and

索 引

God 与上帝，第154~155页，第156~157页；and magic 与魔法，第153~154页；and mathematics 与数学，第225页注释17；and nature 与自然，第87~88页，第165~166页；people and 人民与，第89~91页；physical vs. biological 物理学对生物学，第15~17页；and religion 与宗教，第197~198页，第224页注释1。See also Nature 参见"自然"条目

Science fiction 科幻小说，第194~195页，第230页注释52

Separateness 分离，第108~110页

Sex 性，第49~62页；chimpanzees and 非洲黑猩猩与，第50~52页；compared to dying 与垂死相比，第62~63页；compared to eating 与饮食相比，第50页，第56页，第62~63页；and fecundity 与生育力，第54~56页；and procreation 与生育，第49~50页；and religion 与宗教，第59~60页

Shakespeare, William 威廉·莎士比亚，第14页，第22页，第169~170页，第176页

Shattuck, Roger 罗格·沙图克，第145页

Shelley, Percy Bysshe 珀西·比希·雪莱，第146页，第223页注释51

Shih-t'ao 石涛，第228页注释31

Sight 视力，第172~175页

Simplification 简化，第23页

Singing 歌唱。See Music 参见"音乐"条目

Skinner, B. F. B. F. 斯金纳，第197~198页

Slavery 奴隶，第129页

"Sleep, Sweet Sleep" (Thomas Mann) "睡，甜甜地睡"（托马斯·曼），第185页

Snow, C. P. C. P. 斯诺，第139页

Society 社会：and nature 与自然，第9~11页

Socrates 苏格拉底，第186页，第229页注释44

Soldiers 士兵，第93~94页

Solitude 孤独，第100~104页

Solomon 所罗门，第59页，第60页

Song 歌曲，第92~93页。See also Music 参见"音乐"条目

Song of Songs《雅歌》，第59页，第60页

Soviet Union 苏联，第75~76页。See also Russia 参见"俄国"条目

Spanish-Americans 西班牙裔美国人，第229页注释37

Speech 讲话，第96~100页，第100~104页

Spinoza, Benedict de 本尼迪克特·德·斯宾诺莎，第15页

Spirituality 精神性，第47~48页。See also Religion 参见"宗教"条目

Steiner, George 乔治·斯坦纳，第227~228页注释29

Steiner, Jean-Louis 让-路易·斯坦纳，第166页

Stoics 斯多葛派学者，第73~74页

Storytelling 讲故事，第48页，第96页，第148~150页

Suicide 自杀，第73页

Sumerians 闪族人，第70页

Superstition 迷信，第164~165页

T

Taboos 禁忌，第135~136页

Taoism 道教，第45页，第201~202页。See also Religion 参见"宗教"条目

T'ao Yuanming 陶渊明，第65页

Texans 得克萨斯人，第229页注释37

Thales of Miletus 米利都的泰勒斯，第203页

That Hideous Strength (C. S. Lewis)《黑暗之劫》（克利夫·史戴普·刘易斯的作品），第300页注释52

Theme parks 主题公园，第27页

Thinking 思想，第104~105页

Thomas, Elizabeth Marshall 伊丽莎白·马歇尔·托马斯，第118~119页

Three Sisters, The (Anton Chekhov)《三姐妹》（安东·契诃夫的作品），第102~103页

"*To a Skylark*" (Percy Bysshe Shelley)《致云雀》（珀西·比希·雪莱的作品），第146页，第223页注释51

Tolkien, J. R. R. 约翰·罗纳德·鲁埃尔·托尔金，第195页

Tolstoy, Leo 列夫·托尔斯泰，第101~102页，第103页，第115页，第145页，第195页，第215页注释33

Torture 折磨，第219页注释10。See also Cruelty; Violence 参见"残忍""暴力"条目

Touch 接触，第92~93页，第215页注释19

Traherne, Thomas 托马斯·特拉赫恩，第193页

Transcendence 超越，第60~62页

Treblinka[①] (Jean-Louis Steiner)《特雷布林卡》（让-路易·斯坦纳的作

---

① 二战时期德国人在波兰建立的一个种族灭绝营的名字。——译者注

索　引

品），第166页

Tristan und Isolde (Richard Wagner)《特里斯坦与伊索尔德》（理查德·瓦格纳的作品），第144页

Turing, Alan 阿兰·图灵，第157页

Turnbull, Colin 科林·特恩布尔，第34页，第122~124页，第219页注释12

Tutsi 图西人，第44~45页

Twa 特瓦人，第44~45页

Twister《龙卷风》（电影名），第90页

U

Uniqueness 独特性，第82~84页

United States 美国，第82~84页，第129页，第133页。*See also* North America; West, the 参见"北美""西方"条目

Updike, John 约翰·厄普代克，第105页，第120~121页

Uranus 乌拉诺斯，第54页

Utensils, eating 餐具，第39页

V

Vegetables 蔬菜，第37页，第39页，第40页。*See also* Plants 参见"植物"条目

Vegetarianism 素食主义，第45~46页

Violence 暴力：and construction 与建筑，第48~49页；and destruction 与毁坏，第117~118页；and the Other 与他者，第124~126页；pornographic 色情的，第126~127页；and sex 与性，第50页。*See also* Cruelty 参见"残忍"条目

Vision 视觉，第172~175页

Voyeurism 窥探，第50~53页，第132~133页，第221页注释30

W

Wald, George 乔治·沃尔德，第126页

War 战争，第93~94页

Watching, ethnographic literature as 用于观看的民族志文献，第33~35页

Wealth 财富，第141页

Weather 天气，第13~14页，第89~90页

Weinberg, Steven 史蒂文·温伯格，第201页

Wesley, Charles 查尔斯·韦斯莱，第69页

Wesley, John 约翰·韦斯莱，第69页，第71页

West, the 西方：attitude toward childhood in 对待童年的态度，第161~162页；and Christianity, 与基督教，第74页；and environmentalism

与环境主义, 第74~75页; erotic language in 西方的色情语言, 第60页; and music 与音乐, 第178~179页; and nature 与自然, 第87~88页, 第90~91页; and questioning of nature of things 与探究事物的本质, 第107~108页; reciprocity in 西方的互惠, 第192页; view of the body in 西方对人体的看法, 第61~62页; voyeurism in 西方的窥探, 第133页。See also Europe; North America 参见"欧洲""北美"条目

What Men Live By (Leo Tolstoy)《人靠什么活着》(列夫·托尔斯泰的作品), 第195页

White, Lynn, Jr. 小林恩·怀特, 第156页

Whitehead, Alfred North 艾尔弗雷德·诺思·怀特海①, 第15页

Whitman, Walt 沃尔特·惠特曼, 第138页, 第144页

Wilde, Oscar 奥斯卡·王尔德, 第195页

Williams, Roger 罗杰·威廉姆斯, 第83页

Wilson, Monica 莫尼卡·威尔逊, 第106页

Wittgenstein, Ludwig 路德维希·维特根斯坦, 第19页, 第215~216页注释33

Women 妇女, 第37~38页。See also Gender 参见"社会性别"条目

Woolf, Virginia 弗吉尼亚·伍尔芙, 第63页

Wordsworth, William 威廉·华兹华斯, 第68页, 第171页, 第195页

Y

Yaqui Indians 雅基族印第安人。See American Indians 参见"美洲印第安人"条目

Yeats, William Butler 威廉·巴特勒·叶芝, 第69页

Z

Zuckerkandl, Victor 维克托·苏克康德, 第92页

Zweig, Ferdynand 费迪南德·茨威格, 第146页

---

① 也译作阿弗烈·诺夫·怀海德。——译者注

图书在版编目（CIP）数据

逃避主义 /（美）段义孚著；周尚意，张春梅译 .—北京：商务印书馆，2023（2024.11 重印）
ISBN 978-7-100-22627-1

Ⅰ.①逃… Ⅱ.①段… ②周… ③张… Ⅲ.①人文地理学—研究 Ⅳ.① K901

中国国家版本馆 CIP 数据核字（2023）第 134967 号

权利保留，侵权必究。

逃避主义

〔美〕段义孚　著
周尚意　张春梅　译

商 务 印 书 馆 出 版
（北京王府井大街36号　邮政编码100710）
商 务 印 书 馆 发 行
北京盛通印刷股份有限公司印刷
ISBN 978 - 7 - 100 - 22627 - 1

2023年10月第1版　　开本710×1000　1/16
2024年11月北京第2次印刷　　印张18¼
定价：98.00元